Hildebrandt / Peschel / Weißhaupt

Lernen zwischen freiem und instruiertem Tätigsein

Lernen und Studieren in Lernwerkstätten

Impulse für Theorie und Praxis
einer innovativen Lehrerbildung

Herausgegeben von
Hartmut Wedekind, Markus Peschel, Eva-Kristina Franz,
Johannes Gunzenreiner, Barbara Müller-Naendrup

Elke Hildebrandt
Markus Peschel
Mark Weißhaupt
(Hrsg.)

Lernen zwischen freiem und instruiertem Tätigsein

Verlag Julius Klinkhardt
Bad Heilbrunn • 2014

Dank der Förderung durch die Pädagogische Hochschule n|w wurde der Druck ermöglicht.

Dieser Titel wurde in das Programm des Verlages mittels eines Peer-Review-Verfahrens aufgenommen. Für weitere Informationen siehe www.klinkhardt.de.

Bibliografische Information der Deutschen Nationalbibliothek
Die Deutsche Nationalbibliothek verzeichnet diese Publikation in der Deutschen Nationalbibliografie; detaillierte bibliografische Daten sind im Internet abrufbar über http://dnb.d-nb.de.

Druck und Bindung: AZ Druck und Datentechnik, Kempten.
Printed in Germany 2014.
Gedruckt auf chlorfrei gebleichtem alterungsbeständigem Papier.

ISBN 978-3-7815-1997-8

Reihenvorwort

Die Ausbildung künftiger Pädagoginnen und Pädagogen befindet sich derzeit erneut in einem Reformprozess. Bildungsstandards, Kompetenzorientierung, Inklusion und die damit verbundene Individualisierung von Lernprozessen, ein rasanter gesellschaftlicher Wandel, der ein lebenslanges Lernen erfordert u.v.a.m., stellen an die Bildung künftiger PädagogInnen neue und sehr anspruchsvolle Herausforderungen.

Seit über 30 Jahren gibt es Lernwerkstätten an Hochschulen. Lange Zeit haben sie als „Nischen“ oder auch „Refugien“ in einigen Hochschulen und Universitäten die pädagogische Ausbildung bereichert, ohne das in ihnen wohnende Innovationspotenzial in die etablierten Ausbildungsbereiche übertragen zu können. Mit großer Freude und damit verbundenen Hoffnungen auf neue Impulse für die Ausbildung zukünftiger PädagogInnen und der Einbeziehung von innovativen Lernformen kann in den letzten Jahren festgestellt werden, dass Lernwerkstätten, Werkstätten, Ateliers, Schülerlabore und weitere interessante Orte der Verbindung von theoretischer und praktischer Ausbildung zunehmend in Hochschulen und Universitäten aus ihrem bisherigen Nischendasein heraustreten und sich sowohl im Ausbildungskanon als auch zunehmend im Bereich der Forschung sichtbar etablieren.

Gerade die in den letzten Jahren entfachte Diskussion um pädagogische Kompetenzentwicklung und Professionalisierung bietet vielfältige Ansatzpunkte, über die Bedeutung von veränderten Ausbildungsformaten in den wissenschaftlichen Diskurs zu kommen. Die Berücksichtigung der Einheit von Forschung und Lehre als eigenständige Praxis im Ausbildungsprozess und die reflektierte Praxis außerhalb, aber auch die eigene Lehr- und Lernpraxis innerhalb der Hochschulen und Universitäten stellen bedeutende Erfahrungsfelder im Rahmen der Ausbildung dar. Eine kompetenzorientierte Ausbildung umfasst sowohl die Aneignung von theoretischem Wissen als handlungsleitendes Wissen als auch das bewusste Reflektieren von Erfahrungswissen. Um professionelles pädagogisches Handeln künftiger PädagogInnen anzubahnen und auszubilden, bedarf es besonderer pädagogischer Formate, die ein wertschätzendes Klima für das Reflektieren eigener und beobachteter Lernprozesse ermöglichen und zugleich theoriegeleitet und theoriebegleitend die eigene und beobachtete Praxis zum Gegenstand der forschenden Auseinandersetzung machen.

Nicht zuletzt die jährlich stattfindenden internationalen Fachtagungen der Lernwerkstätten an Hochschulen, deren Tagungen immer wieder neue und interessante Ideen zur Reformierung der Ausbildung publik machen, zeugen von den vielseitigen und spannenden Entwicklungen in diesem Bereich.

In der mit dem heutigen Band eröffneten Reihe „Lernen & Studieren in Lernwerkstätten – Impulse für Theorie und Praxis einer innovativen Lehrerbildung" möchten wir die Möglichkeit eröffnen, solche „Klimazonen" im Kontext von Schulen, Hochschulen und Universitäten vorzustellen und im Bezugsfeld zwischen Theorie und Praxis zu verorten. Mit der Reihe möchten wir eine Veröffentlichungsplattform bieten, um diese und weitere interessante Ausbildungsformate vorzustellen und einer interessierten Fachöffentlichkeit bekannt zu machen.

Wir wünschen viele interessante und spannende Einblicke in bisher vielleicht noch nicht bekannte hochschulpädagogische Lehr- und Lernformate und pädagogische Settings.

Das Herausgeberteam

Hartmut Wedekind, Markus Peschel, Eva-Kristina Franz,
Johannes Gunzenreiner, Barbara Müller-Naendrup

Aus Gründen der Lesbarkeit wird in diesem Band darauf verzichtet, durchgängig die männliche und die weibliche Form gemeinsam zu verwenden. Wenn nur eine der beiden Formen verwendet wird, ist die andere stets mit eingeschlossen.

Inhalt

Teil 4: Lernwerkstattarbeit – Praxis

Elke Hildebrandt, Markus Peschel und Mark Weißhaupt

Lernen zwischen freiem und instruiertem Tätigsein – eine Einführung

Ausgehend von einer Auseinandersetzung mit dem Begriff des Tätigseins – als Voraussetzung für Lernprozesse – wird in diesem Band die Bedeutung frei gewählter gegenüber instruierter Tätigkeiten diskutiert und in die Kontexte Unterricht sowie Lernwerkstatt-Arbeit gestellt. Die Dialektik zwischen Instruktion und (Ko-) Konstruktion (vgl. u.a. Giest, Dörr & Archie 2012) findet ebenfalls Niederschlag in den verschiedenen Artikeln dieses Buches, in die im Anschluss an die grundlegende Auseinandersetzung mit besonderer Berücksichtigung der kindlichen Zugangsweisen eingeführt wird.

1 Zum Verhältnis von Tätigsein und Tätigkeit

Der Begriff des Tätigseins ist vielen fremd, wenn man sie nach dem Unterschied zwischen Tätig*keit* und Tätig*sein* befragt. Selbst das Rechtschreibprogramm des beim Verfassen dieses Artikels verwendeten Computers meldet mit roter Farbe einen Fehler. Dabei lohnt es sich, diesem Unterschied nachzugehen. Zum einen begegnet einem die (fast) synonyme Verwendung der beiden Begriffe, z.B. bei Aristoteles (zitiert nach Schütrumpf 2005[1] und Mader 1979[2]). Dabei ist zu berücksichtigen, dass es in den jeweiligen Kontexten um die moralische Bewertung von Handlungen geht, insbesondere in Bezug auf unterschiedliche Arbeiten handwerklicher oder denkerischer Art. Die folgenden Ausführungen gehen von Blickensdörfers (2010) Unterscheidung aus:

---

1 „Da man nun, wie häufig gesagt wurde, durch Krieg das Ziel Frieden und durch Tätigkeit das Ziel Muße verfolgt, muss man die für die Muße erforderlichen guten Eigenschaften besitzen. Nützlich für Muße und eine sinnerfüllte Lebensgestaltung sind diejenigen guten Eigenschaften, die man nicht nur während der Muße, sondern auch beim Tätigsein verwirklicht; viele notwendige Bedingungen müssen ja erfüllt sein, damit man sich der Muße erfreuen kann" (ebd., 39).

2 „Man wird nicht fehlgehen, wenn man sagt, dass in allem Tätigsein etwas erreicht, erzielt, intendiert werden soll: Es ist das, um dessen willen die Tätigkeit in Gang gebracht, worum willen gehandelt wird" (ebd., 26).

> „In Anlehnung an die Bezeichnung Tätigkeit als Ausdruck des Verhaltens des Menschen wird zur Unterscheidung das unbewusste Tun als Tätigsein verstanden und bezeichnet. Seine Tätigkeit ist ohne sein Tätigsein nicht möglich, weshalb seine Tätigkeit auch als bewusstes Tätigsein bezeichnet werden kann“ (Blickensdörfer 2010, 113).

Lernprozesse finden nicht nur über geplante und gezielte Tätigkeiten statt, sondern in nicht unerheblichem Masse über unbewusste Tätigkeiten – eben Tätigsein. Blickensdörfer (ebd.) führt im Weiteren aus, dass Tätigkeit das Tätigsein nicht etwa ablöst, sobald das eigene Handeln bewusst wahrgenommen wird, sondern dass die Tätigkeit vom Tätigsein abhängig ist und dass das Tätigsein eines Menschen seine Tätigkeit bestimmt (vgl. ebd., 113). Zwar geht es Blickensdörfer in seinem Gesamtkontext um einen mit dieser Doppelung verbundenen praktischen und moralischen Widerspruch[3], doch kann seine Unterscheidung für Pädagogik und (Fach)Didaktik aufgrund zweier Überlegungen ertragreich sein: Zum einen können Lehrpersonen vom Tätigsein von Kindern und Jugendlichen ausgehen und so die Gestaltung von Lernprozessen entwickeln (vgl. Streit, Künzli David & Hildebrandt sowie Streit & Royar in diesem Band). Zum anderen sind viele mit dem Tätigsein verbundene Lernpraktiken, die Kinder in die Schule mitbringen, unbewusste Gewohnheiten, die diese Kinder gegenüber anderen in Vorteil bringen, welche solche Gewohnheiten erst bewusst einüben müssen. Auch die Umkehrung der Unterscheidung im Hinblick auf Lernprozesse ist relevant: Eine zunächst bewusst aufgenommene Tätigkeit kann sich in dem Sinne in ein Tätigsein wandeln, dass ein Mensch *flow* (Csikszentmihalyi 1985) erlebt, in dem er vollkommen in seiner Aktivität versinkt, alles um sich herum vergisst und sich nicht notwendigerweise bewusst „in seiner eigenen Welt“ bewegt. Die Konzentration für die Tätigkeit ist so umfassend, dass eine Meta-Ebene des Bewusstseins für die Tätigkeit ausgeschaltet ist und Handlung und Bewusstsein ineinander verschmelzen (vgl. ebd., 61).

Ausgehend von diesen Überlegungen kann freies Tätigsein einerseits unbewusst bzw. in vollkommener Versunkenheit erfolgen, es kann aber eine Tätigkeit durchaus auch frei gewählt und höchst bewusst ausgeführt werden. Insofern hängen die Begriffe Tätigkeit und Tätigsein eng zusammen, meinen aber durchaus nicht das Gleiche.

2 Frei gewählte und instruierte Tätigkeiten

Die Freiheit der Wahl der Kinder in ihrer Tätigkeit ist (auch außerhalb des schulischen Bildungsbereiches) stets eingegrenzt, z.B. über die Materialien, welche zur Verfügung stehen (vgl. z.B. Peschel in diesem Band), die Zeit, die ihnen bleibt, die Zusammenstellung der Peers u.v.a.m. So sehen Aktivitäten von Kindern, die in einem Haushalt mit Musikinstrumenten, vielen Büchern und digitalen Me-

3 Dieser Widerspruch liegt darin begründet, dass sich die Menschheit trotz aller Erkenntnisse im Gegensatz zu diesen verhält und auf diese Weise ihre eigene Zukunft gefährdet.

dien aufwachsen, potentiell anders aus als diejenigen von Kindern, die mit starken Einschränkungen in ihrem sozio-ökonomischen Umfeld leben. Aber auch in schulischen Kontexten gibt es immense Unterschiede, einerseits durch die o.g. Voraussetzungen bedingt, andererseits durch Unterrichtskonzepte und die Art der Lernbegleitung, der Lehr-Lern-Interaktionen. So schränken bereits Entscheidungen einer (Kindergarten-)Lehrperson für eine Auswahl bestimmter Spiele und zeitliche Begrenzungen Kinder in ihren Wahlmöglichkeiten notwendig ein. Auch sind Begrenzungen der freien Wahl mitbedingt durch persönliche Voraussetzungen, z.B. welches Vorwissen oder Können die Kinder mitbringen. Auf der anderen Seite sind die Aushandlungsprozesse bzgl. des Inhalts und der Form des Spiels abhängig von zuvor gestellter Instruktion, Ko-Konstruktion mit anderen und eigener Konstruktion (Mandl, Gruber & Renkl 1995).

Im Hintergrund stattfindende Beeinflussungen z.B. durch Werbung lenkt Interessen und Aktivitäten von Kindern (Hengst 2013, 118f)[4] auf bestimmte Artikel. Dabei ist es bedenkenswert, dass der Konsumbereich die Zielgruppe Kinder vor der pädagogisch orientierten Kindheitsforschung entdeckt hat (vgl. Dumon 1993 in Hengst 2013, 16) und sich mit ihren Produkten häufig entgegen geltendem Medienrecht und übermächtig präsentiert (Volpers, Bernhard & Schnier 2008; Dörr, Klimmt & Bateson 2011).

Dieser „hintergründigen Instruktion“ steht die frei gewählte Instruktion gegenüber: Menschen können sich – frei – für Aktivitäten entscheiden, für die sie z.B. zunächst Gebrauchsanweisungen oder Spielanleitungen lesen müssen, und schon befinden sie sich in einer hoch instruierten Tätigkeit.

Diese Zusammenhänge und Ambivalenzen zwischen den verschiedenen Voraussetzungen und verschiedenen Intentionen der beteiligten Parteien und Personen lassen sich nicht grundlegend lösen. Im professionellen Umgang mit Kindern und Jugendlichen ist es aber wichtig, sich dieser Faktoren bewusst zu sein, um pädagogisch reflektiert agieren zu können.

Zudem müssen sich (Früh-)PädagogInnen die Frage stellen, welche Lernumgebungen mit welchen Medien unter Berücksichtigung der Potenziale des Tätigseins sowie frei gewählter bzw. instruierter Tätigkeiten geeignet sind. Lernwerkstätten als ein Beispiel der Bereitstellung verschiedener und vielfältiger Lern- und Spielzugänge sowie einer lernendenorientierten Begleitung der Lehr-Lern-Prozesse fördern aus ihrer Tradition heraus selbstbestimmte Aktivitäten der Lernenden und

4 Ein Beispiel von Hengst (2013, 119) zu Medienverbundvarianten, welche Waren in verschiedensten Kontexten auftauchen lassen: „'Superwaren' wie die ‚Turtles' [...] sind eine Mode lang überall präsent. Das heißt, dass niemand, der an irgendein Medium angeschlossen ist, es vermeiden kann, mit einer solchen Superware konfrontiert zu werden.“ Der Einsatz solcher Medienverbundvarianten führe dazu, dass einem Produkt Popularität zugesprochen und dieses nach und nach unwiderstehlich werde (ebd.). Insbesondere die Narratisierung von Spielzeug zeigt ökonomische Erfolge, wobei z.B. der Umsatz für reines Konstruktionsspielzeug sinkt (ebd., 121).

stellen damit das freie Tätigsein bzw. die aktive und selbstbestimmte Konstruktion von Lernprozessen ins Zentrum ihrer Bemühungen – entgegen der eher schulischen Tradition der Instruktion. Auch sie „steuern" (und ermöglichen), aber eher indirekt über die Auswahl der Materialien, die Gestaltung der Umgebung, das Vorhandensein von wählbaren Aufgaben- und Themenstellungen und vor allem durch die Art der Lernbegleitung, die Lernprozesse unterstützt und vielperspektivische Kompetenzen vermittelt. Auf diese Weise wollen sie ihre NutzerInnen letztlich auch motivieren, an gesellschaftlichen Gestaltungsprozessen aktiv mitzuwirken und einer passiven Lernhaltung entgegenwirken.

Die Gegenüberstellung von instruiertem und freiem Tätigsein fordert jedoch heraus, das Verhältnis von Instruktion und gelingenden Konstruktionsleistungen in der Interaktion zwischen Lernbegleitung und Lernendem genauer zu bestimmen. Dies gilt für die Arbeit in Lern- und Forschungswerkstätten, in Lernlaboren und beim Lernen im ganz „normalen" Seminarraum oder Klassenzimmer.

Die Idee zum Titel dieses Bandes und zur gleichnamigen Tagung der Hochschul-Lernwerkstätten in Brugg/Solothurn (Schweiz in 2013) „Lernen zwischen freiem und instruiertem Tätigsein" ist im Beitrag von Streit, Künzli David & Hildebrandt (in diesem Band) thematisiert.

Sowohl dort als auch in den Beiträgen zum frühen Lernen von Mathematik (Streit & Royar) sowie zu Spielbewusstsein und Bildung beim sozialen Spiel (Weißhaupt & Campana) wird das Spannungsverhältnis von Lernprozessen zwischen Konstruktion und Instruktion beleuchtet.

Fragen, inwiefern Studierende an Hochschulen eine offene Fragehaltung (wieder)gewinnen bzw. Kinder in Kindergarten sowie Grundschule sich eine solche erhalten können und welche Art der Begleitung/Instruktion dafür hilfreich sein könnte, werden in den Beiträgen zum forschenden Lernen in der Hochschulbildung (Hildebrandt, Nieswandt, Schneider, Radtke & Wildt) und zum Forschen im Grundschullabor GOFEX – Grundschullabor für Offenes Experimentieren (Peschel) behandelt.

Die dritte Gruppierung von Texten befasst sich vor allem mit den Prozessen des „entdeckenden Lernens". Die Texte perspektivieren und analysieren Erfahrungen mit der Institutionalisierung dieses Lernprinzips in und außerhalb von Lernwerkstätten an Hochschulen (Müller-Naendrup & Gruhn sowie Franz), in einem historischen Verlauf (Hagstedt) und vor dem Hintergrund der Frage der Inklusion (Schmude & Wedekind).

In der vierten Gruppierung von Beiträgen geht es um die praktische Anwendung von entdeckenden Lernformen in Disziplinen übergreifenden Settings (Hangartner), beim Einüben für Lehrpersonen (Kamm Jehli & Jaumann) oder in theatralen Formen für die Hochschullehre (Wildt).

Insgesamt stellt sich die Frage: Kann man sich die Tätigkeit des entdeckenden, des forschenden, des praxisorientierten und des Disziplinen überschreitenden

Lernens so zu eigen machen, dass es in habituelles Lernhandeln – in „flow“ des Tätigseins – übergeht? Und: Soll es das überhaupt? Viele Einzelergebnisse in diesem Band deuten darauf hin, dass zum entdeckenden wie forschenden, insbesondere zum Disziplinen überschreitenden, zum spielbewussten Lernen und zum Lernen in transversalen Zusammenhängen das Bewusstsein und das Bewusstsein über Grenzen bestimmter Lernzugänge zentral dazu gehört.
Wir wünschen daher Ihnen als LeserIn einen mannigfachen Einblick in die verschiedenen Zugänge zum Lernen zwischen freiem und instruiertem Tätigsein und hoffen, dass wir mit der hier zusammengetragenen Vielfalt Anstoß geben können, den Diskurs über die (Weiter-)Entwicklung von Unterricht, Hochschuldidaktik und (Hochschul-)Lernwerkstätten fortzuführen.

3 Literatur

Aristoteles und Schütrumpf, Eckart (2005): *Politik*. Berlin: Akademie-Verlag.

Blickensdörfer, Peter (2010): Der Erkenntnis-Widerspruch: eine Denkschrift. Gelnhausen: Wagner.

Csikszentmihalyi, Mihaly (1985): Das Flow-Erlebnis: jenseits von Angst und Langeweile: im Tun aufgehen. Klett-Cotta.

Giest, Hartmut; Heran-Dörr, Eva & Archie, Carmen (Hrsg.) (2012): Lernen und Lehren im Sachunterricht. Zum Verhältnis von Konstruktion und Instruktion. Bad Heilbrunn: Klinkhardt.

Hengst, Heinz (2013): Kindheit im 21. Jahrhundert. Differenzielle Zeitgenossenschaft. Weinheim [u.a.]: Beltz Juventa.

Mader, Johann (1979): Moral, Philosophie und Wissenschaft: Probleme der Ethik in Tradition und Gegenwart. Oldenbourg Verlag.

Mandl, Heinz/ Gruber, Hans & Renkl, Alexander (1995): Situiertes Lernen in multimedialen Lernumgebungen (Forschungsbericht Nr. 50). LMU München: Lehrstuhl für Empirische Pädagogik und Pädagogische Psychologie, Internet, ISSN 1614-6336

Price, Derek J. de Solla (1974): Little Science, big Science: von der Studierstube zur Grossforschung. Frankfurt (am Main): Suhrkamp.

Volpers, Helmut; Bernhard, Uli und Schnier, Detlef (2008): Public Relations und werbliche Erscheinungsformen im Fernsehen. Eine Typologisierung persuasiver Kommunikationsangebote des Fernsehens. Bd. 61. Berlin. (= Schriftenreihe Medienforschung der Landesanstalt für Medien NRW (LfM)). [http://lfmpublikationen.lfm-nrw.de/index.php?view=product_detail&product_id=240; 28.12.2013].

Teil 1:
Lernprozesse zwischen Konstruktion und Instruktion

Christine Streit, Christine Künzli David und Elke Hildebrandt

Besonderheiten des Lernens und Lehrens auf der Bildungsstufe der 4- bis 8-Jährigen – ein Diskussionsbeitrag

1 Zusammenfassung

Die Herausforderung der bildungspolitisch gewollten Annäherung des Kindergartens und der Primarunterstufe besteht darin, sich der differenten institutionellen Kulturen, aber auch der bereits bestehenden Gemeinsamkeiten bewusst zu werden und gemeinsame didaktische Vorstellungen zu entwickeln. Im Beitrag wird ein Modell zur Diskussion gestellt, welches Spezifika des Unterrichts auf dieser Bildungsstufe – der sog. Eingangsstufe – beschreibt und zugleich Lehrpersonen einen Orientierungsrahmen für das eigene Handeln liefern kann. Anhand eines Beispiels aus der Praxis werden das Modell sowie dessen Potential konkretisiert.

2 Ausgangslage – Institutionelle Rahmenbedingungen und Praxis des Unterrichts auf der Vorschul- und Primarunterstufe – Potentiale und Herausforderungen

Die traditionell gewachsenen Bildungsinstitutionen Kindergarten und Primarstufe stehen zurzeit in Veränderungsprozessen. Aufgrund der Rezeption der Ergebnisse internationaler Studien wie TIMSS, PISA und IGLU wurde in den deutschsprachigen Ländern der Fokus zunehmend auch auf frühe Bildung gelegt. Besonderes Augenmerk erfuhr der Kindergarten mit dem Ziel, den Übergang von der vorschulischen zur schulischen Bildung zu erleichtern (Wannack 2010). Kindergarten und Schule sind durch einen gemeinsamen Bildungsauftrag verbunden (vgl. Honig, Joos & Schreiber 2004). Beide Institutionen stehen daher in der Verantwortung, ihre Bildungsbemühungen anschlussfähig zu gestalten und die Kontinuität in der Bildungsbiographie der Kinder zu sichern (vgl. auch Wannack, Sörensen Criblez & Gilléron Giroud 2006). Dies gelingt dann, wenn Kindergarten und Schule sich an gemeinsamen übergeordneten Bildungszielen orientieren und diesbezüglich auch kooperieren.

Die politischen Rahmenbedingungen für eine Zusammenarbeit über die Institutionen hinweg sind prinzipiell in der Schweiz günstig: Der Kindergarten wurde nach und nach Teil der Volksschule (EDK 2007), was eine Zusammenarbeit über die Institutionen hinweg erleichtert. Aufgrund der interkantonalen Vereinbarung über die Harmonisierung der obligatorischen Schule, das so genannte HarmoS-Konkordat (ebd.), ist in den nächsten Jahren der verbindliche Besuch des Kindergartens ab dem 5. Lebensjahr für alle Kinder vorgesehen (vgl. Wannack 2010, 20f.; Vogt 2010). Annäherungen zeigen sich auch in anderer Hinsicht, z.B. in fachlich vorbereitenden Aktivitäten im Kindergarten sowie der Einführung offener Lernformen in der Unterstufe der Primarschule. Wenngleich auch der Gestaltungsspielraum im Rahmen des Kindergartens noch als größer erlebt wird als der in der Schule (Wannack 2004, 173), werden doch zunehmend in beiden Institutionen die „zur Verfügung stehenden Räume im Sinne von Lebens-, Lern- und Spielräumen gestaltet" (ebd., 174).

Trotz dieser Annäherungen zeigen sich in der Praxis Unterschiede, die in differenten Organisationsstrukturen und Begrifflichkeiten sichtbar werden (vgl. z.B. dies. 2010), und die auf die unterschiedlichen Traditionen der beiden Bildungsinstitutionen verweisen. Hinzu kommt die Befürchtung einer möglichen „Verschulung" des Kindergartens (Draude 2006). Da die schulbezogene Didaktik über eine lange theoretische Tradition verfügt (Terhart 2008) und in der Öffentlichkeit als relevanter wahrgenommen wird, wird auch die Gefahr gesehen, dass die Spezifika des Kindergartens an Bedeutung verlieren könnten und der zentrale Aspekt der Anschlussfähigkeit auf die Frage reduziert wird, „inwieweit das Lernen im Kindergarten auch auf das nachfolgende Lernen in der Schule angelegt ist" (Rossbach et al. 2010, 36).

Die Herausforderung besteht deshalb darin, sich der differenten institutionellen Kulturen, der vorherrschenden Überzeugungen in bildungstheoretischer Hinsicht[1] und der (fach)didaktischen Traditionen aber auch der bereits bestehenden Gemeinsamkeiten bewusst zu sein, um darauf aufbauend anschlussfähige didaktische Vorstellungen zu entwickeln, ohne einen Verlust der je spezifischen Kulturen. Dies stellt hohe Anforderungen an die Lehrpersonen der Eingangsstufe und damit verbunden an deren Aus- und Weiterbildung.

In der theoretischen Auseinandersetzung mit der Thematik wurden bereits verschiedene Modelle und Konzepte entwickelt, die insbesondere fachliches bzw. überfachliches Lernen im Kindergarten im Hinblick auf Anschlussmöglichkeiten für die Primarstufe beschreiben (Wannack, Arnaldi & Schütz 2009; Kluczniok, Rossbach & Grosse 2010; Rossbach et al. 2010; Royar & Streit 2010). Was aber fehlt, ist ein Modell, welches zum einen Spezifika des Unterrichts auf der Ein-

1 Auf die Bedeutung vergleichbarer Überzeugungen des Lehrpersonals von Kindergarten und Primarunterstufe in bildungstheoretischer Hinsicht weist auch Bülow (2011) hin.

gangsstufe zu beschreiben erlaubt und zum anderen der professionsspezifischen Profilierung der Lehrpersonen dieser Bildungsstufe dient. Ein solches Modell wird nachfolgend skizziert.

3 Die Integration von Polen relevanter Unterrichtsdimensionen als Spezifika des Vorschul- und Anfangsunterrichts

Unterricht oszilliert immer um die Frage nach der Auswahl von Bildungsinhalten und -zielen und der darauf bezogenen didaktisch-methodischen Unterrichtsgestaltung (Terhart 2008). Die Inhalte respektive die Ziele können sowohl fachlicher wie fachübergreifender Natur sein, die Umsetzung kann unterschiedlich stark von der Lehrperson gesteuert sein. Grundsätzlich trifft das für jede Schulstufe zu. Während Unterricht in den höheren Stufen aber zunehmend am Fachlehrpersonenprinzip und am Fächersystem orientiert ist und die Aktivitäten der Lernenden stärker durch fachliche Zielvorgaben gesteuert sind, ist das Lehren und Lernen, insbesondere auf der Stufe des Kindergartens, die Gestaltung der Lernarrangements wenig durch feste Zeitvorgaben, einen klar definierten Fächerkanon, Leistungskontrollen etc. eingeschränkt. Noch in der Unterstufe der Primarschule ist es die Regel, dass eine Klassenlehrperson die Hauptverantwortung für den Unterricht inne hat und einen großen Teil der Unterrichtszeit gestaltet. Diese Tatsache bildet sich auch in der Ausbildung der Lehrpersonen für die Bildungsstufe der 4- bis 8-Jährigen ab: Die Lehrpersonen werden in der Regel eher als Generalist/innen in allen Fächern bzw. Bildungsbereichen denn als Fachlehrpersonen ausgebildet.

In nachstehendem Modell (siehe S. 20) sind die beiden angesprochenen Dimensionen dargestellt.

Beide Aspekte bewegen sich in unterschiedlichen Ausprägungen und Formen zwischen je zwei Polen (Abb. 1): Zum einen zwischen einer fachspezifischen und einer fachübergreifenden[2] Orientierung, zum anderen zwischen freiem Tätigsein und instruierten Tätigkeiten der Lernenden, welche durch die Lehrperson beobachtet, begleitet, angeleitet, d.h. auf verschiedene Weise gesteuert werden.

---

2 Auf die verwirrende Bedeutungs- und Begriffsvielfalt, die um den fächerübergreifenden, fächerverbindenden, fächerüberschreitenden etc. Unterricht bestehen, soll in diesem Beitrag nicht eingegangen werden (vgl. Geigle 2005; Huber 2009; Künzli David & Bertschy 2010). Mit dem Begriff „fachübergreifend" wird in diesem Beitrag als Überbegriff auf Unterricht (fachübergreifender Unterricht) verwiesen, der mehrere Fächer (als zentrale Struktur-Einheiten der Primarschule) resp. Bildungsbereiche (als fachliche Einheiten des Kindergartens) umfasst (in einem themenorientierten Unterricht wird bspw. in verschiedenen Fächern am gleichen Thema gearbeitet). Eine solche fachübergreifende Orientierung bezieht sich daher nicht auf sog. überfachliche Kompetenzen wie bspw. Selbst-, Sozial- oder Methodenkompetenz, die sowohl in fachlichem als auch fachübergreifendem Unterricht angestrebt werden können.

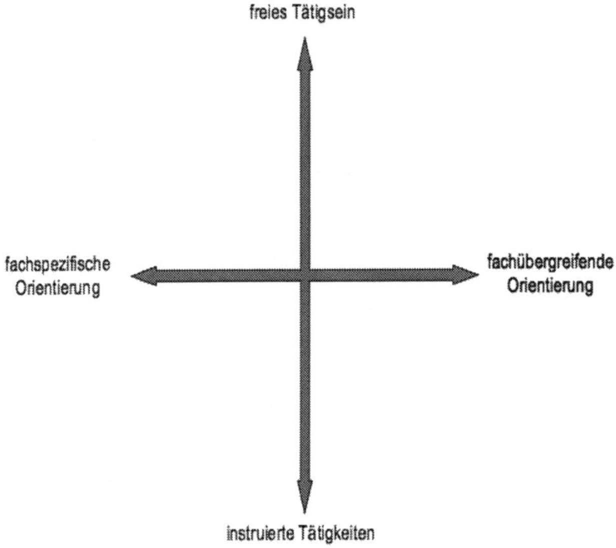

Abb. 1: Zwei zentrale Dimensionen des Lernens und Lehrens, die es erlauben, Spezifika des Unterrichts auf der Vorschul- und Primarunterstufe zu beschreiben. (Die Achsen sind nicht als metrische Skalen zu verstehen.)

Eine Besonderheit des Lernens und Lehrens in der Eingangsstufe ist die Möglichkeit, die verschiedenen Pole als *gleichwertig* zu betrachten und sie *gleichzeitig* im Blick zu behalten. Damit zielt das Modell nicht auf eine Verortung des Unterrichts im Kindergarten bzw. der Primarunterstufe in einem Quadranten oder die Auflösung der instruierten Tätigkeiten zugunsten freier Tätigkeiten (Rossbach 2010) bzw. eine Entwicklung vom fachspezifisch ausgerichteten Unterricht hin zum fachübergreifenden, sondern auf eine Integration der Pole. Eine solche „Gleichwertig- und Gleichzeitigkeit" der Pole bedeutet, dass sich Unterricht innerhalb des gesamten aufgespannten Feldes entfalten kann und muss, und die Lehrperson bei all ihren steuernden Aktivitäten immer vier Pole gleichzeitig im Blick haben muss. Eine ähnliche Forderung nach einem „sowohl als auch" anstelle eines „entweder oder" stellt z.B. auch Roux (2008, 22), wenn sie betont, dass es wenig ergiebig ist, „fachdidaktisch-instruktive Vorgehensweisen gegenüber einem ausschließlich kindorientiert-informellen Lernen in didaktisierten Situationen auszuspielen."

Das Modell eignet sich dazu, Unterricht von den Intentionen des Lehrpersonenhandelns ausgehend und mit Blick auf die bereits beschriebenen Dimensionen

im Hinblick auf Schwerpunktsetzungen und Bewegungen im Modell[3] zu analysieren bzw. zu planen und zu gestalten. Die beiden Dimensionen sind nicht als metrische Skalen zu verstehen, d.h. das aktuelle Lehrpersonenhandeln kann nicht an einem festen Punkt verortet werden. Wohl können aber Schwerpunktsetzungen und Bewegungen im Modell sichtbar gemacht bzw. verdeutlicht werden. Zugleich hat das Modell eine deskriptive wie auch eine normative Funktion: Es kann Lehrpersonenhandeln – auch vergleichend – beschreiben, es kann aber auch der Orientierung für das eigene Handeln dienen. Letzteres zielt darauf, möglichst das ganze Spektrum, welches das Modell bietet, zu nutzen, also sowohl fachliche wie auch fachübergreifende Ziele in den Blick zu nehmen und darauf bezogene Lernprozesse bei den Kindern in freien und instruierten Phasen anzuregen.
Nachfolgend werden die beiden Dimensionen mit ihren jeweiligen Polen so beschrieben, dass insbesondere die erwähnte gegenseitige Bedingtheit und die dynamische Verwobenheit der Pole im Unterrichtshandeln der Lehrperson für diese Bildungsstufe sowohl im Rahmen der Unterrichtsplanung als auch für das Handeln in der konkreten Unterrichtssituation deutlich ersichtlich werden: Die einzelnen Pole sind daher insbesondere als analytische Kategorien im Hinblick auf die jeweils spezifische und situationsbezogene Intention der Lehrperson zu verstehen.

3.1 Die bildungstheoretisch zu begründende Dimension „Fachspezifische und fachübergreifende Orientierung“[4]

In einem bildungsrelevanten Unterricht, der die Kinder auf ein eigen- und mitverantwortliches Leben in einer komplexen Welt vorbereitet, ihnen damit die Rekonstruktion eines komplexen Weltbildes ermöglichen (Duncker 1997a; 1997b) und zutrauen möchte, geht es um das Vermitteln, das Zugänglichmachen von Sinninhalten durch verschiedene fachliche Denk-, Erkenntnis- und Ausdrucksweisen sowie um die Fähigkeit, diese Sinninhalte zu reflektieren, sie zu prüfen und zu eigenen Beurteilungen zu gelangen. Für die Umsetzung im Unterrichtsalltag heißt dies immer gleichzeitig Herstellung und Reduktion von Komplexität. Fächer respektive Bildungsbereiche repräsentieren je spezifische Konstruktionen der Wirklichkeit (vgl. Tenorth 1999) und bieten Kategorien zur „Lesbarkeit der Welt“ (Blumenberg 1980). Sie helfen uns zur Wahrnehmung und zur Interpretation und zur Gliederung von Wirklichkeit (Huber 2001; 2009). Abgrenzungen und Unterscheidungen sind Bedingung jeder Wahrnehmung und auch jeder Erkenntnis – Lernen bedeutet somit auch immer, neue Unterscheidungsmöglichkeiten

3 Bewegung im Modell meint die Beschreibung von Abfolgen von Handlungen einer Lehrperson innerhalb der Pole auf den beiden Dimensionen im Rahmen eines bestimmten Zeitrahmens bzw. in einer bestimmten Unterrichtssequenz.

4 Weiterführende Ausführungen dazu finden sich bei Valsangiacomo, Widorski & Künzli David (i.D.).

zu erwerben (Kahlert 1997). Eine fachübergreifende Herangehensweise sollte daher immer auch Bezug auf Fächer/Bildungsbereiche und deren Funktion, Wissen zu generieren sowie zu strukturieren, nehmen und entsprechend Inhalte, Denk-, Erkenntnisweisen und Gegenstandskonstruktionen der jeweiligen Fächer/Bildungsbereiche ins Zentrum setzen und verbinden bzw. kontrastieren. So wird sinnstiftendes Lernen und auch ein Bewusstmachen für die sinnerschließende Funktion von Fächern/Bildungsbereichen ermöglicht. In einem Unterricht, der sich an der Erfahrungswirklichkeit der Kinder orientiert (Klafki 1998), bedingen sich somit fachspezifisches und fachübergreifendes Lernen gegenseitig: Fachspezifische Lernarrangements stehen immer in einem (auch indirekten) Bezug zu fachübergreifendem Lernen und fachübergreifendes Lernen bezieht sich immer auf fachspezifisches.

Um dem oben ausgeführten Anspruch gerecht zu werden, reicht es in Bezug auf das fachübergreifende Lernen nicht, Wissensbestände verschiedener fachlicher Herkunft lediglich additiv nebeneinander zu stellen (vgl. Di Giulio, Künzli David & Defila 2008). Die Fächer und Bildungsbereiche sollen vielmehr im Hinblick auf übergeordnete Fragestellungen – die sich nur mehrperspektivisch[5] fundiert bearbeiten lassen – integriert oder so kontrastiert werden, so dass deren je spezifische Wahrnehmungs-, Ausdrucks- und Erkenntnisweise deutlich erkennbar werden (Huber 2009): Durch das *Kombinieren* verschiedener fachlicher Wissensbestände und Zugangsweisen wird eine mehrperspektivische Rekonstruktion der Wirklichkeit ermöglicht. Weiter wird auf diese Weise auch die Abhängigkeit von Wissen von unterschiedlichen fachlichen Zugangsweisen, Interessen etc. sichtbar und „führt zwangsläufig zur Erkenntnis, dass sich Wirklichkeit niemals nur eindeutig und objektiv, unabhängig von unserer mitwirkenden Konstruktion erfassen lässt" (Popp 1997, 143). Das *Kontrastieren* verschiedener fachlicher Zugangsweisen erlaubt zudem, die Leistungen und Grenzen (z.B. die Aspektreduktion bzw. das Aufklärungspotential im Hinblick auf gesellschaftlich relevante komplexe Probleme und Fragestellungen) der Fächer bzw. Bildungsbereiche zu verdeutlichen (Klafki 1998). Fachübergreifender Unterricht ermöglicht „damit auch den Gewinn einer Metaebene in der Erkenntnis" (Duncker 1997b, 126). Es ist jedoch zentral, diese Metaebene der Diskussion um die Wahrnehmung, Interpretation und Gliederung der Alltagswelt bewusst in das Unterrichtsgeschehen einzubeziehen und mit den Kindern zu reflektieren.

5 Der Begriff mehrperspektivisch bezieht sich im vorliegenden Beitrag sowohl auf Fach- als auch auf Akteurperspektiven.

3.2 Die lerntheoretisch zu begründende Dimension „Freies Tätigsein und instruierte Tätigkeiten"

Diese Dimension zielt auf die Aktivitäten der Kinder, die durch die Lehrperson initiiert werden. Die Art und Intensität der Steuerung kann dabei stark variieren. Verbunden ist das Handeln der Lehrperson immer mit dem Ziel, entsprechende Lernprozesse bei den Kindern auszulösen. Letztere lassen sich allerdings nicht steuern, sondern höchstens begleiten. Im konstruktivistischen Verständnis ist Lernen ein Prozess, bei dem das Individuum aktiv Wissen bzw. Wissensnetze und eigene Sinnzusammenhänge konstruiert (Piaget & Szeminska 1975; Weinert & Helmke 1997; Reinmann-Rothmeier & Mandl 1997) bzw. im Kontakt mit anderen „ko-konstruiert" (Fthenakis et al. 2005; Sylva et al. 2004; Siraj-Blatchford 2007). Allerdings darf die Betonung der konstruktiven Aktivität der Lernenden nicht dahingehend interpretiert werden, dass keine instruktionalen Bemühungen der Lehrenden vonnöten sind (Giest 2012). Dies käme einer unzulässigen Übertragung der lernpsychologisch begründeten Aussagen zum Lernen auf das Lehren gleich, was Meyer (2004) als „konstruktivistische Falle" bezeichnet. Dabei wird ein instruktionaler Unterrichtsstil mit einem aktiven Lehrenden und einem passiven Lernenden assoziiert, während ein konstruktivistischer Unterrichtsstil mit einem eher passiven Lehrenden und einem aktiven Lernenden verbunden wird. Mandl, Gruber und Renkl (1995) postulierten schon vor fast 20 Jahren, dass Instruktionen in passenden Momenten für optimales Lernen im Sinne konstruktiver Prozesse erforderlich seien, da nur diese den Erwerb anwendbaren Wissens eröffnen, welches zu erfolgreichem Handeln führen könne, und Möller (2012) spricht sich für „Konstruktion durch Instruktion" aus. Die empirischen Befunde der letzten Jahre bestätigen die Bedeutung instruktionalen Handelns der Lehrperson (bspw. Befunde aus dem frühen naturwissenschaftlichen Lernen: Hardy et al. 2006; Klahr & Nigam 2004) bzw. machen deutlich, dass nicht primär die zu beobachtende Aktivität des Lernenden, sondern eher die kognitive Aktivierung, die das Handeln der Lehrperson beim Lernenden auslöst, entscheidend für erfolgreiche kognitive Lernprozesse ist (Meyer 2009). Die Metaanalyse von Alfieri et al. (2011) zum Entdeckenden Lernen (discovery learning) zeigt, dass Ansätze des angeleiteten Entdeckens (guided discovery) dem reinen Entdecken (pure discovery, unassisted discovery) hinsichtlich der Effizienz des Wissenserwerbs überlegen sind.

Vor dem Hintergrund dieser Erkenntnisse beschreibt die Dimension „freie und angeleitete Tätigkeiten" eine größere Bandbreite an beobachtbaren Aktivitäten des Kindes, die sämtlich in einem durch die Lehrperson vorgegebenen Rahmen erfolgen. Es ist die Aufgabe der Lehrperson, die Art und Intensität der Steuerung innerhalb des Lernarrangements so anzupassen, dass es die Kinder zur Auseinandersetzung mit selbst gewählten oder vorgegebenen Inhalten anregt. So werden mit dieser Dimension direkt das Handeln bzw. indirekt die Intentionen der Lehrperson in den Blick genommen. Dahinter steht die Frage nach der erfolgreichen Begleitung und Steuerung der kindlichen Lernprozesse durch die Lehrperson. Als förderlich betrachtet wird ein bewusst gestalteter Kommunikationsprozess, der wiederum die Möglichkeit der individuellen Unterstützung durch die Lernbegleitenden bietet (Rogoff 1990; Wannack, Schütz & Arnaldi 2009; Krammer 2010). Insbesondere die sprachliche Auseinandersetzung zwischen den Kindern sowie zwischen Kindern und der Lehrperson scheint eine wichtige Rolle zu spielen, da durch diese auch gemeinsames Wissen konstruiert wird (Reinmann-Rothmeier & Mandl 1997, 103f.; Mandl, Gruber & Renkl 1995). Auch das Anregen von Denkprozessen durch inhaltliche, strategische bzw. motivationale Impulse oder die so genannte „angeleitete Partizipation" der Kinder können zur individuellen Lernunterstützung beitragen (Krammer 2010). Idealerweise werden die eigenen Konstruktionsleistungen der Kinder – zum Beispiel im Umgang mit bereitgestellten Materialen – zum Ausgangspunkt der pädagogischen Intervention (Royar & Streit 2010). Diese ist bewusst zu gestalten und bedarf immer auch einer Auseinandersetzung mit anzustrebenden Bildungszielen und zu fördernden Kompetenzen (Fthenakis 2003a; Fthenakis et al. 2005).

4 Das Modell als Orientierungsrahmen für das Handeln von Lehrpersonen

Im folgenden Beispiel[6] wird aufgezeigt, wie die Lehrperson – ausgehend von den Aktivitäten der Kinder im freien Tätigsein mit Material – zunächst fachspezifische Aspekte in den Blick nimmt, indem sie spontane Impulse setzt und bestimmte Gesichtspunkte gezielt fördert. Für das weitere Unterrichtsgeschehen greift sie ein Thema der Kinder auf und fokussiert dabei auf fachübergreifende Aspekte (Streit 2010).

> Im Freispiel beschäftigen sich mehrere Kinder mit vielfältigen geometrischen Figuren aus Holz. Die „Patternblocks", wie sie auch genannt werden, stellen ein ästhetisch ansprechendes Material dar, das die Kinder zu unterschiedlichen Tätigkeiten anregt. Die meisten Kinder legen Bilder und Muster: Tobias baut mit den verschiedensten Formen einen Roboter, Tina erzeugt aus den Rauten sternförmige Rosetten und Lea legt spiegelbildliche Figuren. Betrachtet man die Produkte nun durch die fachspezifische – hier die mathematische – „Brille", zeigt sich eine Gemeinsamkeit: In allen Figuren wird die Idee der Symmetrie sichtbar: Der Roboter weist eine vertikale Achsensymmetrie auf, die Rosetten sind mehrzählig achsen- und drehsymmetrisch, Leas Produkt ist vertikal und horizontal achsensymmetrisch. Auch weitere symmetrische Produkte entstehen.

6 Das Beispiel entstammt einer teilnehmenden Unterrichtsbeobachtung aus dem Projekt MA-THElino. Im Rahmen dieses von der PH Freiburg (D) geförderten Forschungs- und Entwicklungsprojektes wurde ein offenes Konzept zum frühen Lernen von Mathematik entwickelt. Das Konzept wurde in verschiedenen Kindergärten und auch in stufenübergreifenden Modellgruppen erprobt, und die Erprobung wurde wissenschaftlich begleitet.

Die Vielfalt ist so groß, dass die Lehrperson beschließt, das Thema Symmetrie in instruierten Sequenzen aufzugreifen. Um von den Ideen der Kinder ausgehen zu können, fotografiert sie deren Produkte und gibt den Kindern den Auftrag, ihre gelegten Muster oder Bilder aufzuzeichnen. Dazu stellt sie ihnen weißes Papier und bunte Holzstifte zur Verfügung.

In der Zwischenzeit hat Julia einen Turm aus den gelben regelmäßigen Sechsecken gebaut. Als sie keine mehr zur Verfügung hat, sucht sie nach Alternativen und entdeckt dabei, dass sie aus zwei roten symmetrischen Trapezen wieder ein deckungsgleiches regelmäßiges Sechseck erzeugen kann. Das findet sie so interessant, dass sie ihre Entdeckung der Lehrperson mitteilt. Diese greift die Idee auf und fragt Julia, ob es noch weitere Plättchen gibt, aus denen sich ein Sechseck erzeugen lässt. Julia probiert und konstruiert, schließlich präsentiert sie stolz ein Sechseck aus sechs grünen gleichseitigen Dreiecken. Die Idee des Turms wird von anderen Kindern übernommen. Auch Tom möchte nun einen Turm bauen, der so groß ist wie er selbst. Leider stürzt er immer wieder ein, bevor er die entsprechende Höhe erreicht. Die Lehrperson setzt einen fachbezogenen Impuls: „Vielleicht könnt ihr auch eine Reihe von Figuren legen, die genauso lang ist wie Tom." Der Vorschlag findet Gehör, und einige Zeit später liegen verschieden lange Reihen von Patternblocks da: eine so lang wie Tom, eine so lang wie Luis usw.. Im anschließenden Kreisgespräch werden die unterschiedlichen Längen besprochen und die Problematik der Vergleichbarkeit erörtert, wenn man unterschiedliche Formen als Messeinheit verwendet. Auch die Produkte der anderen Kinder werden vorgestellt und besprochen.

In den nächsten Tagen arbeiten alle Kinder in vorbereiteten Lernsequenzen am Thema Symmetrie. Der Einstieg erfolgt über die Kinderzeichnungen und Fotografien vom Vortag und über weitere Bilder und Gegenstände, welche die Lehrperson mitgebracht hat. Im Gespräch werden die Bezeichnungen der Kinder wie „spiegelverkehrt" und „das Gleiche auf der anderen Seite nochmal" aufgegriffen und schließlich der Begriff „Symmetrie" eingeführt. Im weiteren Vorgehen untersuchen die Kinder in Gruppen unterschiedlichste Bilder auf (Achsen)Symmetrie. Sie machen dabei die Erfahrung, dass die Verwendung eines Spiegels oder die Nutzung von Faltlinien hilfreich sein können. So genannte „Symmetriespaziergänge" und die Möglichkeit, eigene symmetrische Bilder oder Gegenstände mitbringen zu können, erweitern den Blick auf Symmetrien in der künstlichen und belebten Umwelt und lassen die Frage aufkommen, warum Symmetrie ein so wichtiges Prinzip ist. Auf diese Frage gibt die Lehrperson nicht direkt eine Antwort, sondern lässt die Kinder selbst tätig werden: Mit Baumaterial ausgestattet erfahren die Kinder, dass z.B. symmetrische Körper besonders stabil sind und nicht symmetrische Papierflieger viel schlechter fliegen als symmetrische. Zum Schluss werden die Kinder zu Gestaltern von Symmetrie-Kunstwerken. Sie können Stempel nutzen oder Schablonen, die Frage ist aber vor allem, wie diese einzelnen „Bausteine" so angeordnet werden, dass nachher ein einfach oder mehrfach symmetrisches Kunstwerk entsteht. In der Abschlussreflexion steht dann der ästhetische Aspekt der Kunstwerke im Vordergrund. Ein Kind hat bewusst ein Element der Symmetriebrechung eingefügt. Welche Wirkung hat dies auf den Betrachter?

Im Beispiel werden die kindlichen Aktivitäten und entstehenden Produkte der Kinder von der Lehrperson gezielt genutzt, um Impulse zu setzen, die auf fachspezifischen Überlegungen und Zielsetzungen beruhen. Aus dem Freispiel heraus und mit entsprechender instruktionaler Unterstützung der Lehrperson entwickeln sich also mathematisch gehaltvolle Tätigkeiten der Kinder. Auf der Basis von konkreten Handlungen und im Umgang mit Materialien werden grundlegende mathematische Inhalte und Prozesse erfahrbar und ermöglichen so einen intuitiven Zugang zur Ideenwelt der Mathematik. Man spricht auch von „fundamentale(n) Ideen“[7]. Dazu zählen u.a. Symmetrie, Messen und Teil-Ganzes-Relation – alle drei werden im erläuterten Beispiel zum Unterrichtsgeschehen im Freispiel sichtbar.

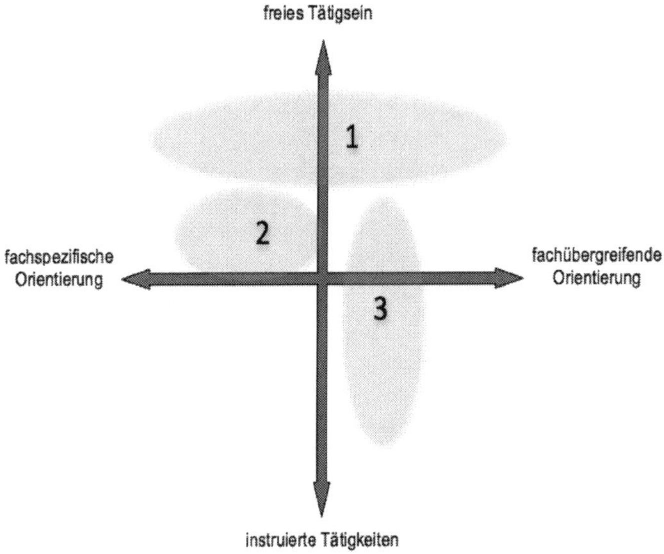

Abb. 2: Verortung der Unterrichtssequenzen im Modell

Die Lehrperson beeinflusst das Tätigsein der Kinder zunächst nur durch die Materialvorgabe (Abb. 2, Feld 1). Die Aufforderung, die entstandenen Produkte abzuzeichnen, bedeutet eine stärkere Steuerung der kindlichen Aktivitäten. Keine Vorgaben macht die Lehrperson hinsichtlich der Art der Darstellung; die Umsetzung des Auftrags bleibt offen und hängt zudem stark von den zeichnerischen

7 Der Begriff der „fundamentalen Ideen“ geht auf Bruner (1970) zurück. Er geht davon aus, dass sich die Tätigkeit vom Wissenschaftler und Kind primär nicht in der Art der Tätigkeit, sondern nur im Niveau voneinander unterscheiden. Jedem Kind ist jeder Lehrgegenstand auf eine ihm angemessene Art zu vermitteln. Dazu ist es wichtig, sich auf fundamentale Ideen des Faches zu beschränken und diese spiralförmig weiter zu entwickeln.

Fähigkeiten der Kinder ab. Zugleich erfolgt die Instruktion selektiv und zielgerichtet, es werden nämlich nur diejenigen Kinder angesprochen, deren Produkte verschiedene Symmetrien deutlich werden lassen. Die Frage an Julia und die Aufforderung an Tom zielen auf das Teil-Ganze-Verständnis bzw. auf erste Erfahrungen zum Messen (genauer: zum indirekten Vergleichen mit willkürlichen Einheiten) und sind somit explizit in der Mathematik verankert. Die Impulse der Lehrperson regen zum Problemlösen an bzw. geben inhaltliche Hilfen im Problemlöseprozess. Bezogen auf das Modell hat also eine Bewegung in Richtung stärkerer Steuerung und eine Fokussierung auf fachliche Aspekte stattgefunden (Abb. 2, Feld 2). Ausgehend von den Ideen und Produkten der Kinder entscheidet sich die Lehrperson, das Thema Symmetrie fachübergreifend vertieft zu behandeln. Dazu bereitet sie mehrere Sequenzen gezielt vor, gibt entsprechende Arbeitsaufträge und reflektiert die Ergebnisse mit den Kindern. Es handelt sich um ein Lernarrangement für die ganze Gruppe, der Fokus liegt jetzt allerdings nicht mehr allein auf den mathematischen Aspekten von Symmetrie, sondern nun kommen fachübergreifende Aspekte am Beispiel des Themas Symmetrie zum Tragen. Dabei können die mathematischen Erkenntnisse zur Symmetrie den Kindern helfen, Symmetrien in der natürlichen und künstlichen Umwelt zu erkennen sowie als Gestaltungs- bzw. Konstruktionselement zu verstehen und bewusst einzusetzen. Voraussetzung dafür sind Impulse und Fragestellungen, welche die Kinder herausfordern, verschiedene Zugänge zu Phänomenen konstruktiv zu verknüpfen. So können die Erkenntnisse aus den verschiedenen Fächern und Bildungsbereichen zu einem vertieften Verstehen der entsprechenden Phänomene beitragen und unterschiedliche Zugänge zur Wirklichkeit erschließen. Die Lehrperson steuert die Aktivitäten der Kinder in unterschiedlichem Masse, es gibt freie und in-struierte Aktivitäten der Kinder, allerdings alle zu einem vorgegebenen Thema. Die Bewegung im Modell weist nun in Richtung „fachübergreifende Orientierung" (Abb. 2, Feld 3).
Die Schilderung des komplexen Unterrichtsgeschehens ließe sich noch differenzierter verorten. Hier soll es genügen aufzuzeigen, dass die Lehrperson das gesamte Spektrum des Modells nutzt. Ihr Handeln zielt darauf, unter Einbeziehung der kindlichen Aktivitäten und der entstandenen Produkte fachliche wie fachübergreifende Ziele in den Blick zu nehmen. Dabei greift sie auf unterschiedliche Formen und Intensität der Steuerung der kindlichen Tätigkeiten zurück.

5 Ausblick

Das in der Theorie verankerte und in der Praxis zu verortende Modell kann als Denkrahmen für die Lehre in Aus- und Weiterbildung dienen – mit dem Ziel, dass Lehrpersonen beide Dimensionen in ihrer ganzen Breite nutzen und durch ihr pädagogisches Handeln die beiden vielleicht als gegensätzlich wahrgenommenen Pole miteinander in Beziehung setzen und integrieren. So wird es zu einem Analyse- und Reflexionsinstrument für eigenen und fremden Unterricht. Dadurch können Handlungsmuster, aber auch „blinde Flecken“ bewusst werden und allenfalls verändert werden.

Die Anwendung und Umsetzung des Modells erfordert vielfältige Kompetenzen, die sich schwerpunktmäßig in Bezug auf die einzelnen Pole der Dimensionen unterscheiden und beschreiben lassen. Dazu zählen u.a. Beobachtungs- bzw. diagnostische Kompetenzen, um Kinder beispielsweise im Rahmen freier Aktivitäten in Bezug auf ihre Entwicklung einschätzen oder im Gespräch die Denkwege der Kinder nachvollziehen und daraus Konsequenzen für das unterrichtliche Handeln ableiten bzw. im Sinne des Scaffolding in passenden Situationen Lernaktivitäten zielgerichtet fördern zu können. Des Weiteren sind fachliche und fachdidaktische Kompetenzen notwendig, um den fachspezifischen Gehalt in Aktivitäten der Kinder ausmachen zu können und davon ausgehend die Kinder in ihren Lernprozessen nachhaltig zu begleiten und adäquate Lernmaterialien einzusetzen. Diese fachlichen und fachdidaktischen Kompetenzen stellen wiederum die Voraussetzung dar, bildungsrelevante Verbindungen zwischen Fächern und Bildungsbereichen zu erkennen und in Form fachübergreifenden Unterrichts umzusetzen (Di Giulio, Künzli David & Defila 2008).

Die beschriebenen Anforderungen sind hoch und es ist nur bedingt möglich, diesen im Rahmen der Grundausbildung vollumfänglich gerecht zu werden. Das Modell bietet allerdings die Möglichkeit, theoriegestützt die Aus- und Weiterbildung kohärent zu gestalten und aufeinander zu beziehen. Eine explizite Verortung von Ausbildungs- bzw. Weiterbildungsgefäßen bzw. einzelnen Lernsequenzen im Modell erlaubt eine Fokussierung der in den Blick genommenen Aspekte von Unterricht, ohne dabei das Bewusstsein für die Komplexität des Unterrichtsgeschehens zu verlieren.

Das Modell ermöglicht weiter, verbindende Fragen verschiedener Fachbereiche zu bearbeiten und schafft damit eine breite Verständigungsbasis für Vertreter und Vertreterinnen aus Aus- und Weiterbildung. So können einerseits im Rahmen von fachübergreifenden Themen die je fachspezifisch relevanten Aspekte herausgearbeitet werden, und es kann beschrieben werden, inwiefern sich diese gegenseitig ergänzen oder bereichern. Andererseits kann in berufspraktischen Studien der Aspekt reflektiert und entwickelt werden, auf welche Weise zu beobachtende Aktivitäten der Kinder so begleitet werden können, dass an deren Erfahrungen anknüpfend auch fachliches Lernen optimal gefördert werden kann.

6 Literatur

Alfieri, Louis; Brooks, Patricia J.; Aldrich, Naomi J. & Tenenbaum, Harriet R. (2011): Does discovery-based instruction enhance learning? In: Journal of Educational Psychology, 103. Jg., Heft 1, 1–18.

Blumenberg, Hans (1980): Die Lesbarkeit der Welt. Suhrkamp: Frankfurt.

Bormann, Inka & Haan, Gerhard de (2008) (Hrsg.): Kompetenzen der Bildung für nachhaltige Entwicklung. Operationalisierung, Messung, Rahmenbedingungen, Befunde. VS Verlag für Sozialwissenschaften: Wiesbaden.

Bruner, Jerome S. (1970): Der Prozess der Erziehung. Cornelsen Verlag: Berlin.

Bülow, Karin von (2011): Anschlussfähigkeit von Kindergarten und Grundschule. Rekonstruktion von subjektiven Bildungstheorien von Erzieherinnen und Lehrerinnen. Klinkhardt: Bad Heilbrunn.

Di Giulio, Antonietta; Künzli David, Christine & Defila, Rico (2008): Bildung für eine nachhaltige Entwicklung und interdisziplinäre Kompetenzen – Zum Profil von Lehrkräften. In: Bormann & Haan (2008) (Hrsg.), 179–197.

Diller, Angelika; Leu, Hans Rudolf & Rauschenbach, Thomas (2010) (Hrsg.): Wie viel Schule verträgt der Kindergarten? Annäherung zweier Lernwelten. Verlag Deutsches Jugendinstitut: München.

Draude, Wigbert (2006): Droht der Kindergarten zu verschulen? In: GEW (2006) (Hrsg.), 33–40.

Duncker, Ludwig (1997a): Prinzipien einer Didaktik der Vielfalt. In: Reinhardt & Weise (1997) (Hrsg.), 174–190.

Duncker, Ludwig (1997b): Vom Sinn des Ordnens. Zur Rekonstruktion der Wirklichkeit in und zwischen den Schulfächern. In: Duncker & Popp (Hrsg.) (1997), 119–134.

Duncker, Ludwig & Popp, Walter (1997) (Hrsg.): Über Fachgrenzen hinaus. Chancen und Schwierigkeiten des fächerübergreifenden Lehrens und Lernens. Bd. 1 Grundlagen und Begründungen. Dieck: Heinsberg.

EDK (2007): HarmoS-Konkordat. Interkantonale Vereinbarung über die Harmonisierung der obligatorischen Schule, http://edudoc.ch/record/24711/files/HarmoS_d.pdf (letzter Zugriff am 11.11.2012).

Fthenakis, Wassilios E. (2003a): Pädagogische Qualität in Tageseinrichtungen für Kinder. In: Fthenakis (2003b) (Hrsg.), 208–242.

Fthenakis, Wassilios E. (2003b) (Hrsg.): Elementarpädagogik nach Pisa. Wie aus Kindertagesstätten Bildungseinrichtungen werden können. Herder: Freiburg.

Fthenakis, Wassilios E.; Gisbert, Kristin; Griebel, Wilfried; Kunze, Hans-Rainer; Niesel, Renate & Wustmann, Corina (2005): Auf den Anfang kommt es an: Perspektiven für eine Neuorientierung frühkindlicher Bildung. Berlin: Bundesministerium für Bildung und Forschung.

Geigle, Martina (2005): Konzepte zum fächerübergreifenden Unterricht. Eine historisch-systematische Analyse ihrer Theorie. Dr. Kovac: Hamburg.

GEW (2006) (Hrsg.): Dokumentation zur Tagung der Friedrich-Ebert-Stiftung in Zusammenarbeit mit der GEW Baden-Württemberg und dem Bundesverband Ev. ErzieherInnen und SozialpädagogInnen. Fritz-Erler-Forum: Stuttgart, http://library.fes.de/pdf-files/bueros/stuttgart/04839.pdf (letzter Zugriff am 11.03.2014).

Giest, Hartmut (2012): Lernen und Lehren im Sachunterricht – Zum Verhältnis von Konstruktion und Instruktion. In: Giest; Heran-Dörr & Archie (2012) (Hrsg.), 119–126.

Giest, Hartmut; Heran-Dörr, Eva & Archie, Carmen (2012) (Hrsg.): Lernen und Lehren im Sachunterricht. Zum Verhältnis von Konstruktion und Instruktion. Klinkhardt: Bad Heilbrunn.

Goodson, Ivor F.; Hoppmann, Stefan & Riquarts, Kurt (1999) (Hrsg.): Das Schulfach als Handlungsrahmen. Vergleichende Untersuchung zur Geschichte und Funktion der Schulfächer. Böhlau: Köln, Weimar, Wien.

Hardy, Ilonca; Jonen, Angela; Möller, Kornelia & Stern, Elsbeth (2006): Effects of Instructional Support within Constructivist Learning Environments for Elementary School Students' Understanding "Floating and Sinking". In: Journal of Educational Psychology, 98. Jg., Heft 2, 307–326.

Hellmich, Frank & Köster, Hilde (2008) (Hrsg.): Vorschulische Bildungsprozesse in Mathematik und Naturwissenschaften. Klinkhardt: Bad Heilbrunn.

Höfling, Siegfried & Mandl, Heinz (1997) (Hrsg.): Lernen für die Zukunft. Lernen in der Zukunft. Hanns-Seidel-Stiftung: München.

Honig, Michael-Sebastian; Joos, Magdalena & Schreiber, Norbert (2004): Was ist ein guter Kindergarten? Theoretische und empirische Analysen zum Qualitätsbegriff in der Pädagogik. Juventa: Weinheim, München.

Huber, Ludwig (2001): Stichwort: Fachliches Lernen. Das Fachprinzip in der Kritik. Theodor Schulze zum 75. Geburtstag gewidmet. In: Zeitschrift für Erziehungswissenschaften, 4. Jg., Heft 3, 307–331.

Huber, Ludwig (2009): Fachunterricht und Fächerübergreifender Unterricht. In: Mertens et al. (2009) (Hrsg.), 398–411.

Kahlert, Joachim (1997): Vielseitigkeit statt Ganzheit. Zur erkenntnistheoretischen Kritik an einer pädagogischen Illusion. In: Duncker & Popp (1997) (Hrsg.), 92–118.

Klafki, Wolfgang (1998): Fächerübergreifender Unterricht - Begründungsargumente und Verwirklichungsstufen. Rupert Vierlinger zum 65. Geburtstag gewidmet. In: Popp (1998) (Hrsg.), 41–57.

Klahr, David & Nigram, Milena (2004): The Equivalence of Learning Paths in Early Science Instruction: Effect of Direct Instruction und Discovery Learning. In: Psychological Science, 15. Jg., Heft 10, 661–667.

Kluczniok, Katharina; Rossbach, Hans-Günther & Grosse, Christiane (2010): Fördermöglichkeiten im Kindergarten. Ein Systematisierungsversuch. In: Diller et al. (2010) (Hrsg.), 133–152.

Krammer, Kathrin (2010): Individuelle Unterstützung im Unterricht mit 4- bis 8-jährigen Kindern. In: Leuchter (2010) (Hrsg.), 36–48.

Künzli David, Christine & Bertschy, Franziska (2010): Bildung für eine Nachhaltige Entwicklung als fächerübergreifendes Bildungskonzept. In: Penzel & Meinel (Hrsg.) (2010), 137–147.

Leuchter, Miriam (2010) (Hrsg.): Didaktik für die ersten Bildungsjahre. Unterricht mit 4- bis 8-jährigen Kindern. Klett und Balmer: Zug.

Mandl, Heinz; Gruber, Hans & Renkl, Alexander (1995): Situiertes Lernen in multimedialen Lernumgebungen. München: Ludwigs-Maximilian-Universität. Institut für Pädagogische Psychologie und Empirische Pädagogik.

Penzel, Joachim; Meinel, Frithjof (2010) (Hrsg.): Gestalten und Bilden. Methodendiskurs als Impuls für den Unterricht. kopaed: München.

Mertens, Gerhard; Frost, Ursula & Böhm, Winfried (Hrsg.) (2009): Handbuch der Erziehungswissenschaft. Ferdinand Schöningh: Paderborn.

Meyer, Richard E. (2004): Should There Be a Three-Strikes Rule Against Pure Discovery Learning? In: The American Psychologist, 59. Jg., Heft 1, 14–19.

Meyer, Richard E. (2009): Constructivism as a Theory of Learning versus Constructivism as a Prescription for Instruction. In: Tobias & Duffy (2009) (Hrsg.), 184–200.

Möller, Kornelia (2012): Konstruktion vs. Instruktion oder Konstruktion durch Instruktion? Konstruktionsfördernde Unterstützungsmaßnahmen im Sachunterricht. In: Giest; Heran-Dörr & Archie (2012) (Hrsg.), 37–50.

Piaget, Jean & Szeminska, Alina (1975): Die Entwicklung des Zahlbegriffs beim Kinde. Ernst Klett: Stuttgart.

Popp, Walter (1997): Die Spezialisierung auf Zusammenhänge als regulatives Prinzip der Didaktik. In: Duncker & Popp (1997) (Hrsg.), 135–154.

Popp, Susanne (1998) (Hrsg.): Grundrisse einer humanen Schule. Studien Verlag: Innsbruck.

Reinhardt, Sibylle & Weise, Elke (1997) (Hrsg.): Allgemeine Didaktik und Fachdidaktik. Fachdidaktiker behandeln Probleme ihres Unterrichts. Deutscher Studienverlag: Weinheim.

Reinmann-Rothmeier, Gabi & Mandl, Heinz (1997): Kompetenzen für das Leben in einer Wissensgesellschaft. In: Höfling & Mandl (1997) (Hrsg.), 97–107.

Rogoff, Barbara (1990): Apprenticeship in thinking: cognitive development in social context. Oxford University Press: New York.

Rossbach, Hans-Günther (2010): Bildungs- und Lernverläufe im Übergang. In: Diller; et al. (2010) (Hrsg.), 75–90.

Rossbach, Hans-Günther; Grosse, Christiane; Kluczniok, Katharina & Freund, Ulrike (2010): Bildungs- und Lernziele im Kindergarten und in der Grundschule. In: Leuchter (2010) (Hrsg.), 36–48.

Roux, Susanna (2008): Bildung im Elementarbereich. In: Hellmich & Köster (Hrsg.) (2008), 13–26.

Royar, Thomas & Streit, Christine (2010): MATHElino – Kinder begleiten auf mathematischen Entdeckungsreisen. Kallmeyer: Seelze.

Siraj-Blatchford, Iram (2007): Creativity, Communication and Collaboration: The Identification of Pedagogic Progression in Sustained Shared Thinking. In: Asia-Pacific Journal Research Early Childhood Education, 1. Jg., Heft 2, 3–23.

Streit, Christine (2010): Fundamentale Ideen der Mathematik – auch im Kindergarten? In: TPS, 2010, 10. Jg., 4–7.

Sylva, Kathy; Melhuish, Edward C.; Sammons, Pam; Siraj-Blatchford, Iram & Taggart, Brenda (2004): The Effective Provision of Pre-School Education (EPPE) Project: Technical Paper 12 – The Final Report: Effective Pre-School Education. London: DfES/Institute of Education, University of London, http://www.ioe.ac.uk/ EPPE_TechnicalPaper_12_2004.pdf (letzter Zugriff am 11.03.2014).

Tenorth, Heinz-Elmar (1999): Unterrichtsfächer – Möglichkeit, Rahmen und Grenze. In: Goodson; Hoppmann & Riquarts (1999) (Hrsg.), 191–207.

Terhart, Ewald (2008): Allgemeine Didaktik: Traditionen, Neuanfänge, Herausforderungen. In: Zeitschrift für Erziehungswissenschaft, 2008, Sonderheft 9, 13–34.

Tobias, Sigmund & Duffy, Thomas M. (2009) (Hrsg.):Constructivist Instruction. Success or Failure? Routledge Publishing: New York.

Valsangiacomo, Federica; Widorski, Dagmar & Künzli David, Christine (im Druck): Bildungstheoretische Überlegungen zu fächerübergreifendem Unterricht – Systematik transversalen Unterrichtens. In: Zeitschrift für die Didaktik der Gesellschaftswissenschaften, 1. Jg., Heft 5.

Vogt, Franziska (2010): Curriculare und strukturelle Entwicklungen in der Schweiz. In: Leuchter (2010) (Hrsg.), 49–57.

Wannack, Evelyne (2004): Kindergarten und Grundschule zwischen Annäherung und Abgrenzung. Waxmann: Münster u.a.

Wannack, Evelyne (2010): Bildung von 4- bis 8-jährigen Kindern: Grundlagen und Konzepte im Wandel. In: Leuchter (2010) (Hrsg.), 18–35.

Wannack, Evelyne; Arnaldi, Ursula & Schütz, Annalise (2009a): Überlegungen zur Didaktik des Kindergartens. In: Zeitschrift 4bis8, 99. Jg., Heft 9, 24–26.

Wannack, Evelyne; Schütz, Annalise & Arnaldi, Ursula (2009): Die Spiel- und Lernbegleitung im Kindergarten. In: Zeitschrift 4bis8, 99. Jg., Heft 12, 23–25.

Wannack, Evelyne; Sörensen Criblez, Barbara & Gilléron Giroud, Patricia (2006). Frühere Einschulung in der Schweiz. Ausgangslage und Konsequenzen. Bern: Schweizerische Konferenz der kantonalen Erziehungsdirektoren, http://edudoc.ch/record/17369/files/ StuB26A.pdf (letzter Zugriff am 11.11.2012).

Weinert, Franz E./Helmke, Andreas (1997). Entwicklung im Grundschulalter. Beltz: Weinheim.

Christine Streit und Thomas Royar

Lernen zwischen Instruktion und Konstruktion – wie Instruktionen konstruktive Prozesse beim frühen Lernen von Mathematik unterstützen können

1 Zusammenfassung

Der Beitrag beleuchtet zunächst das Spannungsfeld zwischen Instruktion und Konstruktion und versucht zu einer begrifflichen Klärung beizutragen. Am Beispiel eines Projektes aus der frühen mathematischen Bildung wird aufgezeigt, wie Instruktionen, speziell durch Lehrpersonen in vorbereiteten Lernumgebungen, konstruktive Lernprozesse bei Kindern unterstützen können. Eine entsprechende Begleitung der Kinder erfordert vielfältige Kompetenzen. Um (angehende) Lehrpersonen beim Aufbau dieser Kompetenzen zu unterstützen, sind gezielte Maßnahmen in der Aus- und Weiterbildung notwendig. Lernwerkstätten im Sinne von „didaktischen Labors“ können hierzu einen Beitrag leisten. Am Beispiel des LernAteliers der PH FHNW in Solothurn wird eine entsprechende Umsetzung skizziert.

2 Instruktion und Konstruktion – eine begriffliche Einordnung

Unterricht bewegt sich immer im Spannungsfeld zwischen allgemeinverbindlichen Lernvorgaben und eigenständig individuellem Lernen. In der Debatte um konstruktivistische Sichtweisen von Unterricht wurde dieses Spannungsfeld häufig reduziert auf die Frage, wie „neue“ konstruktive Unterrichtsformen die „alten“ instruktionalen ersetzen können. Damit wird implizit eine Dichotomie erzeugt – man instruiert oder man konstruiert und schließt entweder das eine oder das andere aus (Reinmann 2012). Und wer konstruiert oder instruiert eigentlich? Der oder die Lernende oder der oder die Lehrende? So vermischen sich die Ebenen des Lehrens und Lernens, denn genau genommen beschreibt Konstruktion die Ebene des Lernenden, während sich Instruktion auf die Ebene des Lehrenden bezieht.[1] Wenn lernpsychologisch begründete Aussagen zum Lernen aber direkt auf das Lehren übertragen werden, verleitet das zu der Schlussfolgerung, dass erfolg-

1 Der Begriff der Lehrenden ist hier bewusst weit gefasst. Auch Mitschüler/innen können im Lernprozess zu „Lehrenden“ werden.

reiches Lernen nur in einem konstruktivistischen Unterrichtsformat stattfinden könne. Dies bezeichnet Mayer (2004) als „konstruktivistische Falle". Empirische Befunde der letzten Jahre machen deutlich, dass ein Verzicht auf Instruktionen nicht sinnvoll ist. Stattdessen scheint es förderlicher zu sein, konstruktive Lernprozesse durch adäquate Instruktionen zu begleiten. So zeigen Studien zu frühem naturwissenschaftlichem Lernen (z.B. Hardy et al. 2006; Klahr & Nigram 2004), dass nicht primär die zu beobachtende Aktivität des Lernenden, sondern eher die kognitive Aktivierung, die das Handeln der Lehrperson beim Lernenden auslöst, entscheidend für erfolgreiche Lernprozesse ist (Mayer 2009). Die Metaanalyse von Alfieri zum Entdeckenden Lernen (discovery learning; Alfieri et al. 2011) kommt zu dem Ergebnis, dass Ansätze des angeleiteten Entdeckens (guided discovery) dem reinen Entdecken (pure discovery, unassisted discovery) hinsichtlich der Effizienz des Wissenserwerbs überlegen sind (ebd.). Die Betonung der konstruktiven Aktivität der Lernenden darf also nicht dahingehend interpretiert werden, dass keine instruktionalen Bemühungen der Lehrenden mehr vonnöten seien. Instruktion und Konstruktion schließen sich nicht gegenseitig aus, stattdessen scheint die „Balance zwischen Instruktion und Konstruktion" (Reinmann & Mandl 2006) die Voraussetzung für erfolgreiches Lernen zu sein. In diesem Sinne gehen die folgenden Ausführungen zum frühen Lernen von Mathematik zwischen Instruktion und Konstruktion von zwei Grundannahmen aus (vgl. auch Streit & Royar 2010; Royar & Streit 2012):

1. Es gibt keine Wertigkeit in dem Sinne, dass möglichst wenig Instruktionen besser und konkrete Anweisungen schlechter sind, sondern die „Messlatte" ist die Passgenauigkeit des Lehrerhandelns in Bezug auf das Lernverhalten des Schülers. Besondere Bedeutung erhält damit die Frage nach der adäquaten Begleitung von Lernenden, damit Lernprozesse angeregt und vertieft werden.
2. Lernen ist ein konstruktiver Prozess des Lernenden, der durch das Handeln der Lehrenden beeinflusst wird. Dieses kann unterschiedlich stark instruierend sein. Man kann sich eine Art Kontinuum vorstellen, in dem Lernen und Lehren zwischen den (faktisch nie zu erreichenden) Extrema erfolgt. Von den Rahmenbedingungen ausgehend liefert vor allem das frühe institutionalisierte Lernen im Kindergarten und im Anfangsunterricht gute Voraussetzungen, das gesamte Spektrum von Instruktion und Konstruktion „auszuschöpfen". Die Gestaltung der Lernarrangements ist kaum durch enge Zeitvorgaben, Fächerkanons, Leistungskontrollen etc. eingeschränkt.

3 Das Konzept MATHElino – frühes mathematisches Lernen zwischen Instruktion und Konstruktion

Mathematische Lernanlässe im Kindergarten sind so zu gestalten, dass Kinder angeregt werden, sich auf ihrem Niveau mit grundlegenden Ideen und Prinzipien der Mathematik auseinander zu setzen (Wittmann 2005; 2006). Im Mittelpunkt steht das Kind in der Begegnung mit der Sache. Dabei müssen sowohl die Lernprozesse des Kindes, aber auch das „Wesen" des Fachs in den Blick genommen werden. Basierend auf diesen Grundsätzen wurde das Konzept MATHElino im Rahmen eines in der Handlungsforschung angesiedelten Projektes entwickelt – gefördert von der Pädagogischen Hochschule Freiburg und in Zusammenarbeit mit verschiedenen Kindergärten und Schulen. Ausgangspunkt ist das freie und angeleitete Tätigsein der Kinder mit so genannten mathematikhaltigen Materialien. Das sind Materialien, die die Kinder zu mathematischen Tätigkeiten wie z.B. Ordnen, Erzeugen von Mustern, Entdecken und Beschreiben von Regelmäßigkeiten anregen. In den entstehenden Produkten werden mathematische Motive oder Ideen sichtbar. Besonders ergiebig ist dies in der Regel dann, wenn das Material gleichzeitig sowohl eine gewisse Strukturiertheit als auch eine gewisse Offenheit besitzt. Die Materialien sind zudem so gewählt, dass die Kinder vielfältige Grunderfahrungen in zentralen mathematischen „Kernbereichen", nämlich Zahl, Raum und Form sowie Maß machen können. Zentrale Aufgabe der Lehrperson ist die unterstützende Begleitung der kindlichen Aktivitäten. Sie ist „kognitives Modell" und Interaktionspartnerin, die die Kinder im Sinne des „Scaffoldings" individuell unterstützt (König 2007). Damit einher geht die bewusste Auseinandersetzung mit dem Spannungsfeld von Konstruktion und Instruktion, das im Konzept MA THE-lino (Royar & Streit 2010) mit der Frage verbunden ist, wie instruktionales Lehrerhandeln konstruktive Lernprozesse beim Kind anzuregen vermag (vgl. auch Möller 2012). Die Realisierung erfolgt durch drei verschiedene Arten von Lernsettings: Im freien Lernsetting steht das Material den Kindern immer zur Verfügung, die Lehrperson interveniert i.d.R. nicht. Arrangierte Lernsettings unterscheiden sich von den freien Settings dadurch, dass sich eine Gruppe von Kindern zu einem festen Zeitpunkt und an einem festen Ort (sitzend an einer Tischgruppe oder am Boden in der Matheecke) mit einem bestimmten Material beschäftigt. Dies garantiert, dass wirklich alle Kinder mit allen Materialien tätig werden und die Lehrperson die Möglichkeit zur gezielten Beobachtung der kindlichen Aktivitäten sowie der Unterstützung derselben durch gezielte Impulse hat. Instruierte Phasen wiederum sind geplant und regen die Kinder z.B. über eine problemorientierte Fragestellung zur Auseinandersetzung mit mathematischen Themen an. Daneben kommen in diesen Phasen aber auch Instruktionen im „klassischen" Sinn zum Einsatz: erklären, demonstrieren, vormachen usw.

In den verschiedenen Gruppen wurden unterschiedliche Zugänge erprobt. „Erfolgreich" im Sinne einer nachhaltigen Verankerung des frühen mathematischen Lernens über die Projektlaufzeit hinaus waren diejenigen Gruppen, in denen alle drei Lernsettings konsequent umgesetzt wurden und diese inhaltlich sinnvoll in Beziehung standen.

4 Die Rolle der Lernbegleitung: Konstruktive Prozesse durch Instruktionen begleiten lernen – ein Pilotprojekt

Während der Arbeit mit den Erprobungsgruppen wurde immer deutlicher, wie zentral die Rolle der Lehrperson in diesem Prozess ist. Vor allem das arrangierte Lernsetting benötigt eine angemessene, kompetente und reflektierte Begleitung durch die Lehrperson (Streit & Royar 2009). In der Praxis beschränken sich Interventionen oder Unterstützungen in der Regel auf disziplinare, organisatorische oder enge inhaltliche Anweisungen, nur selten gibt es Impulse, die weiterführende Denkschritte anregen (Streit 2011). Es bleibt kaum Zeit für gemeinsames Nachdenken und kognitiv aktivierende Maßnahmen. Eine adaptive individuelle Lernunterstützung findet nur bedingt statt wie z.B. Studien von Krammer, Hess u.a. zeigen (Tietze 1998; Roux 2002; Hess 2003; König 2009; Krammer 2009). In einem stufenübergreifenden Pilotprojekt der PH FHNW steht deshalb die individuelle Lernbegleitung im Mittelpunkt der Professionalisierungsbemühungen. Dabei wird nach dem Spiralmodell von Kurt Lewin gearbeitet, welches für die Mathematikdidaktik durch Peter-Koop und Prediger (2005) weiterentwickelt wurde. Erkenntnisgewinn und Handlungsveränderungen werden durch das wiederholte dreischrittige Vorgehen *Planen, Handeln, Reflektieren* angestrebt.

4.1 Das Planen

Die Lehrpersonen planen den Einsatz eines Materials und halten dies auf einer Planungsmatrix fest.

4.2 Das Handeln

Dies ist die eigentliche „Praxisphase". Das geplante Handeln wird durchgeführt. Die Lehrpersonen halten ihr Handeln durch Protokolle fest (Selbstbeobachtung), z. T. erfolgt auch eine videogestützte Beobachtung durch Dritte. Im Idealfall gliedert sich das Handeln in fünf Phasen, die im Folgenden beschrieben werden:[2]

2 Die Phasen stellen keinen idealen Unterrichtsverlauf dar. Zwar beginnt die Arbeit i.d.R. mit Phase 1 und endet mit Phase 4 oder 5, die Durchführung ist aber nicht zwingend linear. Vor allem zwischen den Phasen 2 (Beobachten) und 3 (Stützen) kann ein mehrmaliger Wechsel stattfinden. Wichtig ist allerdings, dass die Lehrpersonen die Phasen mit Blick auf den eigenen Lern- und Reflexionsprozess bewusst wahrnehmen und durchlaufen.

Phase 1: Anbieten
Ein ausgewähltes Material wird den Kindern präsentiert und zum freien Tätigsein zur Verfügung gestellt. *Beispiel: Auf den Spieltisch werden 200 verschiedene farbige Spielwürfel in einem großen Haufen ausgelegt.* Alternativ kann das Material im Zusammenhang mit einer konkreten Aufgaben-, Frage- oder Problemstellung den Kindern angeboten werden.

Phase 2: Beobachten
Die Beobachtung der kindlichen Aktivitäten ermöglicht es, Kenntnisse über die unterschiedlichen Zugänge, Fähigkeiten und Denkweisen der Kinder zu gewinnen, aber auch Ideen für die folgenden Phasen aufzugreifen oder zu entwickeln. Die Beobachtungen können Gelegenheitsbeobachtungen sein, aber auch gezielt erfolgen, ebenso können einzelne Schüler oder Gruppen von Schülern beobachtet werden (Ledl 2003).

Phase 3: Stützen (Scaffolding)
Im Begriffsverständnis von Krammer soll das Scaffolding als Konzept der individuellen Lernunterstützung verwendet werden (Krammer 2009; 2010). Im Idealfall benötigen die Kinder nur einen kleinen Impuls, den sie aufnehmen und darauf aufbauend wieder eigene Ideen kreieren. Ein solcher Impuls kann eine präzisierende Frage sein, eine geäußerte Idee zur Weiterarbeit, die Ergänzung des Materials, die Aufforderung zur Verbalisierung u.v.m. Dabei sollte immer im Auge behalten werden, dass die Unterstützung nicht zu einer zunehmenden Einengung auf ein einzelnes, isoliertes Ziel führen soll, sondern dahin, dass durch ein immer wieder stattfindendes Abbauen der „Stützen" die Kinder in ihrer nächsten „Entwicklungszone" erneut möglichst selbstständig tätig werden können (Vygotski 2002). In diesen Situationen kommt es zudem häufig vor, dass es zu „Ideenwanderungen" zwischen den Kindern und zwischen Kindern und Erwachsenen kommt. Dadurch wird Lernen zu einem gemeinsamen Aneignungs- und Weiterentwicklungsprozess und nicht nur zu einem Transfer von Informationen.
Beispiel: Ein Kind baut eine zweiseitige „Treppe", indem es zuerst eine Reihe mit 10 Würfeln legt. Die nächste Reihe besteht aus 8 Würfeln, so dass links und rechts eine Stufe entsteht. Die folgende Reihe besteht dann aus 6 Würfeln, die nächste aus 4, dann sind es zwei und als „Spitze" wird dann ein Würfel in die Mitte über die beiden gesetzt. Mögliche Stützen könnten sein:

- Zeichne die Treppe auf Papier!
- Kann man mit diesen Würfeln auch eine Treppe bauen (z.B. 20 Stück hinlegen)?
- Versuche, mit einer „Vierertreppe" (unten drei Würfel, einer in der Mitte darüber) zu beginnen und die Treppe dann immer größer zu machen!
- Mache zuerst einen Plan und baue dann! (Alternative: dem Kind einen solchen Plan zum Nachbauen geben)
- …

Die Umsetzungsmöglichkeiten der Unterstützung sind vielfältig, eine Kategorisierung derselben ist daher hilfreich. Anghileri (2006) unterscheidet in Bezug auf die individuelle Lernunterstützung zwei Dimensionen: die formale Dimension der Art der Steuerung des Lernens und die inhaltliche Dimension der angezielten mathematischen Verstehensebene. Als besonders effektiv in Bezug auf mathematische Lernprozesse nennt Anghileri die inhaltliche „Tiefe“ in Kombination mit der indirekten Steuerung mittels offener Impulse und Fragen.
Ein weiterer Aspekt ist die Frage nach dem richtigen Zeitpunkt der Unterstützung; es geht also darum, die Sensitivität für die richtigen Momente zu entwickeln: Wann kann man als Lernbegleiter/in das Kind im Lernprozess durch gezielte Impulse sinnvoll unterstützen, ohne die Qualität des Tuns und die vorhandene Motivation zu beeinträchtigen oder den Lern- und Denkprozess zu stören (vgl. van Oers 2004)?

Phase 4: Vorstellen / vorläufig abschließen
In Phase 4 geht es um die Vorstellung, Würdigung und Reflexion der entstandenen Ideen und Produkte der Kinder. Das kann z.B. in einem Erzählkreis, durch eine Ausstellung der entstandenen Produkte oder über ein gemeinsames „Abschlussbild“ geschehen.

Phase 5: „Nutzung“ der Produkte für weitere Interventionen
Die Ideen der Kinder wie auch die Produkte der Kinder aus den Phasen 2 und 3 (als Foto festgehalten oder durch die Aufforderung zum „Abbilden“ gewonnen) können Anknüpfungspunkte für weitere Interventionen oder gezieltere Fragen- und Aufgabenstellungen sein. Deren Auswahl sollte sich immer auch an den Bildungszielen und Kompetenzen der Stufe orientieren. Beispiel: Beim Legen mit Patternblocks sind sehr viele symmetrische Produkte entstanden: einfach achsensymmetrisch, mehrfach achsensymmetrisch, drehsymmetrisch usw. Die Lehrperson hat die Produkte fotografiert und verwendet diese als Ausgangspunkt zur gezielten Beschäftigung mit symmetrischen Figuren. Nun werden Fachbegriffe geklärt und Erkundungsaufgaben zur Achsensymmetrie gestellt.

4.3 Das Reflektieren

In gemeinsamen Gesprächen wird das „Handeln“ reflektiert. Dabei können sich die Teilnehmer/innen zunächst frei äußern, dann wird der Gesprächsverlauf durch fokussierte Fragestellungen strukturiert und zum Schluss werden mit Unterstützung der wissenschaftlichen Begleitung alternative Handlungsmöglichkeiten aufgezeigt. Die Gespräche erfolgen z. T. videogestützt – im Sinne eines „stimulated recall“. Die Reflexion der durchgeführten Einheiten dienen einerseits einer ersten Evaluation („was war gut und warum?“) mit Bezug auf das eigene Lehrerhandeln, andererseits auch der Weiterentwicklung entsprechender Arrangements (Altrichter & Posch 2007, 238).

4.4 Erste Ergebnisse aus dem Projekt

Entgegen der ursprünglichen Rahmenplanung nahmen sich alle Gruppen für Phase 2 sehr viel mehr Zeit. Es zeigte sich in den Reflexionsgesprächen sehr deutlich, wie sich bei den Teilnehmer/innen der Blick auf die Kinder und deren Konstruktionsleistungen ändert. Auch das erweiterte eigene Mathematikverständnis wurde in diesem Zusammenhang thematisiert. Typische Aussagen waren „ich hätte gar nicht gedacht, zu welchen beeindruckenden mathematischen Tätigkeiten Kinder mit entsprechend anregendem Material schon fähig sind" oder „mir war gar nicht bewusst, wie viel Mathematik im Umgang mit den Materialien sichtbar werden kann". Die Teilnehmer/innen nahmen eine differenzierte Beobachterperspektive ein und konnten zunehmend besser den mathematischen Gehalt der Situation erfassen.

Das „Nutzen" der Ideen und Produkte der Kinder (Phase 5) wurde sehr unterschiedlich umgesetzt, hier erwiesen sich konkrete didaktische Handreichungen mit Beispielen als hilfreich. Als „schwierig zu bewältigen" stuften die Teilnehmer/innen in der Reflexion die Gestaltung von Phase 3 ein, also das Scaffolding. Vereinzelt erschien die Notwendigkeit nicht plausibel („die Kinder machen schon so viel von sich aus, das sollte man möglichst nicht stören"), vor allem aber wurde die Aufgabe als zu komplex bei gleichzeitig zu diffusem Nutzen empfunden („da weiß ich nicht genau, was ich machen oder wie ich darauf reagieren soll"). Dies dürfte darin begründet sein, dass hier umfassende und vielfältige Kompetenzen – z.B. fachliche, fachdidaktische und diagnostische – der Lernbegleiter/innen gefordert sind. Auch scheint die Reflexion des eigenen Lehrerhandelns zu wenig Teil des eigenen Professionsverständnisses zu sein. Es stellt sich daher die Frage, wie bereits Studierende, aber auch Lehrpersonen in der Weiterbildung, gezielt beim Aufbau der für das Scaffolding i.w.S. notwendigen Voraussetzungen und Fähigkeiten unterstützt werden können.

5 Folgerungen für die Aus- und Weiterbildung: Unterstützung beim Aufbau von Kompetenzen, die eine individuelle Lernunterstützung ermöglichen

Grundsätzlich gilt, dass für eine adäquate Stützung der Kinder in ihrem mathematischen Lernprozess sowohl fachliches als auch fachdidaktisches Knowhow notwendig ist. Dieses sollte im Studium erworben und im Rahmen der Weiterbildung vertieft werden. Um den Erwerb von Handlungswissen im Hinblick auf das Scaffolding im frühen mathematischen Lernen zu ermöglichen, setzen wir in der Aus- und Weiterbildung drei miteinander zu kombinierende Elemente ein: die Bereitstellung von didaktischen Handreichungen, den Einsatz von Filmvignetten und die Nutzung von Lernwerkstätten im Sinne eines „didaktischen Labors".

5.1 Bereitstellung von didaktischen Handreichungen

Im Rahmen der Entwicklungsarbeiten zu MATHElino ist eine umfangreiche und sich stets erweiternde Sammlung möglicher zielorientierter Impulsfragen zu unterschiedlichen Materialien entstanden, deren Auswirkungen exemplarisch beschrieben werden konnten (Royar & Streit 2010). Das Kennen solcher potenzieller Impulse mindert besonders bei Personen, die wenig Zutrauen in die eigenen mathematischen Kompetenzen und diejenigen der Kinder haben, die Höhe der Eingangsschwelle, sich auf ein gleichermaßen offenes und anspruchsvolles Szenario einzulassen.

5.2 Einsatz von Filmvignetten in der Aus- und Weiterbildung

Vignetten werden in der empirischen Sozialforschung schon seit über 50 Jahren verwendet. Sie geben eine abgeschlossene, reale bzw. fiktionale Szene wieder und zwar in Form kurzer und dennoch detailreicher Film- oder Textpassagen (Schratz, Schwarz & Westfall-Greiter 2012). Verbunden ist diese Situierung mit der Aufforderung an die Teilnehmenden, sich in die Situation hineinzuversetzen und darzulegen, wie sie agieren bzw. entscheiden würden (Beck et al. 2008). Darüber hinaus finden Vignetten zunehmend auch in der Lehrerausbildung Verwendung. So scheinen sie sich z.B. dafür zu eignen, Lehramtsstudierenden unterschiedliche Lehrstile zu vermitteln (Jeffries & Maeder 2011) oder ihnen zu ermöglichen, Lernmomente von Kindern verstehend zu rekonstruieren (Schratz, Schwarz & Westfall-Greiter 2012).

Im Rahmen des Projektes MATHElino entstand umfangreiches Filmmaterial. Daraus wurden Filmvignetten hergestellt, die exemplarisch typische Lernsituationen abbilden (z.B. Auftauchen einer mathematischen Grundidee in der Arbeit eines Kindes, vermeintliches „Stocken" des Konstruktionsprozesses, Beginn einer „Ideenwanderung"). Diese werden zur systematischen Analyse der Lernsituationen und Antizipation bzw. Reflexion des Lehrerhandelns verwendet.

5.3 Das LernAtelier als „didaktisches Labor"

Das LernAtelier (LeA) der PH FHNW am Standort Solothurn dient als multifunktionaler Raum für Kleingruppen- und Seminararbeit, für variable Arbeitsformen und unterschiedliche Zielgruppen – für Dozierende und Studierende, aber auch für Kinder und Lehrpersonen. Ziel ist die Schaffung eines Ortes, der räumlich, medial und interaktiv so angelegt ist, dass er für die Lernenden vielfältige Gelegenheiten bietet, eigene Zugänge zu für sie bedeutsamen Themen zu finden und im handelnden Umgang mit den Dingen Wissen und Sinn zu konstruieren (Hagstedt 2004). Zugleich fungiert das LeA als eine Art „didaktisches Labor", indem es Studierenden die Möglichkeit bietet, mit Kindergartengruppen oder Schulklassen didaktische Ideen und Konzepte zu erproben und zugleich Erfahrungen im Bereich des „forschenden Lernens" zu sammeln. Die Studierenden finden im LeA eine Auswahl didaktischen Materials, Literatur und die notwendige Infrastruktur. Im Rahmen der mathematikdidaktischen Studien erhalten sie den Auftrag, zu einem bestimmten Termin das LeA in eine „Lernwerkstatt für Kinder" zu verwandeln. An bestimmten Terminen besuchen Kindergarten- oder Primarlehrpersonen zusammen mit einer Kindergruppe die PH und das Atelier und arbeiten an den von den Studierenden gestalteten Angeboten. Die Lehrpersonen der Kindergärten und Schulen haben das LeA sowie das Konzept MATHElino im Rahmen von Weiterbildungsveranstaltungen selbst kennengelernt, zum Teil mit dort ausgeliehenem Material in der eigenen Praxis gearbeitet und nutzen den Besuch, um die Kinder und deren Interaktionen aus einer gewissen Distanz zu betrachten und mit den Studierenden in Dialog zu treten. Die Studierenden wiederum können in diesem Szenario Theorie und Praxis verschränken. Sie befassen sich im Vorfeld mit Fragen der Zielorientierung und der Bildungsrelevanz, aber auch mit der Planung, welche neben der Organisation u.a. eine strukturierte Beobachtung und Dokumentation mit einbezieht. Nach der Durchführung wird zunächst das Vorgehen der Kinder beschrieben und versucht, die Denkwege der Kinder nachzuvollziehen (Tharp & Gallimore 1988). Anschließend wird analysiert, welche Instruktionen gegeben wurden und welche Wirkung diese bei den Kindern zeigten. Dabei wird die Komplexität der Interaktion für die Studierenden erfahrbar, ohne dass diese als „zu theoretisch" empfunden wird. Gleichzeitig bewahrt die Laborsituation die Studierenden davor, aufgrund zu vieler Eindrücke und Anforderungen den Überblick zu verlieren. Beispielsweise erhält eine Gruppe von vier Studierenden den Auftrag, eine mathematische Lernumgebung mit MATHElino-Materialien für eine Gruppe von fünf bis sechs Kindern zu gestalten. Da während des Besuches mehrere Kindergruppen nacheinander diese Lernumgebung nutzen, können die Studierenden verschiedene Rollen einnehmen:

- Moderation und Kommunikation mit den Kindern
- Beobachtung der Kinder und Dokumentation
- Beobachtung des Moderators und Dokumentation

Ein zentraler Aspekt der Planung, Beobachtung und Reflexion ist dabei, sowohl die konstruktiven Tätigkeiten der Kinder als auch die Auswirkungen von Instruktionen durch die Erwachsenen auf diese Tätigkeiten zu fokussieren.

Lernen zwischen Instruktion und Konstruktion in dem hier dargelegten Verständnis ist mit einem hohen Anspruch an die Lehrenden verbunden, durch geeignete Instruktionen die Lernenden in ihren konstruktiven Lernprozessen zu unterstützen. Dies stellt die Lehreraus- und -weiterbildung vor große Herausforderungen: Notwendig erscheint die systematische Entwicklung, Erprobung und Evaluation wirksamer Maßnahmen, die dazu beitragen, dass (angehende) Lehrpersonen die dafür notwendigen Kompetenzen aufbauen können.

6 Literatur

Alfieri, Louis et al. (2011): Does discovery-based instruction enhance learning? In: Journal of Educational Psychology, 103. Jg., Heft 1, 1–18.

Anghileri, Julia (2006): Scaffolding practices that enhance mathematics learning. In: Journal of Mathematics Teacher Education, 9. Jg., Heft 1, 33–52.

Altrichter, Herbert & Posch, Peter (2007): Lehrerinnen und Lehrer erforschen ihren Unterricht. Klinkhardt: Bad Heilbrunn.

Beck, Erwin; Baer, Matthias; Guldimann, Titus; Bischoff, Sonja; Brühwiler, Christian; Müller, Peter; Niedermann, Ruth; Rogalla, Marion & Vogt, Franziska (2008): Adaptive Lehrkompetenz. Waxmann: Münster.

Eckert, Ela & Fichten, Wolfgang (2005) (Hrsg.): Schulbegleitforschung: Erwartungen – Ergebnisse – Wirkungen. Waxmann: Münster.

Fried, Lilian & Roux, Susanna (2006) (Hrsg.): Handbuch der Pädagogik der frühen Kindheit. Beltz: Weinheim/Basel.

Fthenakis, Wassilios E. & Oberhuemer Pamela (2004) (Hrsg.): Frühpädagogik international. VS: Wiesbaden, 313–329.

Giest, Hartmut; Heran-Dörr, Eva & Archie, Carmen (2012) (Hrsg.): Lernen und Lehren im Sachunterricht. Zum Verhältnis von Konstruktion und Instruktion. Klinkhardt: Bad Heilbrunn.

Hagstedt, Herbert (2004): Pädagogische Werkstätten sind nicht kopierfähig. Beiträge zur Lernwerkstätten-Diskussion aus zwanzig Jahren. Universität Kassel. Reihe Werkstattberichte, Heft 7.

Hardy, Ilonca; Jonen, Angela; Möller, Kornelia & Stern, Elsbeth (2006): Effects of Instructional Support within Constructivist Learning Environments for Elementary School Students' Understanding of "Floating and Sinking". In: Journal of Educational Psychology, 98. Jg., Heft 2, 307–326.

Hess, Kurt (2003): Lehren – zwischen Belehrung und Lernbegleitung. Hintergründe und empirische Untersuchung zum Lehrverständnis und dessen Umsetzung im mathematischen Erstunterricht. In: JMD, 24. Jg., 63-64.

Jeffries, Carolyn & Maeder, Dale W. (2011): Comparing vignette instruction and assessment tasks to classroom observations and reflections. In: The Teacher Educator, 46. Jg., Heft 2, 161–175.

Klahr, David & Nigram, Milena (2004): The Equivalence of Learning Paths in Early Science Instruction: Effect of Direct Instruction und Discovery Learning. In: Psychological Science, 15. Jg., Heft 10, 661–667.

König, Anke (2007): Dialogisch-entwickelnde Interaktions-prozesse als Ausgangspunkt für die Bildungsarbeit im Kindergarten. In: bildungsforschung, 4. Jg., Heft 1, http://www.bildungsforschung.org/index.php/bildungsforschung/article/download/54/57 (letzter Zugriff am 20.06.2013).

König, Anke (2009): Interaktionsprozesse zwischen ErzieherInnen und Kindern. Eine Videostudie aus dem Alltag des Kindergartens. VS: Wiesbaden.

Krammer, Kathrin (2009): Individuelle Lernunterstützung in Schülerarbeitsphasen – Eine videobasierte Analyse des Unterstützungsverhaltens von Lehrpersonen im Mathematikunterricht. Empirische Erziehungswissenschaft. Band 15. Waxmann: Münster.

Krammer, Kathrin (2010): Individuelle Unterstützung im Unterricht mit 4- bis 8-jährigen Kindern. In: Leuchter (Hrsg.) (2010), 36–48.

Krapp, Andreas & Weidenmann, Bernd (2006) (Hrsg.): Lernen und Lehren im Sachunterricht. Zum Verhältnis von Konstruktion und Instruktion. Pädagogische Psychologie. Beltz: Weinheim.

Ledl, Viktor (2003): Kinder beobachten und fördern. Jugend & Volk: Wien.

Leuchter, Miriam (2010) (Hrsg.): Didaktik der ersten Bildungsjahre. Unterricht mit 4- bis 8-jährigen Kindern. Klett und Balmer: Zug.

Mayer, Richard E. (2004): Should There Be a Three-Strikes Rule Against Pure Discovery Learning? In: The American Psychologist, 59. Jg., Heft 1, 14–19.

Mayer, Richard E. (2009): Constructivism as a Theory of Learning versus Constructivism as a Prescription for Instruction. In: Tobias et al. (2009) (Hrsg.), 184–200.

Möller, Kornelia (2012): Konstruktion vs. Instruktion oder Konstruktion durch Instruktion? Konstruktionsfördernde Unterstützungsmaßnahmen im Sachunterricht. In: Giest et al. (2012) (Hrsg.), 37–50.

Neubrand, Michael (2011) (Hrsg.): Beiträge zum Mathematikunterricht. WTM-Verlag: Münster, 835–838.

Peter-Koop, Andrea & Prediger, Susanne (2005): Dimensionen, Perspektiven und Projekte mathematikdidaktischer Handlungsforschung. In: Eckert & Fichten (2005) (Hrsg.), 185–201.

Reinmann, Gabi (2012): Das schwierige Verhältnis zwischen Lehre und Lernen. Ein hausgemachtes Problem? In: Giest et al. (2012) (Hrsg.), 25–36.

Reinmann, Gabi & Mandl, Heinz (2006): Unterrichten und Lernumgebungen gestalten. In: Krapp & Weidenmann (2006) (Hrsg.), 613–658.

Roux, Susanna (2002): Wie sehen Kinder ihren Kindergarten? Theoretische und empirische Befunde zur Qualität von Kindertagesstätten. Juventa: Weinheim.

Royar, Thomas & Streit, Christine (2010): MATHElino. Kinder begleiten auf mathematischen Entdeckungsreisen. Kallmeyer: Seelze.

Royar, Thomas & Streit, Christine (2012): Mathematische Spielräume in Kindergarten und Schule schaffen. In: Vogt (2012) (Hrsg.), 296–301.

Schratz, Michael; Schwarz, Johanna F. & Westfall-Greiter, Tanja (2012): Lernen als bildende Erfahrung. Vignetten in der Praxisforschung. Studienverlag: Innsbruck.

Streit, Christine (2011): MATHElino – Frühes Lernen von Mathematik. In: Neubrand (2011) (Hrsg.), 835–838.

Streit, Christine & Royar, Thomas (2009): Setzen Sie doch mal die „mathematische Brille" auf! Mathematik in Alltagssituationen erkennen und für die pädagogische Arbeit nutzen. In: kindergarten heute, 39. Jg., Heft 3, 8–15.

Streit, Christine & Royar Thomas (2010): Zwischen Freispiel und gezieltem Angebot. Didaktische Überlegungen zur Mathematik im Kindergarten. In: Theorie und Praxis der Sozialpädagogik,2010, Heft 10, 8–11.

Tharp, Roland G. & Gallimore, Roland (1988): Rousing minds to life: Teaching, learning, and schooling in social context. Cambridge University Press Cambridge, UK.

Tietze, Wolfgang (1998): Wie gut sind unsere Kindergärten? Eine Untersuchung zur pädagogischen Qualität in deutschen Kindergärten. Luchterhand: Neuwied.

Tobias, Sigmund/Duffy, Thomas M. (2009) (Hrsg.): Constructivist Instruction. Success or Failure? Routledge: New York.van Oers, Bert (2004): Mathematisches Denken bei Vorschulkindern. In: Fthenakis/Oberhuemer (2004) (Hrsg.), 313–329.

Vogt, Franziska et al. (2012) (Hrsg.): Entwicklung und Lernen junger Kinder. Waxmann: Münster.

Vygotski, Lew (2002): Denken und Sprechen. Beltz: Weinheim.

Wittmann, Erich Ch. (2005): Eine Leitlinie für die Unterrichtsentwicklung vom Fach aus: (Elementar-)Mathematik als Wissenschaft von Mustern. In: Der Mathematikunterricht, 51. Jg., Heft 2/3, 5–22.

Wittmann, Erich Ch. (2006): Mathematische Bildung. In: Fried/Roux (2006) (Hrsg.), 205–211.

Mark Weißhaupt und Sabine Campana

Spielbewusstsein und Bildung beim sozialen Spiel

Im Spiel wird die bildungstheoretische Unterscheidung zwischen Instruktion und Konstruktion beim Lernen besonders deutlich, denn das Spielverhalten im Kindesalter und das damit verbundene „spielerische Lernen" wird bis heute oftmals dem „ernsten Lernen" der Schule und der „wirklichen" Welt entgegengesetzt – eine Polarisierung die zum einen tief in der Alltagssprache (hierzu auch Hildebrandt & Weißhaupt 2013, 1f.) verankert ist, zum anderen aber auch in der Forschungsliteratur zum Spiel, wie im Folgenden gezeigt werden soll. In der Praxis des Kindergartens wird das Spiel oftmals als ein notwendiger Schonraum beschrieben, als ein bedrohtes Reservat, eine in sich geschlossene Sphäre der freien Ich-Verwirklichung, welche nur bedingt mit der ernsten und realen Welt zu tun hat, und die nur spielpädagogisch „wertvoll" und behutsam von SpielbegleiterInnen mit „wirklichen" Lerninhalten angereichert werden darf (Heimlich 2001; Johnson, Christie & Wardle 2004). Lehrpersonen sehen das Spiel entsprechend häufig als vorübergehendes Refugium kindlicher Unwirklichkeit, als eine Sphäre der Realitäts- und Lernverweigerung. Anderen gilt im Gegenteil das Spiel nur als ein instrumentalisierbares Medium, das zum Werkzeug der Instruktion über die „eigentliche Wirklichkeit" gemacht werden kann. Oder das Spiel wird als eine Art hedonistisch-konsumistische Sphäre betrachtet, der eine „authentische" Beziehung zur Umwelt fehlt (vgl. in diesem Sinne z.B. Hagstedt 2004a, 49). Diese Sichtweisen begreifen das Verhältnis von Spiel und Wirklichkeit im Grunde als Gegensatz-Verhältnis. Um diesem Missverständnis zu begegnen, sollen im folgenden Beitrag die Lern- und Bildungsprozesse beim Spiel, insbesondere anhand des sozialen Spiels, umrissen werden.

Zunächst soll in einem *ersten Teil* („Das Spiel und das Erschließen der Welt") das Verhältnis von Lernen, Bildung und Spiel anhand zweier gegensätzlicher Ansätze beschrieben werden, wobei gezeigt wird, dass die Gleichsetzung von Spiel und lustvoller Ich-Bezogenheit, Lernverweigerung und Unwirklichkeit auf Piaget zurückgeführt werden kann. Dann wird gefragt, inwieweit Vygotskys Ansatz die Perspektive auf das Spiel erweitert, und welche der vielfältigen Lernprozesse beim sozialen Spiel auch dabei noch zu wenig berücksichtigt werden. Die Bedeutung des Sozialen für das spielerische Lernen soll dabei konturiert sowie die Art und Weise der Welterschließung im sozialen Spiel genauer untersucht werden.

Wie im *zweiten Teil* („Bildungs- und Lernprozesse beim sozialen Spiel und das Spielbewusstsein") gezeigt wird, deutet beim gemeinsamen Spiel von Kindern entgegen der Auffassung einer klaren Trennung von Spiel und Wirklichkeit vieles auf ein Lernen hin, das die relative Wirklichkeit verschiedener Spielwelten zum gemeinsamen, sozialen Lernen nutzt. So bedingt die spielerische Welterschließung über die Sozial-, Selbst- und Sachkompetenzen hinaus eine spezifische Form von Meta-Kognition: das Spielbewusstsein.

Im *dritten Teil* („Die kulturelle Einbettung des Spiels") werden schließlich die historischen, kulturellen und diskursiven Hintergründe für die hier diagnostizierte Abwertung bzw. mangelnde Wahrnehmung der Bildungspotenziale des sozialen Spiels thematisiert und damit die Bildungsprozesse beim Spiel und das Spielbewusstsein in einen kulturtheoretischen Horizont eingebettet.

Wenn man die (in diesem Band erkenntnisleitende) Unterscheidung von *Instruktion* und *Konstruktion* auf einfache Weise beim *Spiel* anzuwenden sucht, ergeben sich zunächst einmal offene Fragen. Denn das in dieser Unterscheidung angelegte Verhältnis von Instruktion einerseits und Konstruktionsleistungen in der Interaktion von Lernenden andererseits lässt sich beim Spiel nicht ohne Weiteres aufklären. Ist Spiel frei? Wenn Spiel frei wäre, was könnte (bzw. sollte überhaupt) Instruktion hierbei leisten, bzw. muss das Spiel auf jede Art der Instruktion verzichten um ein Spiel zu sein? Wann und wie ist Spiel instruktiv für das Lernen bzw. für das Leben? Wann sind spielinterne Inhalte also spielextern bedeutsam? Inwiefern ist der Mitspieler Lernbegleiter? Inwiefern ist das Spiel Lernumgebung? Diese Fragen werden jedoch oftmals nicht gestellt, denn der oben beschriebene „Schonraum" des Spiels scheint in der Vorstellung Vieler die Verbindung von Spiel und Welt(erschließung) abgetrennt zu haben.[1]

1 Das Spiel und das Erschließen der Welt – Zwei gegensätzliche Theorien

Wie kam die Gleichsetzung von hedonistischer Ich-Bezogenheit, Unwirklichkeit und fehlendem Lernen im Spiel zustande? Über einen Blick in die Sozialisationsforschung soll mit Schwerpunktsetzung auf Piaget und Vygotsky gezeigt werden, dass mit der Rezeption von Piaget – und nach wie vor auch mit der Argumentation nach Vygotsky – der Zusammenhang von sachlichem und sozialem Lernen (insbesondere beim Spiel) unterschätzt wird.

1.1 Spiel als Assimilation statt Akkommodation bei Piaget

Piaget beschreibt das Spiel und das Lernen in engem Zusammenhang mit den Begriffen *Assimilation* und *Akkommodation*. Akkommodation bedeutet die Entwicklung neuer gedanklicher Schemata zur Anpassung an neue Situationen, also

1 Auch die Kultur der Lernwerkstätten steht traditionell dem Spiel skeptisch gegenüber (vgl. Hildebrandt & Weißhaupt 2013, 163f.).

Lernen, während Assimilation bei Piaget durch die Wiederholung von bereits Gelerntem, d.h. durch die „Anpassung" der Welt an bereits vorhandene kognitive Schemata definiert ist: Das, was man schon „weiß", wird bei der Assimilation der Welt übergestülpt – sie fügt sich im Kopf des Wahrnehmenden und Denkenden insofern den bereits vorhandenen kognitiven Schemata (Piaget 1969, 209ff.) anstatt Akkommodation, d.h. Lernen, bei ihm auszulösen. Beim Spiel nun liegt nach Piaget die Dominanz der Assimilation über die Akkommodation vor: Die Dinge der Welt werden vom kindlichen Verstand überschrieben, also assimiliert. Hierbei tut sich eine Differenz zwischen der kindlichen Spielwelt und den kognitiven Schemata der Erwachsenenwelt auf: Dinge, die in der Alltagswelt der Erwachsenen klar definiert sind, können im Spiel für etwas anderes stehen.
In Aufnahme eines Beispiels von Renner (2008, 72), der Piagets Assimilations- und Akkommodationsbegriffe so illustriert: Ein Kind auf dem Arm des Vaters schaut zum Fenster hinaus, während es schneit. Der Vater erklärt: „Das ist Schnee". Später spielt das Kind allein in der Küche und lässt Mehl auf den Boden rieseln. Es sagt dazu „Schnee!". Hier wird das neu entwickelte gedankliche Schema *Schnee* im Spiel ausprobiert. Das Mehl wird dabei an das Schema *Schnee* assimiliert: Das ist *auch* Schnee (alles, was weiß ist und herunterrieselt, ist Schnee). Es zeigt sich, dass das Schema des Kindes weiterer Akkommodationsprozesse, einer Differenzierung, einer Anpassung an die Welt bedarf. Der Vater erklärt, dass das Mehl kein Schnee sei und löst mit seiner Erklärung möglicherweise Akkommodationsleistungen des Kindes aus, allerdings außerhalb des dadurch unterbrochenen Spiels.
Für Piaget steht allerdings nicht die Instruktion durch kompetente Erwachsene im Zentrum, er beschreibt das Kind im Spiel tendenziell als allein spielend – selbst wenn andere Kinder dabei sind. Hier lässt sich eine für die Wahrnehmung des Spiels in der Folge missliche begriffliche Definition Piagets festmachen. Alles, was mit Akkommodation und mit Auseinandersetzung mit fremden Perspektiven zu tun hat, hat bei Piaget nichts mit dem Spiel zu tun. Er sieht zwar den durch verschiedene Sichtweisen entstehenden sozio-kognitiven Konflikt als eine wesentliche Antriebskraft der kognitiven Entwicklung, verbindet dieses mögliche „Aufeinanderprallen" verschiedener Sichtweisen aber nicht mit dem Spiel. Umso erstaunlicher ist diese Tatsache, weil Piaget insbesondere den Austausch unter gleichgestellten Peers als lernförderlich betrachtet (Piaget 1975).
Das Spiel wird bei ihm auch nicht als lernförderlich, sondern als möglichst zu überwindende Entwicklungsstufe beschrieben: „Im Gegensatz zum objektiven Denken, das sich an die Erfordernisse der äußeren Realität anzupassen versucht, stellt das Spiel der Phantasie in der Tat nur eine symbolische Transposition dar, die die Dinge der eigenen Aktivität unterordnet, und zwar ohne Regel und Beschränkung" (Piaget 1969, 117); „Das symbolische Denken ist nichts anderes als das egozentrische Denken im reinen Zustand" (ebd., 214); „...können wir sagen,

dass das kindliche Spiel nur eine der Phasen [...] progressiver Differenzierung ist" (ebd., 208).

„Konsequenterweise" werden die Interaktionen bzw. die Vorstufen zur Interaktion unter Kindern, die beim Spiel stattfinden, bei Piaget nur als eine Art defizitärer kollektiver Monolog der Kinder beschrieben, die bei ihm beim Spielen qua Definition in der egozentrischen Phase stecken (ebd., 213f.). Beispiele aus einem Protokoll über das Spielverhalten von 6-jährigen: Die Kinder äußern sich über ihr oder in ihrem Spiel, bekommen aber auf Fragen an andere (‚Diese Bahn hat keine Anhänger, verstehst du?') oder Kommentare zum eigenen Spiel (‚Die Bahn lasse ich weiß!') keine sinnvolle Antwort, d.h. sie nehmen in solchen Spiel-Szenen keinen Bezug aufeinander, sondern spielen je für sich weiter (Zimpel 2011, 57f.; vgl. auch Piaget 1972, 19ff.). Akkommodationsprozesse werden so scheinbar nicht angeregt.

Piaget begründet, dass junge Kinder (insb. Drei- bis Fünfjährige) angeblich isoliert, nur *egozentrisch ausgerichtet* nebeneinanderher spielen mit dem Motiv des Lustgewinns. Lust im Spiel entsteht für Piaget dadurch, dass im Spiel nur wiederholt und eben nichts Neues gelernt werde. Das Spiel ermögliche, „was normalerweise Akkommodation an die Wirklichkeit und [...] Anstrengung ist." (Piaget 1969, 160); „Das Spiel ist Denken, das ausgerichtet ist durch das vorherrschende Bedürfnis nach individueller Bedürfnisbefriedigung" (ebd., 117). Sogar wenn eine verstörende Erfahrung im Spiel verarbeitet wird, spricht Piaget von der Anpassung der Welt im Spiel an das sich verwirklichende Ego des Kindes (vgl. ebd, 174).

Hier zeigt sich die Einseitigkeit der Betrachtung des Spiels durch Piaget: Der Hedonismus beim Spiel wird zwar nicht zu Unrecht von ihm attestiert, jedoch wird die Lust beim Spiel bei Piaget völlig von ihrer sozialen Dimension abgelöst. Die von ihm entworfene Entwicklungsreihenfolge der Spielstadien (Übungsspiel, Symbolspiel, Regelspiel)[2] geht insofern fehl, als sie das angeblich egoistische Individuum ins Zentrum stellt und die soziale Dimension des Austauschs der Kinder untereinander weitgehend ignoriert. Beim Symbolspiel sieht Piaget nicht den interaktiven lustvollen Austausch, das Aufeinandertreffen von unterschiedlichen Vorstellungen unter den Kindern und die Aushandlung von Symbolen, sondern ausschließlich die Anpassung der Welt an das Ich im Sinne der Assimilation (ebd., 212). Sogar beim Regelspiel herrscht nach Piaget eine Dominanz der hedonistischen Egoverwirklichung (im Motiv des Gewinnen-Wollens) vor, was als einsei-

2 Flitner (2002, 52) hat darauf hingewiesen, dass bei Piaget das Konstruktionsspiel unverständlicherweise bei den drei von ihm identifizierten Formen des Spiels keinen Platz hat: „ ... mangelt es [bei Piaget, Anm. des Verf.] an Aussagen zu schöpferischen Formen". In Piagets Reihung der Spielformen von Übungs-, Symbol-, und Regelspiel fehlt das Konstruktionsspiel nicht zufällig. Die Grenze zur Realität, d.h. zu dem, was die Erwachsenen als wirklich erachten, kann in der Sichtweise Piagets im Spiel niemals erreicht werden, und das Konstruktionsspiel kann insofern kein echtes Spiel sein, da dort etwas hergestellt wird, das auch jenseits des Spiels wirkliche Bedeutung haben könnte.

tige Sicht deutlich wird: Beim Regelspiel liegt bei den Spielern tatsächlich eine starke Orientierung an den Perspektiven der anderen und der Gruppe vor – man denke nur an die gemeinsamen Regelvereinbarungen. Piaget sieht schließlich erst bei seinem Gegenbegriff zum Spiel, bei der sog. *Imitation* (ebd., 72, 367), d.h. in der Nachahmung der Erwachsenen und der Dinge der Umgebung, die (lernende) Akkommodation dominant am Werke. Diese Tätigkeiten werden von ihm als (anstrengendes) Lernen und deshalb als Nicht-Spiel definiert.

Neben dem bisher formulierten grundsätzlichen Einwand gegen Piaget, dass im Spiel ganz zentral *sozial* bedingte Akkommodationsprozesse stattfinden, lässt sich fragen, ob das Lernen tatsächlich auf akkommodative Leistungen beschränkt bleibt. So beschreibt Krappmann (1999), wie auch in der Assimilation Lernprozesse stattfinden, indem Kinder sich durch Wiederholung Neues zu eigen machen und an verankertes Wissen andocken. Diese Verarbeitungsfunktion des Spiels steht damit im Zentrum des Lernens und der Bildung – Assimilation und Akkommodation sind in Wirklichkeit nicht voneinander zu trennen.

Und auch „Piagets Entgegensetzung von Lust und Anstrengung ist aus neurobiologischer Sicht heute nicht mehr haltbar" (Zimpel 2011, 64). Entgegen der Trennung des Spiels von der „wirklichen Welt" durch das Kennzeichen von Anstrengung beschreibt z.B. der Neurobiologe Berns (2006, 182) das Zustandekommen von Befriedigung umgekehrt: Befriedigung, die Piaget schlicht durch Anstrengungslosigkeit erreicht sieht, stelle sich neurobiologisch erst beim Zusammenkommen von euphorisierendem Dopamin einerseits und Cortisol andererseits ein, wobei letzteres gerade durch Anstrengung und Stress ausgeschüttet werde. Wenn die Suche nach Befriedigung das Spiel ausmacht, so ist diese demzufolge also nicht durch Anstrengungslosigkeit zu erreichen.

Durch Piagets grundlegende Unterscheidungen ergibt sich u.E. – über falsche Einzelbefunde hinaus[3] – ein verzerrtes Bild vom Spiel (Spiel als Assimilation vs. Lernen als Akkommodation bzw. Spiel als Hedonismus vs. Lernen als Anstrengungsleistung bzw. Egozentrismus im Spiel vs. sozialisiertes Verhalten bzw. irreale Spielwelt vs. reale Welt). Dieses Bild des Spiels als dem Lernen, dem Sozialen und der wirklichen Welt prinzipiell entgegengesetzt hat eine grundlegende Abwertung des Spiels in unserer Kultur (hierzu später) folgenreich verstärkt.[4] Wir haben oben wesentliche Argumente aufgeführt, die dieses Bild infrage stellen: Findet Lernen

3 Zum Beispiel lag Piaget u.E. falsch in der Verallgemeinerung fehlender sozialer Fähigkeiten in den frühen Kindheitsjahren: Es wurde inzwischen gezeigt, dass Kinder nicht erst im Schulalter, sondern schon „im vierten Lebensjahr beginnen [...], ihre eigenen Haltungen und Wünsche bezüglich eines Spiel-Szenarios auch mal auf die Seite zu legen. [...] Sie können z.B. verstehen, dass Peers eine andere Sicht eines Als-Ob-Apfels haben können" (Hauser 2013, 99).

4 Die hier aufgezeigte, im Grunde negative Hintergrundmelodie der Piaget'schen Definition und Beschreibung des Spiels wird bis heute nicht in vollem Umfang in der Literatur wahrgenommen (vgl. z.B. Singer et al. (2006, 8) oder Göncü/Gaskins (2011, 49f.)).

nicht ganz zentral durch soziale Interaktion gerade beim Spiel statt? Findet Lernen nicht auch bei der Assimilation statt? Ist Befriedigung (beim Spiel) ohne Anstrengung denkbar? Die von Piaget nicht benannten Ansprüche des Spiels verknüpfen wir im Weiteren mit der sozialen Dimension des Spiels nach Vygotsky.

1.2 Die Grenzen des Sozialen beim symbolischen Spiel Vygotskys

Die Vorstellung der nicht-sozialen Natur des Spiels, die bei Piaget im Bild der kollektiven „egozentrischen" Monologe erzeugt wird, griff Vygotsky auf und untersuchte das von Piaget beschriebene egozentrische Sprechen systematisch und experimentell. Dabei störte er die Kinder auf verschiedene Weise, so dass die anderen Kinder in der Nähe sie nicht mehr hören (und potentiell verstehen) konnten, woraufhin die Zahl der als *egozentrisch* geltenden (d.h. keinen offensichtlichen Bezug auf andere nehmenden) Äußerungen abnahm (Zimpel 2011, 73f.). Dies sieht Vygotsky als einen Hinweis darauf, dass die Kinder sich in den egozentrischen Äußerungen durchaus auf die anderen bezogen hatten. Sie waren nicht zu egozentrisch, sondern zu kollektivistisch in ihrem Sprechen gewesen (Vygotsky 2002, 85ff.): Beim Prozess des Spiels wird das eigene Selbst des Kindes erst entwickelt – in Relation zu den anderen. Eine „Ego"-Perspektive, die dann spiel-unabhängig wird, wird erst später in der Entwicklung hervorgebracht. Diese Entwicklung geschieht aber eben sekundär zum Spiel, welches immer schon vom Wesen her sozial und nicht dem Sozialen entgegengestellt ist, wie es Piaget darstellte. „Eben demzufolge ist das Ur-Wir-Bewußtsein das Primäre, aus dem sich nur allmählich die Vorstellung des Kindes von sich selbst herausschält" (Vygotsky 2003, 210).

Das Spiel stellt sich bei Vygotsky also genau anders herum dar: Es ist nicht die egozentrische, lustbetonte Perspektive des Kindes, die zuerst da ist und die sich im Spiel den anstrengenden Anforderungen, die von außen kommen, widersetzen möchte. Voraussetzung sind vielmehr die im Spielrahmen geäußerten Sätze, die an die anderen Kinder gerichtet sind. Sie stellen eine Kontaktaufnahme dar, die die Lust des Kindes an der Sozialisierung und der Außenwelt zum Ausdruck bringt (vgl. Zimpel 2011, 71ff.) und sind nicht Zeugnis eines sich der Sozialität verweigernden Egos.

Ähnlich Vygotsky beschrieb Mead (1998; 1934) das gemeinsame Spiel (bei Mead *game* gegenüber dem *play* des Einzelnen) als Schlüssel zur Weltaneignung und zugleich zur Selbstbildung. Im *game* werden gemeinschaftliche Regeln verhandelt und vereinbart, dort wird eine gemeinsame Weltsicht erarbeitet, die dann für die Spiel-Gemeinschaft gültig wird und z.B. regelt, welche Gegenstände auf welche Weise im Spiel-Rahmen dazu gehören. Die im Spiel erarbeitete gemeinsame Perspektive legt nicht zuletzt fest, welche Rollen die Mitspieler interaktiv gestalten.

Über die soziale Spiegelung in verschiedenen Rollenspielen gewinnen die Spielenden schließlich eigene Identität.[5]

In diesem Zusammenspiel wird auch die anfangs gestellte Frage der Unterscheidung von Instruktion und Konstruktion im Spiel komplexer: Man kann sagen, die Kinder ko-konstruieren die gemeinsame Spielwelt. Es ist aber auch richtig, dass die gemeinsam bestimmten Spiel-Objekte und die gemeinsam bestimmten Rollen eine eigene objektive Wirkung entfalten, die instruktiv für alle einzelnen Spielenden ist. Wenn ein Kind etwas nicht verstanden hat oder jemand neu die Spielwelt betritt, wird er zunächst über die Regeln dieser Spielwelt instruiert. Er kann dann wiederum an deren Weiterentwicklungen ko-konstruieren. Spiel ist insofern ein Schlüssel, um die teilweise aporetische Opposition von Instruktion und Konstruktion auf eine höhere Ebene zu heben.

Mit welchen Mitteln aber instruieren bzw. konstruieren die Kinder beim Spiel? Vygotsky betont beim gemeinsamen Spiel die geistig-kulturellen Werkzeuge: Die Ideen, Konzepte, Begriffe und gedanklichen Schemata, die Kindern insbesondere durch kompetentere Interaktionspartner vermittelt werden.[6] So wird aus Sicht Vygotskys das Beispiel des Mehls/Schnees (s.o.) neu beleuchtet, denn selbst die einfachsten Erfahrungen haben bereits einen sozialen Charakter der Benennung und der Einordnung. Dieser soziale Charakter der Welterschließung kommt im gemeinsamen Spiel voll zum Tragen.

Im Gegensatz zu Piaget kennzeichnet Vygotsky die soziale Dimension des Spiels und setzt das Spiel sogar an die Spitze der Lern- und Entwicklungsmöglichkeiten des Kindes:

> „Im Spiel ist das Kind gleichsam einen Kopf größer als in Wirklichkeit. Das Spiel enthält in kondensierter Form, wie im Brennpunkt eines Vergrößerungsglases, alle Entwicklungstendenzen. Im Spiel bemüht sich das Kind gleichsam, eine Stufe höher zu klettern, verglichen mit seinem sonstigen Verhalten" (Vygotsky 1933, 462).

Damit ist nicht zuletzt das Motiv der Wunscherfüllung gemeint, das immer auch mit dem Spiel verbunden ist: Die Kinder können Rollen, die für sie noch unerreichbar scheinen, vorbereitend und spielend lernen und sich in der Zone der

---

5 In Anschluss an Mead betont Krappmann (1999), dass die Herausbildung einer personalen Identität, also die eigene Unverwechselbarkeit, nicht losgelöst von der Bildung einer sozialen Identität betrachtet werden kann. Erst durch das Kennenlernen und In-Beziehung-Setzen der Sichtweisen anderer kann die eigene Perspektive bestimmt und abgegrenzt werden (zur Ähnlichkeit der Theorielage bei Mead und Vygotsky vgl. Edwards (2007), zur Rollen-, Identitäts-, und Gesellschaftstheorie Meads vgl. Joas (1989), Weißhaupt (2008)).

6 Bei Vygotsky sind kompetentere Interaktionspartner v.a. Erwachsene. Bei Piaget stehen bei der sozialen Ko-Konstruktion der Welt eher ranggleiche Peers im Vordergrund – allerdings bei ihm eben begrifflich nur außerhalb des Spiels, spielfern, mit den oben beschriebenen Fehlschlüssen in der Folge. Beide Partner, Erwachsene und Peers, sind aber für die Bildung durch Spiel wichtig. Ein zentrales Vermittlungsinstrument für neue Schemata beim Spiel ist die Meta-Kommunikation (s.u.).

nächsten Entwicklung ausprobieren.[7] Das Spiel ermöglicht das Erlernen und Erfahren der Welt, der Sozialität sowie die Bildung des Selbst; es stellt keinen Schonraum dar.
Im zweiten Teil sollen nun zentrale Kennzeichen und Potenziale des Lernens – besser: der Bildung – beim sozialen Spiel herausgearbeitet werden. Hierbei sollen v.a. die Entwicklungszusammenhänge der Herausbildung einer der u.E. zentralen Kompetenzen in der Bildung skizziert werden: das *Spielbewusstsein* im sozialen Spiel.

2 Bildungs- und Lernprozesse beim sozialen Spiel und das Spielbewusstsein

2.1 Die Entwicklung des Sozialspiels

Die Entwicklung des Sozialspiels erfolgt nach Oerter und Montada (2002, 259ff.) über mehrere Stufen:
Parallelspiel: Sehr junge Kinder spielen oft nebeneinander, mit oder ohne Blickkontakt.
Einfaches Sozialspiel: Ab ca. zwei Jahren können Kinder gleiche Tätigkeiten ausführen und dabei miteinander sprechen oder Spielzeug tauschen.
Komplementäres Sozialspiel: Ab ca. drei Jahren lässt sich häufig ein Spiel mit Rollenwechsel beobachten (Suchen-Verstecken, Kuckuckspiel).
Kooperatives Als-ob-Spiel: Ab ca. vier Jahren können Kinder komplementäre, fiktive Rollen übernehmen
Komplexes Rollenspiel: Ab fünf Jahren gelingt es Kindern immer häufiger, sich im metakommunikativen Austausch über den Spielverlauf zu verständigen.
Soziale Interaktionsformen beziehen sich in der Regel auf einen geteilten Gegenstand. Im *Parallelspiel* gelingt dieser gemeinsame Gegenstandsbezug noch nicht. Die Kinder schauen zwar einander zu, aktivieren sich indirekt gegenseitig, beziehen sich aber nicht auf ein gemeinsames Drittes. Das Parallelspiel eröffnet aber bereits die Möglichkeit, nach Belieben Sozialkontakt aufzunehmen und zu beenden. Dadurch dass die Kinder gegenseitig ihr Tun imitieren, zeigt das Handeln, das zwar nebeneinander stattfindet, dennoch bereits eine Art von Koordination (Oerter 1999). So bereitet schon das Parallelspiel das spätere und voraussetzungsreichere Rollenspiel vor. Als weitere Übungs- und Vorform des Sozialspiels kann auch das Spiel mit Personen bezeichnet werden, welche nicht real existieren, sondern als „unsichtbare Freunde" das Spiel mitprägen. Ungefähr zwischen dem zweiten und dem sechsten Lebensjahr, also parallel zum Entwicklungsfenster des Sozialspiels, treten unsichtbare Freunde bei Kindern gehäuft auf. Mit ihnen kön-

7 An die Stelle der Vorbereitung durch das Spiel hatte Piaget eher die Verarbeitung, also Nachbereitung und das „Unter-Kontrolle-Bringen" einer Erfahrung gesetzt, die ich-bezogen und mit Erfolgsgarantie nachgespielt wird.

nen soziale Verhaltensweisen erprobt und eingeübt werden, ohne dass Fehler im Verhalten echte soziale Sanktionen hervorrufen würden. Vielmehr verhalten sie sich so, dass die Herausforderungen des Sozialspiels vom Kind auf der aktuellen Entwicklungsstufe bewältigt werden können. (vgl. Neuss 2009; Campana 2014).

2.2 Material und Spiel

Im auf das Parallelspiel folgenden *einfachen* und im *komplementären* Sozialspiel, insbesondere aber ab der fortgeschrittenen Stufe des *kooperativen* Als-Ob-Spiels stellt sich die Frage des Verhältnisses von Spielwelt und „wirklicher Welt" auf neue Weise. Die Definition und gemeinsame Gestaltung der Spielsituation geschieht auch trotz kooperativem Als-Ob-Spiel nicht einfach „frei". Bereits die Verfügbarkeit von Spielzeugen, Spielmitteln und Spieldingen schafft spezifische Möglichkeiten und Anregungen und zugleich Beschränkungen für Lern- und Bildungsprozesse (vgl. Stieve 2008). Je nachdem, ob die Spielmittel z.B. themenfestlegend oder themenoffen gestaltet sind, spielen die Kinder eher vorgegebene Inhalte oder die Gegenstände werden im Spiel frei konstruierend bzw. symbolhaft eingesetzt. So führte in einer Studie von Einsiedler (1999) hochrealistisches Spielzeug wie beispielsweise das Playmobil-Set ‚Camping-Bus' zu hohen Anteilen an imitativem Spiel, während niedrigrealistisches Spielzeug wie Holzplatten und Holzstangen zu symbolhaftem Spiel mit fiktiven Objekten und Situationen führte.[8] Zugleich wird ab der Stufe des Als-Ob-Spiels die geistige Beschäftigung vom vorliegenden Material unabhängiger und das Material mehr zum Medium für die eigenen Ideen statt umgekehrt; insbesondere bei Kindern ohne Lernschwierigkeiten, wie schon von Vygotsky beobachtet wurde (vgl. Zimpel 2011, 78ff.). Dies kontrastiert das genannte Ergebnis zum hochrealistischen Spielzeug von Einsiedler. Den Entwicklungssprung der *Dekontextualisierung* der materialen Umgebung, der eng mit den erweiterten Sprachfähigkeiten des Kindes zusammenhängt[9], machen Kinder vor allem im kooperativen Als-Ob-Spiel und im komplexen Rollenspiel, worauf Elkonin (2010) hingewiesen hat (vgl. auch Andresen 1998, 23ff.).[10]

8 Dieses Ergebnis sollte nicht als generelles Votum gegen hochrealistisch wirkendes oder „fertiges" Spielzeug betrachtet werden, da es gerade jenes Imitationsspiel provoziert, das in bestimmten Bereichen ganz spezifische Lernprozesse anregt. Es kommt hinzu, dass Spieltiefe – im Sinne von Komplexität – der oft von Pädagogen geforderten Offenheit, also vielseitigen Verwendbarkeit von Material, teilweise entgegensteht, und zwar insofern, als die Vorabstimmungen der Elemente eines Spiels aufeinander die innere Unendlichkeit (Scheuerl 1994) des Spiels stark erhöhen können. Ein sinnfälliges Beispiel wäre das traditionelle Lego-System, ebenso wie andere Konstruktions-Systeme, die die innere Komplexität durch Passung der Einzelteile aufeinander unendlich hoch schrauben können.

9 Deshalb lassen sich Sprachkompetenzen gut mit dem Rollenspiel kombinieren (vgl. u.a. Sörensen 2005; Andresen 2002; Hauser 2013, 161ff.).

10 Vor diesem Hintergrund hat auch das traditionelle Prinzip, grundsätzlich „unstrukturiertes" Material in der Lernwerkstatt-Arbeit zu präferieren, in mehrfacher Hinsicht seine Grenzen, da es dazu verleitet, systematisch die Freiheitsgrade und Fähigkeiten der Nutzer zu unterschätzen. Es kann

Die materiellen Eigenschaften von Spielmitteln setzen – auch bei niedrigrealistischem Spielmaterial oder Naturmaterialien – wiederum auf ihre Weise Grenzen[11] und diese werden spätestens bei fehlgeschlagenen Versuchen, sie ins Spiel einzubringen, den Spielenden bewusst. D.h., dass gerade dann, wenn die zwischen Kindern ausgehandelte Bedeutung die Spiel-Objekte zu „überschreiben" beginnt, um sie dem Fantasie-Spiel dienstbar zu machen, zugleich deren „wirkliche" objekthafte Materialität erkannt wird.

Zusammenfassend zum Verhältnis von Material und Spiel: Aspekte des Rollenspiels und des Objekt- und Konstruktionsspiels greifen viel eher ineinander und ermöglichen so komplexere Spiel-Welten, als dass das soziale Rollenspiel die „wirkliche Welt" bzw. die *Welt der Dinge* der kindlichen Erfahrung entfernen würde.

2.3 Spiel und der Werkzeugkasten Kultur

Spiel ist durch den gesellschaftlichen Rahmen geprägt. Wenn Kinder *Einkaufen* oder *Arzt* spielen, dann greifen sie auf ihre gesellschaftlich geprägten Skripte zurück, welche definieren, wie sich ein Verkäufer oder eine Ärztin verhält. Skripte umfassen nicht nur Handlungen, sondern auch Beziehungen zwischen den Handelnden und den sozialen, situativen und gegenständlichen Kontexten. Diese Skripte als interne Gedächtnisrepräsentationen werden zwar gesellschaftlich mitbestimmt, gleichzeitig werden sie aber auch durch die subjektive Erfahrung und Verarbeitung geprägt und sind somit verhandelbar (Andresen 2002). Über diese Verhandlungen lernen Kinder, Spielsituationen zunehmend komplexer zu gestalten.

Je differenzierter die Sprache der Kinder dabei wird, desto komplexer, länger andauernd und ausdifferenzierter werden die bespielten Welten. Besonders wenn sich ein Kind im Spiel bereits kompetenter verhält, kann es im Sinne eines *Scaffoldings* andere Mitspieler so beeinflussen – und das heisst v.a. herausfordern oder Widerstand bieten –, dass das Spiel komplexer, anspruchsvoller und reicher wird (Howes 2011). Gerade der Widerstand kann die Spannung und das Lernen im Spiel ausmachen.

Bedeutungen im Spiel müssen immer wieder von Neuem ausgehandelt und koordiniert werden: Welche symbolische Bedeutung kommt Personen, Gegenständen und Handlungen im Spiel zu? Die Freiheit, die bei dieser sozialen Aushandlung zum Tragen kommt, wurde nicht immer positiv konnotiert. Montessori z.B. stand der Möglichkeit, pädagogisch Tätige könnten Kinder in ihren die „Wirklichkeit"

---

z.B. ab einem gewissen Punkt in der Entwicklung des Kindes ein reizvoller Widerstand gerade darin bestehen, ein Spiel-Ding entgegen seiner Eigenarten im Spiel neu zu definieren oder einzusetzen.

11 Die Zündholzschachtel eignet sich vielleicht als Pferd für die Spielfigur, jedoch kaum für das Kind. Holz bricht, wenn man es zu fest biegt und Schnee schmilzt, wenn man ihn in die Wärme bringt.

überschreibenden, fantastischen Abmachungen unterstützen, rigoros ablehnend gegenüber (Montessori 1976, 238f., zit. nach Zimpel 2011, 84).

Dass die Bedeutungen im spielerischen Handlungsrahmen anders gestaltet sein können als außerhalb des Spiels bedeutet jedoch nicht, dass Beliebigkeit und mangelnde Anpassung an die Wirklichkeit vorherrschen. Das Anregungs- und Lernpotential von Rollenspielen ist auch daher sehr gross, weil es nur gelingen kann, wenn Kinder wechselseitig Bezug aufeinander nehmen. Handlungen des einen lösen Handlungen und zugleich die Antizipation der weiteren Erwartungen und Handlungen des anderen Kindes aus usw. Das Verhalten wird aufeinander abgestimmt und bedingt sich gegenseitig.

Kinder lernen im Spiel hierbei nicht nur etwas über die Welt – sie lernen darüber hinaus, wie Menschen die soziale Welt und die soziale Erfassung der gegenständlichen Welt gemeinsam erzeugen: mit jeweilig angepassten Sprachregistern, mit Rollenzuweisungen und Regeln, in Interaktion mit den Dingen, in interaktiver Aushandlung untereinander, mit dem komplexen menschlichen Werkzeugkasten Kultur (Vygotsky 2002), der ein komplexeres Bild vom menschlichen Aufschluss der Wirklichkeit erfordert als es das Bild der Anpassungs- bzw. Akkommodationsleistung suggeriert.

2.4 Spiel und Metakommunikation

Bei zunehmendem Komplexitätsgrad des Spiels und einer zunehmenden Spezialisierung der Spielwelten wird auch verstärkt bedeutsam, dass der Rahmen eines Spiels explizit als solcher markiert wird, um Missverständnissen vorzubeugen. Dieses Prinzip der Aushandlung und Markierung einer Grenze ist zentral für die Art der Welterschließung, die mit dem Spiel verbunden ist.

Bei der interaktiven Markierung der Grenzen eines (hochkomplexen) Rollenspiels, der letzten oben genannten Stufe (vgl. Oerter & Montada 2002, 259ff.), wird ein entsprechender Rahmen geschaffen, in dem das Verhalten der Mitspieler umgedeutet wird (Andresen 2002). Bedeutungszuschreibungen und Abmachungen, was und wie gespielt werden soll, erfolgen dabei sowohl innerhalb des Spielrahmens als auch außerhalb über Metakommunikation. Ein großer Teil der Metakommunikation wird nicht expliziert. Das heißt, dass die Spielintentionen z.B. durch Mimik, Gestik oder durch Lachen sichtbar gemacht werden. Giffin (1984) hat sich mit dem Verhältnis zwischen impliziter und expliziter Metakommunikation im Rollenspiel befasst. Sie bezeichnet als übergeordnetes Ziel von Rollenspielen das Bestreben, gemeinsam eine umgedeutete Realität zu erfahren und aufrecht zu erhalten. Dazu hat sie untersucht, wie Kinder Bedeutungen transformieren und die fiktive Realität aufrechterhalten. Auf der Grundlage von 31 Spielepisoden von Kindern zwischen drei und fünf Jahren schlägt sie Kategorien zur Klassifizierung metakommunikativer Handlungen vor. Für die Herausbildung der hier zu kennzeichnenden Metakompetenz, des Spielbewusstseins ist das flexible Handha-

ben von Metakommunikation eine elementare Voraussetzung.[12] Die Bandbreite metakommunikativer Handlungen zeigen nach Giffin (ebd.) die Äußerungen, welche komplett *innerhalb* des Spielrahmens bleiben bis hin zu solchen, welche vollständig *außerhalb* des Spielrahmens gebildet werden, z.B.:
Ausagieren: Während des Spiels wird mitgeteilt, was man gerade spielt: Der Koch verkündet: „Ich koche Spaghetti!".
Versteckte Kommunikation: Durch die Äußerungen wird versucht, einen Spielplan weiterzuentwickeln, ohne dabei die Rolle zu verlassen: Die Schwester versucht den Bruder zu einem Friseurspiel zu motivieren, indem sie ihn erinnert: „Sie sind zum Friseur gekommen, oder nicht?".
Unterstreichen: Eine Handlung wird lautmalerisch kommentiert: Eine Tür wird zugeschlagen und mit einem lauten „Peng!" kommentiert.
Geschichten erzählen: Die Handlung wird eher erzählt als spielerisch ausagiert: „Ich reise jetzt nach Griechenland zu meinem Freund!".
Vorsagen: Vorsagen liegt ausserhalb des Spielrahmens. Das Kind verlässt für kurze Zeit seine Rolle und gibt eine kurze Anweisung: „Du sagst jetzt….".
Implizite Spielgestaltung: Die Kinder unterbrechen das Spiel für eine bestimmte Zeit, um den weiteren Spielverlauf auszuhandeln. Im Gegensatz zur expliziten Spielgestaltung wird jedoch der Spielcharakter der Interaktion nicht explizit thematisiert: „Ich bin der Friseur!".
Explizite Spielgestaltung: Der fiktive Charakter des Spiels wird explizit angesprochen: „Wir tun jetzt so als ob….".

2.5 Grenzen des Spiels und das Spielbewusstsein

Bezüglich der Etablierung und Verhandlung von Spielgrenzen mithilfe der Metakommunikation hat Giffin (1984) sich mit der Frage beschäftigt, nach welchen Maßstäben Metakommunikation im Spiel eingesetzt wird. Dazu stellt sie die Hypothese auf, dass implizit vorhandene Angemessenheitsregeln die Metakommunikation steuern. Diese Angemessenheitsregeln können auch als Kooperationsmaximen zur Konstituierung des gemeinsamen Rollenspiels verstanden werden:

- Illusion Conservation Rule: Umdeutungen sollen so vorgenommen werden, dass der Rahmen des Spiels so wenig wie möglich thematisiert wird.
- Implicit Pretend Rule: Umdeutungen von Spielpartnern sollen als Aufforderung zum Nachvollzug der Umdeutung und zu entsprechendem Verhalten im Spiel verstanden werden.
- Script Adherence Rule: Spieler sollen nur solche Umdeutungen oder Aktionspläne vorschlagen, die mit dem allgemeinen Skript des Spiels konsistent sind.

12 Williamson & Silvern (1991) sprechen vom „Meta-Spiel" wenn Kinder über das Spiel und seine sprachliche Konstituierung reden, was ein Spielbewusstsein voraussetzt und wohl gleichzeitig fördert: Sie stellten empirisch fest, dass ein besseres Verständnis der ausgespielten Geschichte mit stärkerer Kompetenz in der Meta-Kommunikation einhergeht.

- Incorporation Rule: Wenn ein Spieler angemessene Umdeutungen oder Aktionspläne einbringt, sollen die anderen Spieler diese in ihrem Spiel berücksichtigen und aufnehmen.

Die Regeln b) bis d) scheinen auf eine gewollte Konsistenz innerhalb der Spielwelt abgestellt zu sein. Mit der Regel a) wird angenommen, dass es für die Kinder erstrebenswerter ist, mit ihrer Metakommunikation möglichst innerhalb des Spielrahmens zu bleiben. Erst wenn Klärungen innerhalb des Rahmens schwierig sind, wird auf die explizite Metaebene gewechselt.

Kontrastiert wird dies durch den Befund, dass Kinder oftmals mehr Zeit in den Meta-Diskussionen verbringen als im Spiel selbst (Sachs, Goldman & Chaille 1984; Hauser 2013, 167). Offenbar gibt es also auch erstrebenswerte Erfahrungselemente, die mit der Überschreitung der Spielgrenze nach außen verbunden sind. Bei der Bevorzugung von Steuerungselementen, welche innerhalb des Spielrahmens stattfinden, stützt sich Giffin (1984) auf Bateson (1981a), der durch die Mitteilung „Das ist ein Spiel" eine paradoxe Kommunikationssituation entstehen sieht: Mit der expliziten Kennzeichnung des Spiels als Spiel wird einerseits die Information gegeben, dass das Verhalten nicht ernst gemeint sei. Gleichzeitig soll aber innerhalb des Spielrahmens so getan werden, als sei es ernst gemeint. Der angemessene Einsatz von metakommunikativen Strategien ist also ambivalent: Die Markierung der Grenze des Spiels gehört zentral zum Spiel und scheint es doch zu relativieren. Kulturtheoretisch kann man diesen scheinbaren Widerspruch auflösen: Huizinga (2011, 27ff.) beschreibt die spezielle Hingabe bzw. die besondere Feierlichkeit von Kulturformen, welche nicht nur beim Spiel, sondern auch in der Kunst, beim Sport und bei der Religion vorherrscht, als einen „heiligen Ernst". Die besonderen Affekte der Freude und der Leidenschaft[13], die in all diesen Bereichen auftreten, sind laut Huizinga (ebd.) jedoch nicht darin begründet, dass man ganz vertieft und spielvergessen teilnimmt. Sie sind im Gegenteil genau darin begründet, dass man sich des Spielerischen des Spiels, des Ritualhaften der Religion, des Künstlichen der Kunst, des Regelbezogenen des Sports wohl bewusst ist (vgl. auch Pfaller 2012, 96ff.). Gerade in der Gleichzeitigkeit dieses Metawissens und der kognitiven wie affektiven Hingabe an diese Kulturformen steckt die Bedeutung des Grundmechanismus Spiel. Es ist diese Gleichzeitigkeit, die man in der Beobachtung von Kindern oftmals übersieht, dass ihnen – mehr als uns bei

13 Es ist eine geläufige, aber letztlich unzulässige Vereinfachung, die auch unter Spieltheoretikern verbreitet ist, zu behaupten, beim Spiel herrschen im Kern „positive Emotionen" vor. Tatsächlich ermöglicht und befördert das Spiel eine sehr breite Palette menschlicher Emotionen, die man bei genauem Hinschauen kaum alle als schlicht positiv einschätzen würde. Eine Ausnahme findet sich z.B. bei Malaby (2009), der die gewollte Erfahrung eingeschränkter Kontingenz als zentrales Motiv des Spiels beschreibt und die emotionalen Färbungen „compelling" oder „engaging" hervorhebt, das Spiel u.E. richtiger mit den Wortfeldern fesselnd, zwingend, überwältigend, verzaubernd, einnehmend und verpflichtend beschreibt.

unseren täglichen Ritualen – bewusst ist, dass es eine Differenz von Spiel und der äußeren Wirklichkeit gibt.

Die Nähe des Begriffs Ritual zum Spiel wurde schon öfters thematisiert, mit der Tendenz, die beiden begrifflich zu trennen und Unterschiede zu betonen (vgl. z.B. Gerster 2013, 99f.).[14] Uns geht es aber gerade um die Verbindung von Ritual und Spiel, um die Bildungsrelevanz zu verdeutlichen, die gerade in der Bewusstheit von Spiel- und Ritualwelten liegt.

Um im Beispiel zu bleiben: Das Kind, welches das Mehl ausschüttet und dazu sagt, es handele sich um „Schnee", könnte der darauf folgenden Belehrung des Vaters, es handele sich „in Wirklichkeit" um Mehl, entgegnen: „Nein, Schnee!" und weiter vergnügt lachend spielen. Das Vergnügen des Kindes, und hier liegt u.E. der blinde Fleck Piagets, wäre aber nicht notwendigerweise dem Unwissen bzw. der trotzigen Verweigerung von Akkommodation an die Wirklichkeit seitens des Kindes geschuldet. Im Gegenteil: Das Vergnügen wäre gerade dem Wissen des Kindes darum geschuldet, dass es hier eine symbolische Grenze zieht, um deren Außenseite es sehr gut weiß. Was man schlicht als Vergnügen wahrnimmt, ist das Gelingen der Handhabung dieses Spielbewusstseins: Die soziale Dimension der Erstbenennung des Schnees zu verarbeiten, sich dieses Schema anzueignen, zugleich neue Differenzierungen von Außen wahrzunehmen, ohne den Spielrahmen zu brechen, die Herausforderung zu meistern und zugleich im Spiel zu agieren, dort die materiellen Eigenarten des Spielobjekts mit den neu auf dem Spiel stehenden Schemata „Schnee" und „Mehl" zu vergleichen, abzuwägen und dabei auf diesen vielen Ebenen zu lernen, darin liegt der potenzielle Bildungswert der beschriebenen Spielszene.[15]

---

14 Drei Hauptargumente werden üblicherweise genannt: So seien nach Gerster (ebd.) Spiele erstens im Gegensatz zu Ritualen nicht verpflichtend. Das Argument verliert seine Plausibilität, wenn man an die Spiele denkt, die sowohl Kinder in ihren Kreisen als auch Erwachsene in Alltag und Beruf notgedrungen mitspielen müssen, wenn sie nicht automatisch zu den Verlierern gehören wollen. Zweitens habe das Spiel im Gegensatz zum Ritual keine Folgen. Caillois (1982), Geertz (1983a) und Malaby (2009) widersprechen mit dem Hinweis auf die vielen Dinge, die im Spiel tatsächlich auf dem Spiel stehen und dort gewonnen und verloren werden können. Wir widersprechen dieser Folgenlosigkeitsthese ebenfalls mit dem Hinweis auf die Bildungs-, Lust-, Lern- und Identitätsgewinne des Spielens. Drittens seien Zeiten des Rituals Zeiten des Außerordentlichen, in denen eine zeitgleich reflexive, relativierende oder durchschauende Ebene nicht möglich sei. Goffman (1991), Turner (1995), Malaby (2009) und Gerber (2013) betonen jedoch, dass Rituale sich tatsächlich näher am Alltag abspielen als häufig vorausgesetzt wird. Pfaller (2012, 113f.) betrachtet sogar die Durchschauung in actu als konstitutiv für das Ritual (ganz analog zum Spielbewusstsein).

15 Für den Vater ist die Sache vielleicht mit seiner Antwort „Schnee" schon erledigt, da sein Spielbewusstsein momentan nicht aktiv ist. Er führt sich im Augenblick der Benennung des Schnees wahrscheinlich nicht vor Augen, dass es ein Außen seiner symbolischen Grenzziehung bzw. eine Wirklichkeit gibt, in der man den Schnee als gefrorenes Wasser, als eine Vielzahl von Kristallen, religiös eingestellt oder auch primär ästhetisch erfahren kann. Diese „Einstellungen" des Weltzu-

Im Rahmen des Spieles weiß der Spielende um die Unwirklichkeit und Vorläufigkeit der Welt, die man bespielt, aufbaut, imaginiert, beforscht und gemeinsam bewohnt.[16] Das macht gerade die Feierlichkeit und die Affektbesetzung aus, mit der sich Menschen auf die kulturellen Objekte beziehen, die durch ihre selbstgemachte Ordnung (in Wechselwirkung mit der physischen Umwelt) konstituiert werden (Soeffner 2010; Huizinga 2011; Pfaller 2012) – es sind Spielordnungen mit Grenzen. Zugleich werden die Spielenden in das Spiel hineingezogen bzw. stellen sich darauf ein, trotzdem und gerade weil sie um die Grenze zum Außen wissen: Den Spielenden ergreifen die arbiträren Regeln, fesseln die Rollen, fasziniert die scheinbare Regelhaftigkeit, die er im Funktionsspiel über die physische Umwelt herausgefunden hat.[17]

Spielbewusstsein heißt hier also: Der „flow"[18] allein reicht nicht für das Spiel. Das Wissen um die Gemachtheit, zu wissen, dass die Spielregeln im Prinzip arbiträr sind oder man sie sogar vorher selbst mitvereinbart, ist essentiell für das Spielbewusstsein.

Jörissen (2009, 25) skizziert den Komplex „Spiel und Bildung" folgendermaßen:

> „Der Rahmen des Spiels ist auf den Glauben an das Spiel angewiesen, zugleich aber muss dieser Eindruck des ‚Im-Spiel-Seins', mit Pierre Bourdieu gesprochen die ‚illusio', potenziell durchschaut werden: Das implizite Wissen um den Status des Spiels, eine potenzielle ‚des-illusio', muss alle meine Vorstellungen im Spiel begleiten können (wohlgemerkt ist dies eine logische Voraussetzung: Wer sie nicht erfüllt oder nicht erfüllen kann, spielt de facto nicht)."

Allerdings muss man nicht wie Jörrisen (ebd.) betonen, dass es sich nicht um eine Stufe des Spiels handelt, wenn ein Wissen um die Grenze des Spiels fehlt (z.B. bei ganz kleinen Kindern, bevor die Stufe des *Als-Ob* diese Art von Wissen fördert). Jedoch sollte deutlich werden, dass das Spielbewusstsein u.E. ein Schlüssel und sowohl Ziel als auch Mittel der Bildung ist.

---

gangs und eine feierlich-spielerische Stimmung gehören aus Sicht der Kultursoziologie eng zusammen (Soeffner 2010).

16 Es soll hier nicht der Unterschied zwischen dem kindlichen und dem wissenschaftlichen Erfassen der Welt unterschlagen werden (vgl. auch den Beitrag von Hildebrandt u.a. in diesem Band). Es soll jedoch darauf hingewiesen werden, dass die Leidenschaft, das Vergnügen und der heilige Ernst bei der Erforschung der Welt nicht die entscheidenden Unterschiede sind, da sie bei beiden Forschungstätigkeiten vorhanden sein können (vgl. Huizinga 2011, 219ff.).

17 Das packende, fesselnde Element des Spiels wird beim Computerspiel besonders augenscheinlich. Um das Spielbewusstsein dort zu fördern, bedarf es oftmals einer aktiven Öffnung des Spiels, um seine Grenzen besser wahrzunehmen, um es besser rezipieren und um es besser genießen zu können (vgl. Weißhaupt/Hildebrandt 2013).

18 Die Abwesenheit von Langeweile und Überforderung bei Tätigkeiten (Csikszentmihalyi 2010) als Voraussetzungen für ein Flow-Erleben ist nach Oerter (1999) zentrales Merkmal von Spiel, vgl. auch Heckhausens Aktivitätszirkel (1973).

3 Die kulturelle Einbettung des Spiels

Die Idee, das Spiel als einen vom wirklichen Leben abgetrennten Sonderbereich aufzufassen, in den man bewusstlos „eintauchen“ kann, hängt eng mit der Relation zu entsprechenden Gegenbegriffen zusammen. „Spiel“ wird geringer geschätzt als die Begriffe Ernst, Arbeit, Wirklichkeit oder Wahrheit.[19] Diese asymmetrische Relation findet sich schon bei Aristoteles, zieht sich als Muster durch das christliche Mittelalter und involviert auch die entstehende Pädagogik (vgl. Kluge 1999): Rousseau insinuierte vor dem Hintergrund der zunehmend industrialisierten Welt die Eingrenzung des Spiels im Motiv des Schutzraums, welcher dem Kindeswohl zuliebe gegen die Härten der Welt errichtet werden solle. Dieser Schutzraum wurde dann u.a. durch Fröbel institutionalisiert, was zum Kindergarten führte, einem Ort der kindlichen Spiele: „geschützt“, aber auch ausgrenzt gegenüber dem Alltag und der Wirklichkeit der Gesellschaft.[20]

Piaget und Vygotsky haben u.E. diese Ausgrenzung des Spiels aus dem gesellschaftlichen Kontext weitergeführt: Zwar beleuchtet Piaget die assimilatorische Verarbeitung von Erfahrung im Spiel, aber er unterschlägt seine soziale Dimension. Zwar thematisiert Vygotsky das Motiv, Rollen im Spiel durchzuspielen, aber er setzt trotz der sozialen Dimension teilweise die individuelle Interessenverfolgung ins Zentrum und thematisiert nicht die kulturelle Einbettung des Spiels selbst. Göncu und Gaskins (2011) weisen hingegen darauf hin, dass durch die vorwiegende Orientierung der Forschung an individuellen Spielmotiven und individuellen Entwicklungsstufen scheinbar kulturinvariante Spielstufen und universale Spielverhaltensmuster destilliert werden, deren Bindung an spezifische Kulturen aber nur intransparent gemacht wird. Die Tatsache, dass die Tätigkeiten und Erfahrungen, welche die Kinder im Spiel verarbeiten (Piaget) bzw. vorbereiten (Vygotsky), immer schon kulturell eingefasste Erfahrungen und Tätigkeiten waren, wird nur implizit thematisiert.

Durch Blick aus anderen Kulturkreisen auf das Spiel wird klar, dass noch über die oben angesprochene soziale Bedingtheit der Rollen- und Interaktionsskripts und über die vorgeprägten Skripte zur Definition und Verwendbarkeit von Gegenständen hinaus durch die kulturelle Rahmung des Kinderspiels selbst das sogenannte „Wesen des Spiels“ (Scheuerl 1994) mit erzeugt wird (s.a. Leuchter 2013, 582f.). Die Kindheit als spezieller Schonraum, weitgehend abgetrennt von der erwachsenen Welt, kommt hier als Spezifikum moderner westlicher Kulturen in den Blick,

19 Eine ausführliche Betrachtung der jeweiligen historischen Gegenbegriffe zum Spiel findet sich in Ganguin (2010).

20 In einem weiteren Schritt hielt dann Maria Montessori sogar innerhalb des Sonderreichs Kindergarten den Begriff „Arbeit“ zentral, und wertete das Spiel so auf doppelte Weise ab (vgl. Oelkers 2000).

die diese Abtrennung schätzen und fördern, was z.B. bei den yukatekischen Maya nicht der Fall ist.[21]
Ohne damit hier für die eine oder andere Variante des Spielrahmens als die letztlich bessere oder richtigere optieren zu wollen oder zu können, kann ein Zusammenhang gesehen werden zwischen dem Motiv des abgetrennten Schutzraums des Kinderspiels in unserer Kultur (spätestens seit Rousseau) einerseits und der fortwirkenden impliziten Abwertung des Spiels für Lern- und Bildungsprozesse andererseits – hier rekonstruiert nach Piaget, aber bis heute folgewirksam in der anhaltenden Dichotomie Spielen vs. (schulisches) Lernen.

4 Fazit

Unsere spezifische kulturelle Einbettung des Spiels bedingt eine Paradoxie: Einerseits schätzen wir das Spiel und versuchen es als kindliche Sphäre in unseren Kindergärten zu schützen – zugleich trennen wir es von der Wirklichkeit ab und werten es dadurch ab. Dies legt den Schluss nahe, dass unsere Kultur die produktive und bildende Kraft des Spiels zu wenig wahrnimmt – wenn nicht sogar teilweise verleugnet –, indem sie es in Sonderreiche einhegt und zugleich den Bildungsbereich und die Alltagswelt an spielerischem Weltzugang verarmen lässt.[22] Eine neue Wertschätzung und Wiederbelebung des Spiels, ein Spielbewusstsein als zentraler Weltzugang in der Bildung könnte ein Schlüssel sein, um dieser Verarmung entgegen zu wirken. Für die Bildung würde dies bedeuten, die Herausforderungen und die Komplexität, die im Spiel stecken, wahrzunehmen und zu nutzen. Vor allem bestünde die Aufgabe darin, das Spiel von dem doppelten Irrtum einer

---

21 Wie man sich einen grundlegend anders codierten Spielrahmen vorstellen kann, zeigt der Vergleich mit Yukatekischen Mayas, den Göncu und Gaskins (2011, 53f.) anstellen: Da die Welt der yukatekischen Kinder an der Peripherie der Erwachsenenwelt angesiedelt und nicht von ihr abgetrennt sei, würden sich andere Erwartungen an die Rollen der Kinder und auch andere Verarbeitungsstrukturen für die Erfahrungen der Kinder ergeben. Sie interpretieren die erwachsenen Tätigkeiten, sie werden geführt durch Ältere, ahmen diese nach und erfüllen so in geringem Umfang schon die Tätigkeiten, die in der Erwachsenenwelt gebraucht werden. Es gibt so wenige Ereignisse, die fern der kindlichen Welt wären und im Spiel im Sinne Piagets verarbeitet bzw. spielerisch „unter Kontrolle gebracht" werden müssten. Und es gibt weniger unerfüllbare Ziele für die Kinder im Sinne Vygotskys, die im Spiel als Wunscherfüllungsmaschine rein symbolisch erreicht werden müssten. Zugleich haben die yukatekischen Kinder in diesem kulturellen Rahmen weniger Freiheit bei der Aneignung der Welt in ihrem Spielraum.

22 Bereits Huizinga beobachtete einen drohenden Spielverlust in den Kulturen, die eigentlich von den Formen des Spiels mit begründet wurden (Huizinga 2011, 223; vgl. Pfaller 2012, 122ff.). In einer funktional differenzierten Gesellschaft, welche ihren Ritualismus und ihre Spielwurzeln nicht mehr durchschaut, behaupten z.B. getrennte Teilsysteme (Ökonomie, Wissenschaft, ...) jeweils für sich die absolute, nicht mehr die relative Wirklichkeit. Die Teilsysteme scheinen ihre eigenen Regeln und Grenzen oft nicht mehr aus sich heraus thematisieren und von der Wirklichkeit außerhalb ihrer Grenzen systematisch wenig erkennen zu können (Luhmann 1998). Die kollektiven Monologe dieser Systeme weisen in diesem Sinne nur noch wenig Spuren von Spielbewusstsein auf.

falsch verstandenen Schutzbedürftigkeit vor dem Druck der Welt einerseits und dem Versuch einer schlichten Instrumentalisierung des Spiels für Lerninstruktionen andererseits – was das Spiel ebenso falsch interpretieren würde – zu befreien. Mehr Wissen um die oben skizzierten Anstrengungen und Herausforderungen, welche im sozialen Spiel stecken, und eine breitere Forschung zum Bildungswert der spielerischen Welterschließung[23] wären ein Anfang.

Es ist zudem darauf zu achten, dass das Spiel nicht missverstanden wird als Rettungskapsel bzw. Wunschprojektion einer „ganzheitlichen" oder „traditionellen" Erfahrungswelt, im Gegensatz zur spezialisierten Erfahrungswelt der Moderne bzw. als Gegensatz zur Spezialisierung einzelner Schulfächer.[24] Kinder wenden sich im Spiel bewusst bestimmten Spielwelten, deren jeweiligen Regeln und Medien zu. Im Spiel haben die Kinder somit Anlass und Lust, eine Differenzierung der Perspektiven zu verfolgen, sich auf eine spezielle Sichtweise einzustellen, die im Spiel vertieft und deren Grenze bewusst werden kann. Dabei wird das Wissen um Vor- und Nachteile spezifischer Weltzugänge gefördert noch bevor von fachlichem Lernen geredet werden muss.

Wie anhand der Interaktion im Als-Ob-Spiel gezeigt wurde, wird im Spiel das Bewusstsein für die eigene Mittätigkeit bei der spezifischen Erschließung von Welt begünstigt, und damit auch das Bewusstsein für das eigene Lernen bzw. die eigene Bildung. Eine Förderung des Spielbewusstseins hängt somit auch eng mit dem Wissen um die Beschränktheit und spezifische Nützlichkeit einzelner Fachperspektiven zusammen, was in transversalen Lernprozessen produktiv gemacht werden kann.[25]

Mehr Wissen um die Herausforderungen durch komplexes, nicht ausschließlich unstrukturiertes Material wäre in der pädagogischen Praxis zudem oftmals wünschenswert sowie mehr Bewusstsein für die Konstruktion und Reflexion der Welt, die mit dem Spiel verbunden sind. Ein generell stärkeres Wissen um die oben skizzierte spezielle Rahmung des Spiels in den westlichen Kulturen wäre zudem wesentlich, um den Bildungswert des Spiels richtig einzuordnen und wahrzunehmen. Nicht zuletzt wäre ein vertieftes Wissen um die oben beschriebene rituelle Dimension des Spiels (Riley 2005) gefordert, da diese die Instruktions- und Konstruktionsprozesse im Spiel überhaupt erst ermöglichen. Diese rituelle Dimension

23 Leuchter (2013, 584f.) fasst Studien zur Bedeutung von kompetenter, empathischer und zugleich herausfordernder Spielunterstützung durch Lehrpersonen für die Bildungswirkung von Spiel zusammen.

24 Vgl. hierzu auch Streit, Künzli David & Hildebrandt in diesem Band.

25 Erweiterungen bezüglich „fachlicher" Spielwelten liegen auf der Hand: Neben Sprache und Rolle können z.B. mathematische Fertigkeiten über die fachmathematischen Spielregeln der Konstitution und des Bearbeitens von Welt im Spiel gefördert werden (Hauser 2013, 170ff.) Zu bereichsspezifischen Lerneffekten des Spiels vgl. auch Leuchter (2013, 579f.).

bedingt dabei *zugleich* das reflexive Bewusstsein sowie die Hingabe und Feierlichkeit beim Spiel.

5 Literatur

Andresen, Helga (1998): Spiel, Zeichen, Kontext. Zur Ontogenese dekontextualisierten Zeichengebrauchs. In: Giese & Ossner (1998) (Hrsg.), 21–41.

Andresen, Helga (2002): Interaktion, Sprache und Spiel. Zur Funktion des Rollenspiels für die Sprachentwicklung im Vorschulalter. Narr: Tübingen.

Bateson, Gregory (1981a): Spiel und Ernst. In: Bateson (1981b), 303–338.

Bateson, Gregory (1981b): Ökologie des Geistes. Anthropologische, psychologische, biologische und epistemologische Perspektiven. Suhrkamp: Frankfurt a.M.

Berns, Gregory (2006): Satisfaction. Warum nur Neues uns glücklich macht. Campus Verlag: Frankfurt a.M.

Bretherton, Inge (1984) (Hrsg.): Symbolic play. The development of social understanding. Academic Press: Orlando.

Caillois, Roger (1982): Die Spiele und die Menschen. Maske und Rausch. Ullstein: Frankfurt a.M.

Campana-Schleusener, Sabine (2014): Freunde im Geiste. In: klein&gross – Zeitschrift für Frühpädagogik, Jg. 2014, Heft 2, 12–15.

Christie, James F. (1991) (Hrsg.): Play and early literacy development. State University of New York Press: Albany.

Coelen, Hendrik & Müller-Naendrup, Barbara (2013) (Hrsg.): Studieren in Lernwerkstätten. Springer Fachmedien: Wiesbaden.

Csikszentmihalyi, Mihaly (2010): Flow. Das Geheimnis des Glücks. Klett-Cotta: Stuttgart.

Daniels, Harry; Cole, Michael & Wertsch, James V. (2007) (Hrsg.): The Cambridge Companion to Vygotsky. Cambridge University Press: Cambridge.

Edwards, Anne (2007): An Interesting Resemblance: Vygotsky, Mead, and American Pragmatism. In: Daniels et al. (2007) (Hrsg.), 77–100.

Einsiedler, Wolfgang (1999): Das Spiel der Kinder. Zur Pädagogik und Psychologie des Kinderspiels. 3., aktualisierte und erweiterte Auflage. Klinkhardt: Bad Heilbronn.

Elkonin, Daniil B. (2010) (Hrsg.): Die Psychologie des Spiels. Lehmanns Media: Berlin.

Flitner, Andreas (2002): Spielen - Lernen. Praxis und Deutung des Kinderspiels. Erweiterte Neuausgabe der 11. Auflage. Beltz: Weinheim.

Flitner, Andreas (1974) (Hrsg.): Das Kinderspiel. Texte. 2. Auflage. Piper: München.

Ganguin, Sonja (2010): Computerspiele und lebenslanges Lernen. Eine Synthese von Gegensätzen. VS Verlag für Sozialwissenschaften: Wiesbaden.

Geertz, Clifford (1983a): Deep Play: Bemerkungen zum Balinesischen Hahnenkampf. In: Geertz (1983b), 202–260.

Geertz, Clifford (1983b): Dichte Beschreibung. Beiträge zum Verstehen kultureller Systeme. Suhrkamp: Frankfurt a.M.

Gerber, Gerold (2013): Staunen auf Malta. Über das Außerordentliche im Alltag. In: Junge et al. (2013) (Hrsg.), 216–233.

Gerster, Marco (2013): Der Ernst des Spiels. In: Junge et al. (2013) (Hrsg.), 95-110.

Giese, Heinz & Ossner, Jakob (1998) (Hrsg.): Sprache thematisieren. Fachdidaktische und unterrichtswissenschaftliche Aspekte. Fillibach: Freiburg i.Br.

Giffin, Holly (1984): The coordination of meaning in the creation of a shared make-believe reality. In: Bretherton (1984) (Hrsg.), 73–100.

Goffman, Erving (1991): Interaktionsritual. Über Verhalten in direkter Kommunikation. 2. Auflage. Suhrkamp: Frankfurt a.M.

Göncü, Artin & Gaskins, Suzanne (2011): Comparing and Extending Piaget's and Vygotsky's Understandings of Play: Symbolic Play as Individual, Sociocultural, and Educational Interpretation. In: Pellegrini (2011) (Hrsg.), 48–57.

Hagstedt, Herbert (2004a): Stichwort: Lernwerkstätten. In: Hagstedt (2004b) (Hrsg.), 47–51.

Hagstedt, Herbert (2004b) (Hrsg.): Pädagogische Werkstätten sind nicht kopierfähig, Beiträge zur Lernwerkstattdiskussion aus zwanzig Jahren. Kassel.

Hauser, Bernhard (2013): Spielen – Frühes Lernen in Familie, Krippe und Kindergarten. Kohlhammer: Stuttgart.

Heckhausen, Heinz (1974): Entwurf einer Psychologie des Spiels. In: Flitner (1974) (Hrsg.), 133–149.

Heimlich, Ulrich (2001a): 5. Spiel und Methodik – Handlungsmöglichkeiten. In: Heimlich (2001b), 185–209.

Heimlich, Ulrich (2001b): Einführung in die Spielpädagogik. Eine Orientierungshilfe für sozial-, schul- und heilpädagogische Arbeitsfelder. 2., überarbeitete und erweiterte Auflage. Julius Klinkhardt: Bad Heilbrunn.

Hildebrandt, Elke & Weißhaupt, Mark (2013): Spielen in der Lernwerkstatt? In: Coelen & Müller-Naendrup (2013) (Hrsg.), 163–170.

Howes, Carollee (2011): Social play of children with adults and peers. In: Pellegrini (2011) (Hrsg.), 231–244.

Huizinga, Johan (2011): Homo Ludens. Vom Ursprung der Kultur im Spiel. 22. Auflage. Rowohlt Taschenbuch Verlag: Reinbek.

Joas, Hans (2000) (Hrsg.): Philosophie der Demokratie. Beiträge zum Werk von John Dewey. Suhrkamp: Frankfurt a.M.

Joas, Hans (1989): Praktische Intersubjektivität. Die Entwicklung des Werkes von George Herbert Mead. Suhrkamp: Frankfurt a.M.

Johnson, James E., Christie, James F. & Wardle, Francis (2004): Play, Development and Early Education. Allyn & Bacon: Boston.

Jörissen, Benjamin (2009): Spiel und Bildung. In: DIE Zeitschrift für Erwachsenenbildung, Jg. 2009, Heft 3, 24–25.

Junge, Kay; Binder, Werner; Gerster, Marco & Meyer, Kim-Claude (2013) (Hrsg.): Kippfiguren. Ambivalenz in Bewegung. Velbrück Wissenschaft: Weilerswist.

Kluge, Norbert (1999): Spiel und Schule. Zur Geschichte einer konfliktreichen Beziehung. In: Petillon & Valtin (1999) (Hrsg.), 43–53.

Krappmann, Lothar (1999): Spielen, Lernen und Bildung. In: Petillon & Valtin (1999) (Hrsg.), 54–66.

Leuchter, Miriam (2013): Die Bedeutung des Spiels in Kindergarten und Schuleingangsphase. In: Zeitschrift für Pädagogik, Jg. 2013, Heft 4, 575–592.

Luhmann, Niklas (1998): Die Gesellschaft der Gesellschaft. Suhrkamp: Frankfurt a.M.

Malaby, Thomas (2009): Anthropology and Play. The Contours of Playful Experience. In: New Literary History, 40. Jg., Heft 1, 205–218.

Mead, George Herbert (1998): Geist, Identität und Gesellschaft aus der Sicht des Sozialbehaviorismus. 11. Auflage. Suhrkamp: Frankfurt a.M.

Montessori, Maria (1976): Schule des Kindes. Montessori-Erziehung in der Grundschule. 4. Auflage. Herder: Freiburg i.Br.

Neuss, Norbert (2009): Unsichtbare Freunde. Warum Kinder Phantasiegefährten erfinden. Cornelsen: Berlin.

Oelkers, Jürgen (2000): John Deweys Philosophie der Erziehung: Eine theoriegeschichtliche Analyse. In: Joas (2000) (Hrsg.), 280–315.

Oerter, Rolf (1999): Psychologie des Spiels. Ein handlungstheoretischer Ansatz. Beltz: Weinheim.

Oerter, Rolf/Montada, Leo (2002): Entwicklungspsychologie. 5. vollständig bearbeitete Auflage. Beltz PVU: Weinheim.

Pellegrini, Anthony D. (2011) (Hrsg.): The Oxford Handbook of the Development of Play. Oxford University Press: New York.

Pellegrini, Anthony D. & Yawkey, Thomas D. (1984) (Hrsg.): The development of oral and written language in social contexts. Ablex: Norwood.

Petillon, Hanns & Valtin, Renate (1999) (Hrsg.): Spielen in der Grundschule. Grundlagen - Anregungen - Beispiele. Grundschulverband: Frankfurt a.M.

Pfaller, Robert (2012): Zweite Welten. Und andere Lebenselixiere. Fischer: Frankfurt a.M.

Piaget, Jean (1975): Das Erwachen der Intelligenz beim Kinde. Gesammelte Werke 1. Ernst Klett Verlag: Stuttgart.

Piaget, Jean (1972): Sprechen und Denken des Kindes. Pädagogischer Verlag Schwann: Düsseldorf.

Piaget, Jean (1969): Nachahmung, Spiel und Traum. Die Entwicklung der Symbolfunktion beim Kinde. Mit einer Einführung von Hans Aebli. Ernst Klett Verlag: Stuttgart.

Renner, Michael (2008): Spieltheorie und Spielpraxis. Ein Lehrbuch für pädagogische Berufe. 3., neu bearbeitete Auflage. Lambertus Verlag: Freiburg i. Breisgau.

Riley, Alexander (2005): The theory of play/games and sacrality in popular culture: The relevance of Roger Caillois for contemporary neo-Durkheimian cultural theory. In: Durkheimian Studies, 11. Jg., Heft 1, 103–114.

Sachs, Jacqueline; Goldman, Jane A. & Chaille, Christine (1984): Planning in pretend play. Using language to coordinate narrative development. In: Pellegrini & Yawkey (1984) (Hrsg.), 119–128.

Scheuerl, Hans (1994): Das Spiel. Untersuchungen über sein Wesen, seine pädagogischen Möglichkeiten und Grenzen. 12. Auflage. Beltz: Weinheim/Basel.

Singer, Dorothy G.; Michnick Golinkoff, Roberta & Hirsh-Pasek, Kathy (2006) (Hrsg.): Play = Learning: How Play Motivates and Enhances Children's Cognitive and Social-Emotional Growth. Oxford University Press: New York.

Soeffner, Hans-Georg (2010): Symbolische Formung: Eine Soziologie des Symbols und des Rituals. Velbrück: Weilerswist.

Sörensen, Barbara (2005): Kinder erforschen die Schriftkultur: ein Tor zur Welt der Symbole, Buchstaben und Texte. Spiel- und Lernumgebungen für Kinder von 4 bis 8. KgCH: Hölstein.

Stieve, Claus (2008): Von den Dingen lernen. Die Gegenstände unserer Kindheit. Fink: Paderborn/München.

Turner, Victor (1995): Vom Ritual zum Theater. Der Ernst des menschlichen Spiels. Fischer Taschenbuch Verlag: Frankfurt a.M.

Vygotsky, Lew S. (2003): Ausgewählte Schriften. Band II. Arbeiten zur Entwicklung der Persönlichkeit. Herausgegeben von Joachim Lompscher. Lehmanns Media: Berlin.

Vygotsky, Lew S. (2002): Denken und Sprechen: psychologische Untersuchungen. Weinheim: Beltz.

Vygotsky, Lew S. (1933): Das Spiel und seine Bedeutung in der psychischen Entwicklung des Kindes. In: Elkonin (2010) (Hrsg.), 441–465.

Weißhaupt, Mark (2008): Rolle und Identität: Grundlagen der Rollentheorie. vdm Verlag: Saarbrücken.

Weißhaupt, Mark & Hildebrandt, Elke (2013): Die Bildung und die Games. In: Schulpädagogik heute, 4. Jg., Heft 7, 1–9.

Williamson, Peterson A. & Silvern, Steven B. (1991): Thematic-fantasy play and story comprehension. In: Christie (1991) (Hrsg.), 69–90.

Zimpel, André F. (2011): Lasst unsere Kinder spielen! Der Schlüssel zum Erfolg. Vandenhoeck & Ruprecht: Göttingen.

Teil 2:
Forschendes Lernen in der Hochschulbildung

Markus Peschel

Vom instruierten zum Freien Forschen – Selbstbestimmungskonzepte im GOFEX

1 Forschendes Lernen in Kindergarten und Grundschule

Im Sachunterricht der Grundschule wird der Begriff „Forschen" oder „Forschendes Lernen" meist im Zusammenhang mit Themen aus den Naturwissenschaften gebraucht, und die Kinder werden zu „kleinen Forschern" gemacht, die ihre „Forschungsergebnisse" in ihrem „Forscherheft" eintragen. Inwieweit diese Forschungsleistungen wirklich erfüllt werden und welche Aspekte des Forschens mit welchen Maßnahmen unterstützt werden können, soll in diesem Artikel unter der Begrifflichkeit der Offenheit (bzw. der Freiheit) beim Forschen thematisiert werden.

Da in den Naturwissenschaften das Experimentieren eine zentrale Erkenntnismethode ist und naturwissenschaftliche Erkenntnisse speziell durch das forschende Experimentieren erworben werden, wird dieses Vorgehen (mehr oder weniger reflektiert) im Schulunterricht übernommen. Die Wirkung, die man sich vom Bezug zum Forschen auf schulischer Ebene erhofft, ist eine Motivierung der Schüler und gleichzeitig eine Hinführung zur Erkenntnismethode in den Naturwissenschaften. Die stärkere Berücksichtigung der Methoden der Erkenntnisgewinnung wurde u.a. von Höttecke (2002), Sodian et al. (2002), Stern (2002), Möller et al. (2002), Leuchter (2012) unter Bezeichnungen wie „Nature of Science" (NoS) oder „Natur der Naturwissenschaften" (NdN) thematisiert. Gemein ist diesen Betrachtungen, dass es nicht nur um die Lerninhalte – besonders bezogen auf die Ergebnisse des Experimentierens – geht, sondern vor allem um die Vermittlung der Methoden, die zu den Inhalten führen.

Naturwissenschaftliche Bildung ist für die Grundschule und auch für den Kindergarten in den letzten Jahren wieder populär geworden (vgl. u.a. Franz 2008; Möller 1999), nicht zuletzt durch die Bemühungen von verschiedenen Stiftungen oder bundesweiten Aktivitäten wie „Haus der kleinen Forscher", das vom Bundesministerium für Bildung und Forschung (BMBF) gefördert wird. Es gibt zudem mittlerweile einige Forschungserkenntnisse, wie Kinder Erkenntnisse zu Naturphänomenen generieren (vgl. Köster 2011; Zimmermann 2012; vgl. auch

Peschel, Köster & Zimmermann 2013). Eine Auseinandersetzung mit naturwissenschaftlichen Aspekten im Kindergarten oder in Anfangsklassen sowie ein spielerischer Zugang zu Phänomenen erfordert demnach eine spezielle didaktische Expertise seitens der Erzieherinnen und Erzieher bzw. der Grundschullehrkräfte. Sie sollen Kindern ermöglichen, auf ihrem jeweiligen (und heterogenen) kognitiven Niveau Beobachtungen zu machen, eigene Erkenntnisse und Erfahrungen zu sammeln, eigene methodische Zugänge zu den Phänomenen und dem dahinter liegenden Sachverhalt zu suchen, um letztendlich – in einem kommunikativen Austausch – erste Modellierungen im Sinne eines sukzessive aufzubauendem, systematischen Verständnisses anzustreben (vgl. Peschel, Köster & Zimmermann 2012). Allerdings scheint eine Unsicherheit zu bestehen, wie Kindern naturwissenschaftliche Inhalte am besten vermittelt werden, wobei es sowohl Verfechter eines instruktionellen Charakters als auch Vertreter eines weniger gemäßigten Konstruktivismus gibt (vgl. zur Auseinandersetzung zwischen den beiden Polen der Erkenntnisgenerierung im Sachunterricht z.B. Giest, Heran-Dörr & Archer 2012). Insbesondere der Aspekt des eigenständigen Experimentierens wird dabei unterschiedlich gesehen und wird u.a. unter den Aspekten der Instruktion und Konstruktion auch in der Didaktik des Sachunterrichts thematisiert (vgl. u.a. ebd.; Lück 2002; Möller 1999; Einsiedler 2005; Möller 2012; Peschel 2009; Köster 2010).

Für den Kindergarten bzw. die Didaktik im frühkindlichen Bereich scheinen naturwissenschaftliche Ansätze nur bedingt vorhanden (vgl. Zimmermann 2012). Die Besonderheiten des Kindergartens, wie z.B. das Freispiel oder die emotionale Beschäftigung mit Phänomenen (vgl. Mathis & Peschel 2013), werden im naturwissenschaftlichen Bereich des Sachunterrichts kaum genutzt, da spezielle didaktische Ausarbeitungen für den (früh-)kindlichen Bildungsbereich kaum existieren. Dies kann zu Unsicherheiten bei den Kindergärtnerinnen (und Grundschullehrerinnen) und daraus folgend zu Rückgriffen auf traditionelle Inhalte und Methoden führen und bisherige Experimentierverständnisse, die zumeist aus Schulfächern und Fachdidaktiken der Sekundarstufe abgeleitet werden, unreflektiert perpetuieren. Ein Abarbeiten rezeptartiger Experimentieranleitungen und die Behandlung von komplexen physikalischen oder chemischen Phänomenen im Sachunterricht der Primarschule zeigt, dass eine eigenständige Didaktik für die Anfangsklassen und die frühkindliche Bildung (4- bis 8-jährige Kinder, vgl. Lehrplan 21 in der Schweiz) notwendig ist und es nicht genügt, Konzepte aus Bezugsdisziplinen für die Grundschule, Vorschule oder den Kindergarten ‚runterzubrechen' (vgl. Schmidt & Melle 2013, Hofstein & Lunetta 2004, Hüpf 2007). Soostmeyer (1978) kritisierte schon den Mangel an Freiraum für das eigene Denken, Umdenken, Überprüfen, Neukonstruieren und das spielerische Herumprobieren. Er bemängelte die ausschließliche Verwendung standardisierter und „perfektionierter" Versuche bzw. Versuchsanleitungen, die ein Scheitern nicht

vorsehen. „Der im Detail vorgeplante Unterricht verhindert, daß die Schüler nach eigenen Vorstellungen Versuche planen und unter der eigenen Wahl von Materialien, die sie für geeignet halten, Versuche aufbauen und selbst durchführen. [...] Dem Schüler wird kein oder ein nur sehr mäßig bemessener geistiger Freiraum für eigene Versuchsplanungen gegeben" (ebd., zitiert nach Waldenmaier & Köster 2012). Seitdem haben sich wenige substanzielle Änderungen ergeben, wobei Ramseger ergänzt (2009, 15): „Auffallend für all die vielen Experimente, die Lehrer(inne)n in Fachzeitschriften, Schulbüchern und im Internet angeboten werden, ist, dass sie Kindern ständig Antworten auf Fragen geben, die diese nie gestellt haben. Gleichzeitig bietet der Unterricht selten Gelegenheit, die Fragen, die ihnen bei der Beschäftigung mit der Natur kommen, in Ruhe zu klären."
Ein intensives und forschendes Lernen im Sinne des genetischen Lernens nach Soostmeyer (2002) erfordert neben einem vertieften (und damit subjektiven) Interesse der Schülerinnen und Schüler sowohl räumliche, zeitliche als auch materielle Flexibilität, was an den o.g. restriktiven „Forschungsumgebungen", die sowohl Material als auch Durchführung vorgeben, zu bemängeln ist.
Inwieweit die Schülerinnen und Schüler im Unterricht tatsächlich forschen, also selbstständige und für sie neue Entdeckungen machen und/oder sich intensiv und ergebnisoffen mit einem Phänomen auseinandersetzen, wird meist nicht thematisiert. In schulischen „Forschungsaufgaben" – das Wort trägt den Widerspruch in sich – sind vorformulierte Aufgabentexte mit klaren Erwartungen oder Durchführungsanleitungen enthalten, die dem Forschen enge Grenzen setzen. Aber auch über die Aufgabenstellung hinaus, die ein Freies Forschen mehr oder weniger ermöglicht, sind weitere Determinanten der Beschränkung auszumachen: Aspekte wie Materialauswahl, Materialbereitstellung, Materialdarbietung und selbständige Auswahlmöglichkeit des Experimentiermaterials ermöglichen (oder verhindern) ein Lernzuwachs förderndes und eigenständiges Auseinandersetzen der Schülerinnen und Schüler mit eigenen Fragen bzw. Phänomenen (vgl. auch Peschel 2012).
Der Entwicklung einer solchen Forschungsumgebung samt der Entwicklung einer passenden Stufendidaktik sowie der Ausarbeitung von erprobten Umsetzungsbeispielen und der Evaluation des Angebots widmet sich das Projekt „Grundschullabor für Offenes Experimentieren" (GOFEX), das aktuell von der PH FHNW in Solothurn an die Universität des Saarlandes transferiert wird. Die Entwicklung und aktuelle Evaluationsergebnisse des GOFEX werden nach einer genaueren Betrachtung der Experimentierkompetenz von Kindern vorgestellt.

2 Experimentieren von Kindern

Die Experimentierkompetenz von Schülerinnen und Schülern im Sachunterricht ist in einigen Studien erforscht worden (vgl. u.a. Lück 2000; Möller 1999/2002; Heran-Dörr 2006; Köster 2006). Das zu Grunde liegende Experimentierverständnis und die Definition von Experimenten wird allerdings meist aus einem elaborierten naturwissenschaftlichen Verständnis bzw. Fachverständnis abgeleitet, was eigenständigen Näherungen von „experimentierenden Aktionen" samt Einordnung in einen didaktischen Kontext in Kindergarten und Grundschule nur bedingt Rechnung trägt. Unterschiedlich bewertet wird, inwieweit in dem Experimentierprozess Instruktionen für eine entsprechende Erkenntnisgewinnung erforderlich sind. Diese Frage wird je nach Ausrichtung in Hinblick auf instruktionelle oder konstruktive Lernverständnisse different beantwortet. Strukturierungen unterstützen nach z.B. Möller (2002) oder Heran-Dörr (2006) die Schülerinnen und Schüler im Aufbau von Wissen, Köster (2006) zeigt hingegen, dass Kinder auch mit wenig Instruktion Wissen und Können erwerben. Die Forschung in den Naturwissenschaften verlagerte sich in den letzten Jahren stark auf empirisch überprüfbare Variablen, wohingegen die Entwicklung von didaktischen Ansätzen zurückging. Diese Ausrichtung erschwert qualitative Einschätzungen über kindorientierte Näherungsprozesse von Kindern an Phänomene. Nur wenige Studien erheben explorativ die Kompetenzen von Kindern im Kindergarten und der Schule bzgl. ihres Experimentierverständnisses (Fischer et al. 2010). Aktuell werden didaktische Entwicklungsforschungen diskutiert (Einsiedler 2012), die eine entsprechende Überprüfung des avisierten Kompetenzzuwachses aufgrund von entwickelten Lernumgebungen erheben. Insgesamt sollten in der Zukunft weitere Anstrengungen bzgl. der Erforschung von Konzeptionen vorgenommen werden, was vor allem für den naturwissenschaftlichen Sachunterricht notwendig ist, sofern man nicht nur Experimentier-Konzepte höherer Klassenstufen ableiten möchte. Die Chancen, die in einer spielerischen und emotional wie motivational fördernden Form liegen, sollten für die Weiterentwicklung im Kindergarten und in der Grundschule genutzt werden.

Das im Weiteren skizzierte Projekt GOFEX bearbeitet viele Teilgebiete des Experimentierens und gibt einerseits Einblicke in die vielfältigen und sukzessiv erfolgenden Öffnungen im Experimentierprozess, anderseits werden Beispiele für eine Neuausrichtung des naturwissenschaftlichen Erkenntnisprozesses gegeben; dabei wird besonders der Bereich der vorschulischen und frühen Bildung berücksichtigt. Ein m.E. zentrales Merkmal ist, dass Kinder sehr bewusst und kontrolliert eigenen Ideen nachgehen und Schlüsse aus eigenständiger Beobachtung ziehen und kommunikativ ihre Erkenntnisse erweitern.

Sie erhalten die Möglichkeit, Fragen und Interessen zu entwickeln, Erkenntnisse zu reproduzieren, um temporär tragfähige Konzepte aufzustellen. Ziel ist es, qualitative Aussagen („dies ist warm") über Vergleiche („dies ist wärmer als das") bis hin zu einer messbaren Größe („dieses hat 21 Grad Celsius") zu entwickeln. Diese Vorgehensweise führt über qualitative Aussagen zu quantitativen oder halbquantitativen Erkenntnissen. Ferner werden etablierte Verfahren angebahnt, wie z.B. gezielte bzw. einzelne Variablenänderung, um detaillierte Erkenntnisse zu generieren. Über einen kommunikativen Austausch der Beobachtungen in der Gruppe wird den Kindern so frühzeitig die notwendige Intersubjektivität nahegebracht. Die zunehmend genaueren Beobachtungen, der Austausch sowie die sprachliche und schriftliche Fixierung der Erkenntnisse sind dabei zentrale Aspekte.

2.1 Forschendes Lernen

Einigen Forschungsansätzen gemeinsam ist die Entwicklung eines forschenden bzw. entdeckenden Lernens bei naturwissenschaftlichen Phänomenen (vgl. Köster 2013; Peschel 2013; Zimmermann 2013). „Entdeckendes Lernen initiiert Erkenntnisprozesse, die geprägt sind durch intrinsische Motivation und Selbstorganisation der Lernenden. Die Verweise auf konstruktivistische Lerntheorien, Offene Unterrichtsmethoden und die Vermittlung von Kompetenzen im Sinne einer „Nature of Science" (NoS) sind dabei basale Komponenten" (Peschel, Köster & Zimmermann 2013, 542).

Die Konstruktion von eigenen, vorläufig belastbaren Erkenntnissen ist in diesen Projekten ein wichtiger Aspekt bei der Erarbeitung naturwissenschaftlicher Expertise – nicht nur bei Kindern. Dabei ist die Frage, wie die verschiedenen Zielgruppen (Kinder im Vor- und Grundschulalter bzw. Lehramtsstudierende an der Universität oder Lehrkräfte und Erzieher und Erzieherinnen in Weiterbildungsangeboten) mittels entsprechender Angebote und besonderer Lernkonzepte zum forschenden Lernen angeregt werden können. Ein Ziel der Projekte ist es, die erarbeiteten Konzepte in der pädagogischen Praxis umsetzen zu können und dauerhafte Lernveränderungen zu initiieren. Dabei scheinen ein wichtiges Merkmal bei der Ausbildung von Studierenden projektorientierte Vorgehensweisen samt reflektierter Präsentation der forschend-entdeckend entwickelten Ergebnisse zu sein (Peschel 2015 i.V.).

Um aktuell unterrichtende Lehrkräfte sowie Erzieher und Erzieherinnen zu befähigen, solche konzeptuellen didaktischen Änderungen einzugehen und beim Experimentieren die Eigenständigkeit der Erkenntnisgewinnung zuzulassen und zu fördern, sind methodische und fachliche Weiterbildungen notwendig. „Das forschende Experimentieren in Kindertagesstätten muss von den „Lernbegleitern" angemessen betreut und gefördert werden. Im Sinne des selbstgesteuerten Lernens sollen die Kinder alleine oder mit Hilfe der Fachkräfte eigenständige Beobachtungen machen, diese beschreiben, vergleichen, systematisieren, reflektieren und ggf. erste Erklärungen entwickeln" (Peschel, Köster & Zimmermann 2013, 543). Für diese ersten Beobachtungen, Systematisierungen und Modellierungen ist die Auswahl von bedeutsamen, aber zugleich reduzierten Experimenten oder Phänomenen erforderlich. Nicht alle bisher angebotenen Experimente erlauben forschende Zugänge, die es den Schülerinnen und Schüler ermöglichen, ihren eigenen Fragestellungen nachzugehen. „Die Auswahl von Phänomenen, die eine solche Näherung der Kinder und Schüler erlauben und die eine ausgiebige – im Sinne der Nachhaltigkeit – Beschäftigung mit Naturwissenschaften erlauben"

(Peschel, Köster & Zimmermann 2013, 542), ist eine neue Herausforderung. Die sorgsame Auswahl von entsprechenden Aufgaben und Experimenten für Kindergarten und Grundschule wird ein zukünftiges Forschungsfeld für die Didaktik sein, denn sie müssen einerseits den naturwissenschaftlichen Erkenntnisprozess fördern, anderseits bedeutsam für die Kinder und ihre Fragen sein und drittens von Lehrerseite bearbeitbar und vermittelbar sein (was auch die Zugänglichkeit und die Materialdarbietung beinhaltet).
Welche Kompetenzen notwendig sind, damit Lehrkräfte und ErzieherInnen befähigt werden, Schüler und Schülerinnen im experimentierenden naturwissenschaftlichen Bereich zu fördern, wurde bislang wenig untersucht. Das genetische Lernen nach Soostmeyer (2002) oder das sokratische Gespräch nach Wagenschein (1968) können dabei methodische Elemente sein, Lehrpersonen in Schule und Kindergarten die Notwendigkeit des „unbedarften" Nachprüfens/Nachfragens nahezubringen. Erste Ergebnisse in Bezug auf die Professionalisierung von Lehrkräften bzw. Erzieher und Erzieherinnen (vgl. Peschel 2014 i.V. bzw. Zimmermann 2012) zeigen, dass der eigene Umgang mit Experimenten und die Vermittlung von Experimentierkompetenz im Sinne des NoS wichtige Aspekte der Aus- bzw. Weiterbildung sind. Die Ergebnisse von Zimmermann (2012) belegen, dass eine spezielle Weiterbildung für Erzieher und Erzieherinnen zielführend ist und bewusst geplante und reflektierte „Coachingmaßnahmen" (ebd.) einen nachhaltigen Aufbau der Kompetenzen ermöglichen.

2.2 „frei" vs. „instruiert"

In den letzten Jahren wird zunehmend eine didaktische Neuausrichtung bei der Vermittlung von Naturwissenschaften gefordert. Dabei geht es darum, den Fokus zunehmend auf den Bereich der Vermittlung der Natur der Naturwissenschaften, ergo um die Erweiterung eines deklarativen Wissensbestandes hin zu kompetenzorientierten Vermittlungsformen zu legen (vgl. Höttecke 2002). Unter der Abkehr des bisherigen Vermittlungsformates – deklaratives Wissen – formieren sich verschiedene Ansätze, die den Fokus mehr hin zu den Aktivitäten und Handlungen bei der Erarbeitung von naturwissenschaftlichem Wissen bei Schülerinnen und Schülern verschieben (vgl. Tesch & Duit 2002). Einige Beispiele für diese neuen Lernformen lauten „forschend-entdeckendes Lernen", Freies Forschen, Explorieren und Experimentieren (Köster 2006) oder Offenes Experimentieren (Peschel 2012); im angelsächsischen Raum u.a. unter inquiry based learning (Lunetta 2004) behandelt. Gemein ist diesen Ansätzen, Tätigkeiten und Forschungs-Aktivitäten der Schüler und Schülerinnen zunehmend Aufmerksamkeit und Raum zu geben und gleichzeitig zur methodischen Öffnung eine inhaltliche Öffnung des Unterrichts zu ermöglichen, die es erlaubt, nicht nur den Lehrerweg als einzig richtige Erkenntnismethode zu suggerieren, sondern verschiedene Aneignungsmethoden und -möglichkeiten zulässt. Ferner wird mit der Verschiebung des methodischen Zugangs auch grundsätzlich eine inhaltliche Öffnung – also z.B. die Wahl des Lerngegenstandes – einhergehen (müssen), denn beim freien Forschen gibt es nicht nur einen vorgegebenen Weg, sondern vielfältige Experimentiermöglichkeiten und damit auch unterschiedliche Ziele bei den Schülerinnen und Schülern der Klasse.

Unter dem Konzept der Öffnung reihen sich verschiedene Orientierungen ein (Dimensionen nach F. Peschel 2007), die von einem fachlichen oder fachdidaktischen Ansatz ausgehend eher methodisch ausgerichtet sind (vgl. Fischer & Draxler 2007; Engeln 2009), das Kind und seine umfänglichen Verstehensmuster in den Blick nehmen (vgl. Köster 2006), Vorstellungen von Kindern berücksichtigen und durch entsprechende Rekonstruktionen mittels Conceptual-Change-Ansätzen versuchen, fachwissenschaftliches Wissen und Können zu generieren (Möller 2002; Heran-Dörr 2006) oder die Erkenntnisgewinnung zugunsten der genauen Beobachtung und der Infragestellung (sokratisches Gespräch nach Wagenschein 1968) sowie auf beobachtbare Phänomene beim Experimentieren zurückzustellen (Peschel 2012).

Die Aushandlung der verschiedenen Öffnungselemente und Öffnungsstufen ist dabei je nach Ansatz different und reicht von einer methodenorientierten Öffnung (vgl. z.B. Fischer & Draxler 2007) bis hin zur Vermeidung verfrühter Erkenntnisgewinnung und Berücksichtigung von Randaspekten sowie Stärkung des Beobachtens beim Experimentieren (vgl. z.B. Peschel 2012). Die jeweiligen Umorientierungen in Bezug auf bisherige Vermittlungsformen und die damit verbundenen Transferprozesse in die unterrichtliche Praxis sind bislang allerdings nur bedingt konzeptionell verankert (vgl. Priemer 2012).

Weiterhin sind die Ansätze in den verschiedenen Jahrgangs- und Schulstufen bzw. -formen unterschiedlich ausgerichtet. In den Grundschulen dominieren handlungsorientierte Ansätze, die unter dem Begriff „Freies Forschen und Explorieren" den Kindern vielfältige Gelegenheiten geben, mit Material und Experimenten zu einem vorläufigen Wissen zu gelangen. In der Mittelstufe wird vornehmlich von einer methodischen Öffnungsform ausgegangen, ein gemeinsames Ziel aber beibehalten (Fischer & Draxler 2007).

3 Öffnungsstufen und Dimensionen im GOFEX

Obwohl nach Falko Peschel die organisatorische Öffnung nur eine „Pseudoöffnung" ist und daher auf der Öffnungsskala (vgl. Peschel 2008) nur auf den unteren Ebenen angesiedelt ist, ist die Interpretation dieser organisatorischen Öffnung aus fachdidaktischer Sicht dennoch immanent wichtig – zeigen doch der Zugang zu den Materialien und die Organisation Gelingens- bzw. Verhinderungsbedingungen für das Offene Experimentieren und somit auch deutliche Auswirkungen auf die Wahlmöglichkeiten im Hinblick auf Inhalte und Methoden.

Bei einer Betrachtung der Öffnungsgrade geht es somit einerseits um die verschiedenen Dimensionen nach F. Peschel (2012), die m.E. aber nicht unabhängig voneinander verstanden werden dürfen und sich wechselseitig bedingen. Andererseits sind in jeder Dimension verschiedene Öffnungen bzw. Öffnungsgrade (bei F. Peschel null bis fünf) vorhanden, die in einem fachdidaktischen Diskurs differenziert betrachtet werden müssen. So werden z.B. Merkmale von Aufgaben bei Falko Peschel unter inhaltlicher und methodischer Öffnung verstanden, die entsprechend der fünfstufigen Öffnungsskala mehr oder weniger geöffnet sein können. Andererseits haben Aufgaben durch den inhaltlichen Charakter und die dafür notwendigen methodischen Näherungen auch fachliche Aspekte, Materialauswahl oder Zugänglichkeitsaspekte (zum Material oder Gegenstand), die bislang – aufgrund der eher allgemein ausgerichteten grundschulpädagogischen Sichtweise – bei Falko Peschel weniger im Fokus liegen. Weiterhin sind durch spezifische fachdidaktische Methoden (vgl. von Reeken 2012; Priemer 2012) und ggf. auch durch Gefährdungsaspekte die Zugänglichkeiten des Lerngegenstands mehr oder weniger stark eingeschränkt und müssen bei einer Betrachtung der Öffnungsmöglichkeiten berücksichtigt werden; denn beim Experimentieren geht es z.B. um die Gefährdung durch bestimmte Handlungsweisen beim Experimentieren, andererseits sind bestimmte Themen mehr oder weniger gefährlich und damit generell weniger öffnungsfähig bzw. selbstregulativ. Hier gibt es ungefährliche und gefährliche Aspekte sowie Zugänglichkeitsunterscheidungen, die bei einer Frage nach Instruktion vs. Konstruktion bzw. Anleitung vs. Freiheit beachtet werden müssen.

Die verschiedenen Dimensionen müssen somit unter fachdidaktischen Aspekten besonders aus einer sachunterrichtsdidaktischen Perspektive angepasst bzw. überprüft werden. Dies beinhaltet auch die grundlegende Diskussion bzgl. z.B. der zur Verfügung stehenden Experimentiermaterialien oder der Experimentiermöglichkeiten aufgrund von Raummöglichkeiten oder Fachkompetenz.

3.1 Material

Das Materialangebot im Allgemeinen bzw. die Zugänglichkeit zum Material oder dem Lerngegenstand an sich bestimmt eine grundlegende Öffnung – bei F. Peschel als organisatorische Öffnung verstanden. Bei einer fachspezifischen Analyse wird jedoch schnell klar, dass diese Öffnungsdimension deutlich in weitere Dimensionen einwirkt, denn ein Kind, das z.B. Meeresströmungen oder Windströmungen untersuchen möchte, kann dies in einem Klassenraum nur beschränkt experimentell erforschen. Sollte die Beschäftigung über einen qualitativen Aspekt hinausreichen und über den Bau und die grundlegenden Funktionen von Windrädern/Windmühlen z.B. den Wirkungsgrad erfassen wollen, sind spezielle experimentelle Anordnungen und Messgeräte notwendig, die in einem Klassenraum selten vorhanden sind (u.a. Windmesser, Leistung des Windrades usw.). Mögli-

cherweise sind die Kinder bei der Bearbeitung auf Medien und deren Aufarbeitung angewiesen, d.h. sie vollziehen professionelle Experimente oder technische Umsetzungen nach, ohne vorab eigene Erkenntnisse zu generieren.
Bei der Frage nach der Realisierung von Öffnung muss somit unter fachdidaktischen Aspekten auch die Materialauswahl, -darbietung und die weitere Unterstützung mit z.B. Messinstrumenten beachtet werden, die ein selbstregulatives Entdecken (Freies Forschen) mehr oder weniger unterstützen.
Im GOFEX ist dies so gelöst, dass weitgehend mit Alltagsmaterialien experimentiert wird und diese so ausgewählt sind, dass sie für Kinder und Erwachsene ungefährlich und bekannt sind. Weitere Materialien, die nicht im Alltag vorkommen oder im Alltag nur von Erwachsenen genutzt werden, sind speziell untergebracht und erfordern eine Schulung bzw. Aufsicht (z.B. Stromversorgungsgeräte).

3.2 Sammlung

Der Betrieb bzw. die Benutzung einer Experimentiersammlung hängt eng mit der Materialauswahl zusammen. Die Darbietung des Materials für ein freies Experimentieren beinhaltet damit beide Aspekte: Material und Organisation. Sofern die Materialien frei, d.h. weitgehend unbeeinflusst benutzt werden dürfen, erfordern sie ein hohes Maß an Sicherheit. Dies ist bei Alltagsgegenständen weitgehend gegeben und viele Experimente lassen sich (meist qualitativ) mit Alltagsgegenständen recht gut für einen ersten Erkenntnisschritt umsetzen. Bei z.B. chemischen Experimenten wird allerdings schnell deutlich, dass ein zu freier (ggf. sorgloser!) Zugang das o.g. Gefährdungspotential steigert und damit die Freiheit im Experimentieren schnell eingeschränkt werden muss. Die Auswahl der Materialien beeinflusst somit die Organisation der Materialien im Sinne der Zugänglichkeit, und die Zugänglichkeit schränkt die freie Experimentiermöglichkeit der Schüler und Schülerinnen ein.
Es ist daher sinnvoll, dass einerseits eine Sammlung vorhanden ist, die den Schülern und Schülerinnen größtmögliche Freiheit in der Auswahl und Zugänglichkeit ermöglicht und andererseits eine weitere Sammlung vorhanden ist, die aufgrund des besonderen Materials weiterreichende experimentelle Erkenntnisse ermöglicht. Diese Erweiterung muss ggf. gesondert unterstützt werden und entspricht damit nicht mehr den o.g. Prinzipien der Offenheit bzw. Zugänglichkeit.
Im GOFEX wird dies realisiert, indem das GOFEX-Haus mit Alltagsmaterialien bestückt ist, die den Kindern (und natürlich den Lehrkräften) frei zugänglich sind. Die Sammlung ist wie ein Haus organisiert, in dem die Materialien an dem Platz (in der Kiste) zu finden sind, in dem sie auch zu Hause zu finden wären. Alle Materialien sind eindeutig mit einem Etikett versehen, das eine Farbe und eine Kistennummer trägt, so dass das Wegsortieren/Aufräumen sich auf Farbe und Kistennummer beschränkt. Dieses System hat sich deutlich bewährt und ist auch für Kindergartenkinder (durch Piktogramme) verständlich. Es existieren ferner

spezifische Erweiterungen, z.B. ein „Elektrik-Schrank" oder ein „Messgeräte-Schrank", die nach Absprache und Einführung in die Gefährdungen bzw. Bedienungen (und ggf. unter Aufsicht) genutzt werden können. So ist die Frage nach Zugänglichkeit und Gefährdung im Sinne eines Offenen Experimentierens gelöst.

3.3 Aufgabenentwicklung: Methode und Inhalt in Bezug auf das Experimentieren

Beim Experimentieren bestimmt die Methode die Bearbeitung der Inhalte. Insofern kommt der sorgsamen Generierung eines Experimentierverständnisses und der Einschätzung des Vorgehens bei der Erkenntnisgewinnung besondere Bedeutung zu. Der Begriff Experiment beinhaltet ein Verständnis, das an sich ergebnisoffen im Sinne eines forschenden Lernens ist und i.d.R. keine einfachen Antworten bereithält (vgl. Peschel 2012). Hier sei verwiesen auf die Diskussion zwischen Experiment vs. Versuch und der weiteren Ausdifferenzierung zu Laborieren, Explorieren und Laborexperiment bzw. Lehrerversuch/Schülerversuch (vgl. Grygier & Hartinger 2009b). Auch Heran-Dörr (2012) differenziert im Bereich der Naturwissenschaften zwischen Versuch und Experiment und den damit verbundenen methodischen Vorgehen, was in Bezug auf die Kompetenzfortschritte der Lernenden u.a. durch Untersuchungen von Stern (2002), Lück (2002), Köster (2006) u.a. differenziert diskutiert wird.
Köster hat gezeigt, dass bei einem explorierendem Vorgehen von Kindern ähnliche Überlegungen und Vorgehensweisen genutzt werden wie bei klassischen Experimenten von Forschern. Dies deutet darauf hin, dass das Experiment aus Kindersicht in etwa ähnliche Vorgehensweisen beinhaltet wie das Experiment aus Erwachsenensicht. Also: Ist der von Erwachsenen definierte „Versuch" für die Kinder nicht ein spannendes „Experiment" für sie (vgl. z.B. Tesch & Duit 2002)? In dem Moment, in dem von einem klassischen „Versuche durchführen" (Grygier & Hartinger) der Fokus zu einem Offenen Experimentieren verlagert wird, ändert sich nicht nur die Sichtweise auf die Methode des Experimentierens, sondern auch die Ergebnisse werden (zumindest teilweise) geöffnet im Sinne einer Öffnung der Inhalte. Inwiefern eine inhaltliche Öffnung stattfindet, resultiert aus der Korrespondenz zwischen Methode und Aufgaben bzw. Aufgabenstellung, da hierbei definiert wird, wie deutlich der Inhalt variiert bzw. von den Experimentierenden abgewandelt werden kann/darf. Eine (deutliche) Öffnung der Methode des Experimentierens geht also einher mit einer Öffnung der Inhalte und erfordert eine breitere Fachlichkeit als sie bei klassischen Aufgaben erforderlich ist. Mit der Stärke der Öffnung geht also eine höhere fachliche Qualifikationsnotwendigkeit einher, denn mit den mehrfachen Ergebnismöglichkeiten steigt die erforderliche Fachlichkeit, um die Ergebnisse und die Experimentierwege der Kinder zu begleiten (vgl. auch bzgl. ähnlicher Anforderungen in der Mathematik Becker & Shimada 1997).

4 Fazit

Obwohl in den letzten Jahren eine deutliche Fokusverlagerung bei der Vermittlung von naturwissenschaftlicher Kompetenz zu verzeichnen ist und die Frage der Generierung von Erkenntnissen – im Sinne eines Nature of Science – stärkere Berücksichtigung erfahren hat, steht die Umorientierung in den Schulen und Kindergärten noch am Anfang. Erste Forschungsprojekte zeigen, dass die Ansätze in der Weiterbildung und Ausbildung durchaus vielversprechend sind. Durch die Stärkung der MINT-Aktivitäten über verschiedene Aktivitäten steigt sowohl das Angebot von als auch die Nachfrage nach naturwissenschaftlichen Lernumgebungen. Es sind aber vielfältige Aspekte, die bei der Weiterentwicklung von NoS zu beachten sind und mit einer Verlagerung fachdidaktischer Experimentiervorstellungen hin zu der Entwicklung einer Experimentierkompetenz aufbauend auf den Erkenntniswegen der Kinder einhergehen. Das forschend-entdeckende Lernen erfordert ebenso kompetente Lehrkräfte, die den Kindern das Verfolgen eigener Ideen und Vorstellungen (im Sinne von nicht elaborierten Hypothesen) erlauben. Gleichzeitig muss das Lernumfeld angepasst werden, damit die Freiheit in der Erkenntnisgewinnung durch die Materialauswahl oder den Zugang zu Experimentiermaterialien nicht mehr als nötig eingeschränkt wird. Didaktische Lernwerkstätten wie das Grundschullabor für Offenes Experimentieren zeigen, dass mit einem entsprechenden Angebot die Freiheit deutlich gesteigert werden kann und durch die Auseinandersetzung sowohl Veränderungen im Selbstkonzept bei den angehenden Lehrkräften erreicht werden können als auch, dass die Schülerinnen und Schüler auf mannigfache Weise profitieren: Zunächst als Teilnehmende in einer didaktisch ausgerichteten Lernwerkstatt bzw. einem Schülerlabor (vgl. Haupt et al. 2013) und weiterhin durch in diesen Lernwerkstätten ausgebildeten Lehrkräften, die den Wegen der Kinder auch im Unterricht mehr Raum und Zeit einräumen und damit eine vertiefte naturwissenschaftliche Expertise ermöglichen.

Entscheidend aus fachdidaktischer Perspektive ist die Frage nach der Zugänglichkeit und der freien Auswahl des Materials und den damit verbundenen Experimentiermöglichkeiten. Dies betrifft grundlegende Überlegungen bzgl. der Raum- und Materialorganisation, die ein Freies Forschen unterstützt oder verhindert. Aber auch die Qualifikation der Lehrperson ist entscheidend, um das Experimentieren der Kinder in dieser Lernumgebung durch Abwägung der fachlichen, fachdidaktischen und pädagogischen Bezüge und der Kompetenzentwicklung der Kinder sinnvoll zu unterstützen. Diese grundlegenden Fragen nach einer entsprechenden Lernumgebung stehen vor einer weitergehenden Betrachtung der Entwicklung und Darbietung von Aufgaben bzw. Aufgabenformaten, die ebenfalls mehr oder weniger geschlossen/offen sein können. Ohne eine unterstützende Sammlungs- und Materialorganisation auf organisatorischer Ebene sind weitere Öffnungen auf inhaltlicher oder methodischer Ebene ineffektiv, da hier die basale

Öffnung durch die Organisationsform schon deutlich einschränkend wirkt. Es gibt beim Experimentieren vielfältige Beschränkungen aufgrund des Themas, der Zugänglichkeit, des Gefährdungspotentials u.v.a.m. Daher müssen die Möglichkeiten beim Experimentieren in einer entsprechenden Lernumgebung soweit wie möglich geöffnet werden, um eine eigenständige Kompetenz der Kinder beim Experimentieren im Sinne des NoS aufzubauen.

5 Literatur

Adamina, Marco (2010): Mit Lernaufgaben grundlegende Kompetenzen fördern. In: Labudde P. (Hrsg.): Fachdidaktik Naturwissenschaft 1.–9. Schuljahr. UTB 3248. Bern, Haupt, 117–132.

Becker, Jerry P. &. Shimada, Shigeru (1997): The Open-Ended Approach: A New Proposal for Teaching Mathematics. – National Council of Teachers of Mathematics, Reston, Virginia, USA.

Fischer, Hans E. & Draxler, D. (2007): Konstruktion und Bewertung von Physikaufgaben. In: Kircher; Girwidz & P. Häußler (Hrsg.): Physikdidaktik. Heidelberg, Springer, 639-655.

Fischer, Hans-Joachim; Antal, Sandor; Barabási, Tünde et. al (2010): Natur und Technik in frühen Bildungsprozessen. NATUR-BILD. Die Naturphänomene Luft und Wasser. Handbuch Teil 1: Pädagogische Förderung. Baltmannsweiler: Schneider Verlag Hohengehren.

Grygier, Patricia & Hartinger, Andreas (2009a): Gute Aufgaben Sachunterricht. Cornelsen Scriptor.

Grygier, Patricia & Hartinger, Andreas (2009b): Grundschulkinder als Forscher. Auf dem Weg zum naturwissenschaftlichen Experiment. Teil 2: Versuche durchführen. Grundschulmagazin, 77, H5, 51-54.

Haupt, Olaf; Domjahn, Jürgen; Martin, Ulrike; Skiebe-Corrette, Petra; Vorst, Silke; Zehren, Walter & Hempelmann, Rolf (2013): Schülerlabor – Begriffsschärfung und Kategorisierung. MNU 66/6, 324–330.

Hofstein, Avi & Lunetta, Vincent N. (2004): The Laboratory in Science Education: Foundations for the Twenty-First Century. Science Education, 88, 28-54.

Hüpf, M. (2007): Problemorientierte Schülerexperimente. In: Niedderer; Fischler & Sumfleth (Hrsg.): Studien zum Physik- und Chemielernen. Bd. 68. Berlin: Logos Verlag.

Köster, Hilde (2006): Freies Explorieren und Experimentieren - eine Untersuchung zur selbstbestimmten Gewinnung von Erfahrungen mit physikalischen Phänomenen im Sachunterricht. Logos: Berlin.

Lück, Gisela (2000): Naturwissenschaften im frühen Kindesalter. Untersuchungen zur Primärbegegnung von Vorschulkindern mit Phänomenen der unbelebten Natur. In: Naturwissenschaften und Technik – Didaktik im Gespräch. Bd. 33. Münster: LIT.

Lunetta, Vincent N. (1998): The School Science Laboratory: Historical Perspectives and Contexts for Contemporary Teaching. In: Fraser & Tobin (Hrsg.): International Handbook of Science Education. Dordrecht (NL): Kluwer Academic Publishers, 249-262.

Möller, Kornelia (1999): Verstehendes Lernen im Sachunterricht - Wie kommt es, dass ein Flugzeug fliegt?. In: Brechel, R. (Hrsg.): Zur Didaktik der Physik und Chemie. Probleme und Perspektiven. Alsbach/ Bergstraße: Leuchtturm, 164-166.

Möller, Kornelia (2002): Technisches Lernen in der Grundschule - Wege zum konstruktiven Denken im Sachunterricht. Grundschule, 34(2), 51-54.

Peschel, Falko (2010): Offener Unterricht. Band 1: Idee, Realität, Perspektive und ein praxiserprobtes Konzept zur Diskussion. Teil I: Allgemeindidaktische Überlegungen. Baltmannsweiler: Schneider Verlag Hohengehren.

Peschel, Markus (2015 i.V.): Offenes Experimenentieren aus Sicht der Experimentierenden. In: Fischer, Giest & Michalik: Bildung im und durch Sachunterricht. Bad Heilbrunn: Klinkhardt.

Peschel, Markus (2012): Gute Aufgaben im Sachunterricht. Offene Werkstätten = Gute Aufgaben? In: Kosinar & Carle: Aufgabenqualität in Kindergarten und Grundschule. Grundlagen und Praxisbeispiele. Baltmannsweiler: Schneider Verlag Hohengehren, 161-172.

Peschel, Markus & Hermann, Christopf (2010): Materialnutzung im Sachunterricht – Einflüsse des Materials auf die physikalischen Anteile des Sachunterrichts. In: Höttecke, D. (Hrsg.): Chemie- und Physikdidaktik für die Lehramtsausbildung. Berlin: LIT.

Peschel, Markus (2009): „Der Begriff der Offenheit beim Offenen Experimentieren". In: Höttecke, Dietmar (Hrsg.): Chemie- und Physikdidaktik für die Lehramtsausbildung. Berlin: LIT, 268-270.

Priemer, Burkhard (2011): Was ist das Offene am offenen Experimentieren? Zeitschrift für Didaktik der Naturwissenschaften, 17, 315-337.

Ramseger, Jörg (2009): Experimente, Experimente. Die Grundschulzeitschrift 225/226, 14-20.

Soostmeyer, Michael (2002): Genetischer Sachunterricht. Schneider-Verlag: Hohengehren.

Tesch, Maike & Duit, Reinders (2002): Zur Rolle des Experiments im Physikunterricht. CD der Jahrestagung des Fachverbandes Didaktik der Physik der Deutschen Physikalischen Gesellschaft in Leipzig. Münster: Universität Münster, Institut für Didaktik der Physik.

Wagenschein, Martin (1965/1999): Zum Problem des Genetischen Lehrens. In: Wagenschein (Hrsg.): Verstehen lehren. Weinheim: Beltz, 55-103.

Wagenschein, Martin (1968): Verstehen Lehren. Genetisch-sokratisch-exemplarisch. Weinheim, Basel: Beltz.

Wittmann, Erich (1996): Offener Mathematikunterricht in der Grundschule – vom FACH aus. Grundschulunterricht 43, 3-7.

Elke Hildebrandt, Martina Nieswandt, Ralf Schneider, Monika Radtke und Johannes Wildt

Werkstätten als Raum für „Forschendes Lernen" in der Hochschulbildung

1 „Forschendes Lernen" als Hochform der Hochschulbildung

Forschendes Lernen hat als hochschuldidaktisches Konzept eine bemerkenswerte Karriere durchlaufen. Als „Hochform aktiven und kooperativen Lernens" (Wildt 2011) setzt es auf die Beteiligung der Studierenden an den Kernprozessen wissenschaftlicher Tätigkeit an Hochschulen und damit auf die zentrale akademische Kompetenz wissenschaftlicher Lehre wie wissenschaftlichen Studiums. Den Studierenden wird in Akzentuierung entdeckenden Lernens und fachlicher wie transversaler Bildungsziele dabei eine selbsttätige und selbstverantwortliche Rolle im Wechselspiel zwischen „freiem und instruiertem Tätigsein" zugeschrieben.

In diesem Sinne knüpft Forschendes Lernen an die humanistische Bildungsphilosophie humboldtscher Prägung an. Danach unterscheidet sich Hochschule von Schule dadurch, dass sie es immer mit „unaufgelösten" Problemen zu tun habe, sich also in einer Dynamik einer Wissenschaft „als Prozess" befindet, auf den sich „beide" – Lehrende wie Lernende – beziehen und nicht wie Schule, die es mit wissenschaftlich geprüften Wissensbeständen zu tun hat (Humboldt 1809, zit. nach ges. Schriften 1934). Vor diesem bildungsphilosophischen Hintergrund kann die Denkschrift der hochschuldidaktischen Kommission der BAK (Bundesassistentenkonferenz) „Forschendes Lernen – Wissenschaftliches Prüfen" (BAK 1970) als Gründungsdokument der Hochschuldidaktik um die Wende zu den 1970er Jahren angesehen werden (Wildt 2012).

Zwar fand das Konzept des „forschenden Lernens" beachtliche Resonanz in der damals auflebenden Studienreform und in Verbindung mit einem kritischen Praxisbezug in Form des „Projektstudiums" bzw. in einigen Fachrichtungen wie Medizin oder Ingenieurwissenschaften national und mehr noch international als „problem based learning" auch Verbreitung in der Praxis der Hochschulbildung (zusammenfassend Wildt 1983). Am Rande des Mainstreams der Reform von Forschung und Lehre von den 1980ern bis tief in die 1990er Jahre führte es jedoch

ein Schattendasein (Wildt 1995) oder wurde gar als Gefahr für Wissenschaftlichkeit der Hochschulen gesehen, weil es den Qualitätsanspruch der Forschung auf das Niveau der Studierenden senke und dadurch unterminiere (Mittelstrass 1996, kein Geringerer als der Vorsitzende der wissenschaftlichen Kommission des Wissenschaftsrats; dagegen aus Sicht der Hochschuldidaktik Huber 1998).
Erst in jüngerer Zeit lässt sich eine Zunahme in der Akzeptanz beobachten. So können die „Empfehlungen zur Einführung neuer Studienstrukturen" (Wissenschaftsrat 2000) und „zur künftigen Struktur der Lehrerausbildung" (Wissenschaftsrat 2001) als Kehrtwendung auf dem „Lange(n) Weg des Wissenschaftsrats zur Hochschuldidaktik" (Wildt 2002) gesehen werden, bei der das „Forschende Lernen" langsam ‚Hoffähigkeit' erlangt und in den Fokus von akademischer Qualität von Lehre gerät. Eine Pionierfunktion hatte dabei die Lehrerbildung, in der zwei der Autoren dieses Beitrags zusammen mit Edith Glumpler (Schneider & Wildt 2001) ab 1998 in einem Modellvorhaben an der (heutigen) Technischen Universität Dortmund die didaktische Konzeption des „Forschenden Lernens" in der Praxis der Lehrerbildung ausarbeiteten (Glumpler & Wildt 2000). Die Entwicklungen in Dortmund werden in Roters et al. (2009) resümiert und mittels einer Serie von Fallstudien auch die Verbreitung in der Lehrerbildung in Deutschland und Österreich thematisiert.
Diese Renaissance des Forschenden Lernens begrenzt sich allerdings keineswegs auf die Lehrerbildung. Die Körber-Stiftung hat mit der Förderung einer repräsentativen Auswahl von Projekten zum Forschenden Lernen in diversen Fächern der Hochschulbildung den Nachweis der fachkulturellen Transferierbarkeit des Konzepts geführt (Huber, Hellmer & Schneider 2009). Wenn man auf der Website des Bundesministeriums für Bildung und Forschung in Deutschland (bmbf) die Programme der Hochschulen zur Steigerung der Qualität der Lehre einsieht, so findet man in mehr als einem Drittel der Einzelvorhaben die Implementation des Forschenden Lernens. Wie sehr sich einzelne Hochschulen in der Umsetzung dieser Agenda engagieren, zeigt z.B. ein Sammelband über die Ansätze und Erfahrungen der Universität Bremen (Huber, Kröger & Schelhowe 2013).

2 Die Werkstatt-Metapher und der Bedarf an Infrastrukturen für Forschendes Lernen

Im Zuge der Implementation des Forschenden Lernens findet mittlerweile eine Verschiebung in der Studienreformdiskussion statt: von einer konzeptionellen Ausarbeitung über die Durchführung von Experimentalprogrammen und ihre Evaluation bis hin zu einer Integration in die Praxis der Hochschulbildung. In der hochschuldidaktischen Reflexion um die Ausgestaltung des Forschenden Lernens geht es also nicht mehr (nur) um angemessene Entwicklungen in unterschiedlichen Fachkulturen (Schneider & Wildt 2009; Huber, Hellmer & Schneider 2009; Wildt 2011), sondern um die Schaffung geeigneter Infrastrukturen in der Hochschulbildung.

Dass die Frage nach den organisationalen Voraussetzungen für die Umsetzung des Forschenden Lernens in der Hochschule nicht trivial ist, zeigen die Dortmunder Erfahrungen in dem erwähnten Modellvorhaben zum Berufspraktischen Halbjahr und dem darauf aufbauenden Theorie-Praxis-Modul in der Lehrerbildungsreform des Jahres 2003. Das „Forschende Lernen" wurde hier in Kombination mit den neustrukturierten Schulpraktischen Studien (im Umfang von 12 ECTS) zum Pflichtprogramm für Lehramtsstudierende (ca. 1000 pro Jahr). Für diese umfängliche Umsetzung war es erforderlich, nicht nur didaktische Handlungsmuster, Standards und curriculare Strukturen zu definieren, sondern auch geeignete Infrastrukturen bereitzustellen (Roters et al. 2009). Die Erfahrungen, die dabei in der Praxis gewonnen wurden, machen allerdings deutlich, dass der übliche organisatorische Rahmen für Lehre, also die zeitlichen, räumlichen und sächlichen Bedingungskonstellationen sowie die personellen Betreuungs- bzw. Beratungsgelegenheiten nicht ausreichen. Kurz: Forschendes Lernen verfügt in der Regel nicht über angemessene Arbeitsumgebungen.

An dieser Stelle greift die Idee der Einrichtung von Werkstätten für „Forschendes Lernen". Die Metaphorik fußt auf handwerklicher Tradition, indem sie einen Raum bezeichnet, in dem Werkzeuge, Materialien und Ausstattungsgegenstände vorhanden sind, die zu der Produktion eines Werkstücks erforderlich sind, und der Arbeitsplätze für Werkstattmitglieder unterschiedlicher Qualifikation und Rolle (Meister, Geselle und Lehrlinge) vorhält, die dort meist arbeitsteilig und kooperativ zusammenwirken. Diese Metapher lässt sich auf Arbeitsumgebungen für Forschendes Lernen übertragen. Auch hier arbeiten Studierende mit Lehrenden, ggf. auch Tutoren, arbeitsteilig in dafür geeigneten Räumen zusammen und benötigen dafür Ressourcen und Arbeitsausstattungen.

Der Rückgriff auf die Werkstatt-Metapher hat in der Hochschuldidaktik Tradition. Zu den ersten Veröffentlichungen in der Reihe Blickpunkt Hochschuldidaktik, die seit Beginn der 1970er Jahre von der Arbeitsgemeinschaft für Hochschuldidaktik (AHD) herausgegeben wird, wird mit dem „Konstanzer Werkstattseminar" (Flechsig & Ritter 1970) eine Lernumgebung zu Forschendem Lernen vorgestellt, die kooperative Arbeitsumgebungen bei der Entwicklung von Lehrkonzepten (hier in den Wirtschaftswissenschaften) bereitstellt. In der englischsprachigen Variante als „Workshop" bezeichnet, firmiert unter diesem Namen die am weitesten verbreitete Organisationsform hochschuldidaktischer Veranstaltungen. Auch in Schule und Lehrerbildung gibt es zahlreiche Anschlussstellen. Mit ihren „Lehrkunstwerkstätten" haben Berg und Schulze (1995) illustratives Anschauungsmaterial gegeben, wie kreativitätsförderlich die pädagogische bzw. didaktische Werkstattarbeit sein kann. Schubert (2003) hat in ihren Fallstudien zu den Anfang des vergangenen Jahrzehnts in Deutschland bekannten Lernwerkstätten an Hochschulen gezeigt, wie „Hochschullernwerkstätten im Spannungsfeld von Wissenschaft, Praxis und Person […] zur Professionalisierung der Lehrerbildung" (so der Titel ihrer Dissertation) beitragen können.

Im Folgenden sollen zwei Forschungswerkstätten für Forschendes Lernen dargestellt werden, die von dem Autorenteam dieses Beitrags (mit)verantwortet werden. Zunächst wird über die Kasseler Grundschulwerkstatt berichtet, die zu den Pioniereinrichtungen dieses Typus von Arbeitsumgebungen an Hochschulen in Deutschland zählt und sich mittlerweile auch die Konzeption „Forschenden Lernens" zu Eigen gemacht hat. Ralf Schneider, der Herbert Hagstedt in der Leitung dieser traditionsreichen Werkstatt abgelöst hat, bildet zugleich das Bindeglied zur Dortmunder MINT-Werkstatt, die unter seiner maßgeblichen Mitarbeit zusammen mit Monika Radtke und Johannes Wildt aufgebaut wurde. Beide Werkstätten sind so angelegt, dass sie für Projekte Forschenden Lernens Unterstützung bieten. Das Dortmunder Werkstattkonzept geht dabei über die Lehrerbildung hinaus, da es auch Raum für Vorhaben aus den Geistes- und Sozialwissenschaften und den Ingenieurwissenschaften bietet. Erfahrungen mit beiden Forschungswerkstätten werden im Folgenden beispielhaft dargestellt und die Konsequenzen für die Institutionalisierung von Werkstätten als Infrastruktur für Forschendes Lernen in der Hochschulbildung gezogen.

2.1 Grundschulwerkstatt/Pädagogisches Labor der Universität Kassel als innovativer hochschulischer Lernort für Forschendes Lernen

Abb. 1: Blick in eine Ecke der Grundschulwerkstatt der Universität Kassel

Im Gegensatz zu der noch relativ jungen MINT-Forschungswerkstatt blickt die hochschulische Lernwerkstatt an der Universität Kassel auf eine mehr als dreißigjährige Entwicklungsgeschichte zurück. In diesem Zeitraum hat sie sich in der

Lehrerbildung als ein besonderer Lehr-/Lernraum etabliert, der über die Grenzen der akademischen Lehre hinaus Möglichkeiten eröffnet, Wissen und Können zugleich auszubilden. Im universitären Alltag wurde die Werkstatt von unterschiedlichen AdressatInnen[1] als alternativer und experimentieroffener Lernraum mit z. T. unterschiedlichen Zielsetzungen genutzt (im Überblick Hagstedt 2004). Vordergründig besteht die Werkstatt aus einer umfangreichen Sammlung vielfältiger und thematisch geordneter Materialien aus den Lernbereichen der Grundschule. Der Raum selbst und die arrangierten Materialien besitzen einen hohen Aufforderungscharakter und laden zu Entdeckungen und Eigenaktivitäten ein. Die Lernwerkstatt bietet somit einen anwendungsbezogenen „praktischen" Teil der wissenschaftlichen Lehrerausbildung, der für Studierende lernbiografisch bedeutsam werden kann: Durch eine (reflektierte) Auseinandersetzung mit den didaktischen Materialien kann sich eine Haltung für den künftigen Lehrberuf herausbilden, die darauf ausgerichtet ist, Lernprozesse zu ermöglichen und dabei experimentelle Freiräume (u.a. in den Dimensionen Zeit, Raum, Material, Methode, Thema) zuzulassen. Allerdings erschließen sich nur wenigen Studierenden diese Potenziale von selbst. Es bedarf vielmehr einer Anregung hierzu in Lehrveranstaltungen und anderen begleitenden Kontexten – wie eingangs beschrieben. Mit Blick auf die interessenheterogene Gruppe der Studierenden sind unterschiedliche Lehrangebote in der Werkstatt vonnöten und uns interessiert dabei insbesondere die Frage, welche Formate Forschenden Lernens dabei umgesetzt werden können.

Dabei ergeben sich für die Werkstattangebote im Rahmen des Studiums drei Bezugsgrößen innerhalb des wissenschaftsorientierten Lehrens und Lernens: zum einen das zur Verfügung stehende Material, des Weiteren der künftige Lernadressat Kind und der/die Student/in als Initiator/in von Lehr-Lernprozessen (siehe Abb. 2).

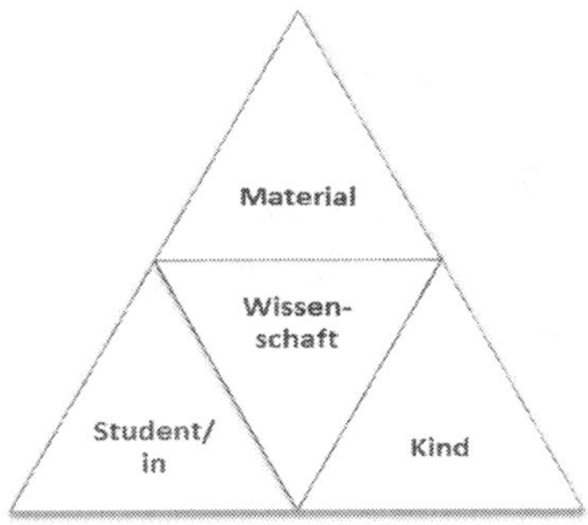

Abb. 2: Bezugsrahmen für Lernen in der Lernwerkstatt – drei separate Bezugspunkte der Reflexion

1 Zu den Adressaten zählen Kinder in Schulklassen mit LehrerInnen, LehrerInnenkollegien, ReferendarInnen, ErzieherInnen und- anwärterInnen, SchulleiterInnen, einzelne StudentInnen bzw. in Projektgruppen oder Seminarform StudentInnen mit Kindern.

Erst in der komplexen Verknüpfung dieser drei Komponenten entsteht ein didaktisch und lerntheoretisch begründeter Vermittlungszusammenhang, der seinen Ausdruck u.a. in der Herstellung einer aktivierenden Lernumgebung, basierend auf einem mehrdimensionalen Reflexionsprozess, findet (siehe Abb. 3).

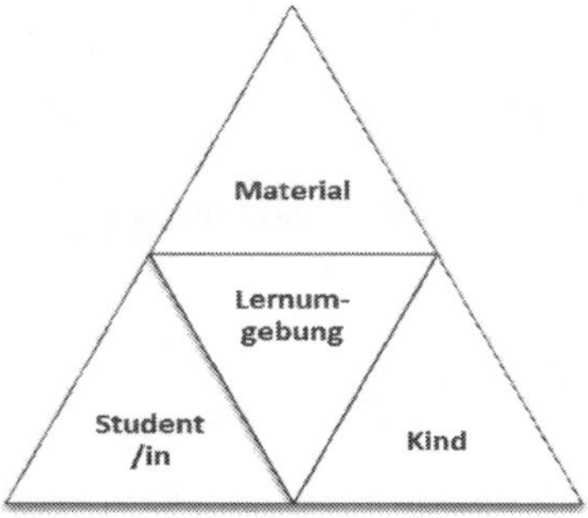

Abb. 3: Dreidimensionaler Reflexionszyklus

In diesem Reflexionszyklus bildet, entsprechend der zentralen Idee einer Lernwerkstatt, zunächst das unterschiedliche Material den Ausgangspunkt dafür, dass sich die Studierenden damit auseinandersetzen. Dabei „durchdringen“ die Studierenden die Materialeigenschaften graduell sehr unterschiedlich. Anschließend wird diese „Durchdringung“ in eine mehr oder weniger ausdifferenzierte, antizipative Haltung gegenüber den Lerndimensionen überführt, welche der gewählte Gegenstand (nicht immer offensichtlich) impliziert. Hier stoßen Studierende oft auf die Schwierigkeit, dass die Lernwerkstatt entgegen ihren Erwartungen nicht der originäre Ort für eine institutionell ausgerichtete Unterrichtslehre ist, die im Sinne von „Unterrichtstechnologie“ rezeptartige Handlungs-, Denk- und Verhaltensmuster hervorzubringen versucht. Vielmehr geht es an diesem Lernort darum, ein am Individuum orientiertes bedeutsames Lernen zu ermöglichen. Insofern sind Studierende in der Lernwerkstatt in erster Linie selbst Lernende. Sie sind Lernende im Hinblick auf eine Erweiterung ihrer Kenntnisse über

1. die Materialeigenschaften und -dimensionen,
2. die Lernpotenziale von Kindern,
3. ihre eigenen Analyse- und Antizipationsfähigkeiten,
4. die möglichen Vermittlungspotenziale in Abhängigkeit von ihren persönlichen Dispositionen, den Materialeigenschaften und den Adressaten des Lernens.

Bei den Studierenden als Lernende handelt es sich bei genauer Betrachtung um eine heterogene Gruppe mit unterschiedlichen Einstellungen und Haltungen im Hinblick auf Werkstattarbeit. Entsprechend bedarf es auch unterschiedlicher Lehr-Lernformate, um an die diversen Voraussetzungen anknüpfen zu können. In der nachstehenden Tabelle (Abb. 4) sind die unterschiedlichen Einstellungen und die darauf abgestimmten Werkstattangebote in Beziehung zueinander gesetzt.

Einstellung/Haltung Studierender	**Lehr-/Lernformate**
Meiden der Werkstatt	Verpflichtende Erstbegegnung
Abweichende Vorstellung über Lehr-/Lernpraxis des Werkstattkonzepts, Vermeiden von Irritationen	Thematische Kurzworkshops
Wahrnehmung der Werkstattdidaktik als lernbiografisch bedeutsamen Auseinandersetzungsprozess	Regelstudienangebote aus unterschiedlichen Modulen
Nutzung der Werkstatt als didaktisches und theoretisches Experimentierfeld	Beratung und Begleitung empirischer Arbeiten

Abb. 4: Einstellungen Studierender und entsprechende Lehr-Lernangebote

In dem modularisierten Lehramtsstudium ist eine „verpflichtende" Erstbegegnung mit der Lernwerkstatt im ersten Semester verankert, in der sich Studierende gezielt einem Lehrmaterial zuwenden sollen. Einige Studierende kommen danach „freiwillig" in die Werkstatt und belegen Kurzworkshops und Seminare, z.B. zum Entdeckenden Lernen, die z.T. durch studentische TutorInnen gehalten werden. In diesen Kurzworkshops geht es vornehmlich um die Gestaltung einer Lernsituation, welche entdeckendes Potential enthält und auf den Adressaten Kind fokussiert. Haben Studierende die Werkstattarbeit erst einmal als bedeutsam für die eigene Lernbiografie und die künftige Lehrhaltung erkannt und angenommen, belegen sie mitunter weitere Regelstudienangebote zur Vertiefung. Manche nutzen die Werkstatt schließlich, um eigenen Forschungsfragen nachzugehen und finden neben einer Beratung in der „Offenen Tür" auch vielfältige Materialien, Werkmöglichkeiten und eine Präsenzbibliothek.

Über die unterschiedlichen Motivlagen der Studierenden hinaus stehen die Form und Tiefe möglicher Reflexionen in Abhängigkeit von der Veranstaltungsart, die sie belegen. In den Reflexionsprozessen über Material bzw. Lernumgebung geraten aber auch die Studierenden selbst in den Blick: ihre bisherigen Lernerfahrungen und ihre Haltung zum Lernen sowie die künftige Aufgabe, Lernprozesse für Kinder zu initiieren. Es handelt sich um didaktisch ausgerichtete Reflexionszyklen, die in Seminarkontexten erfolgen, in denen es generell darum geht, die Studierenden für eine spezifische Erkenntnishaltung (Aneignung von Wissen und Können) zu sensibilisieren; z.B. dafür, dass Kinder in einer Lernumgebung einen anderen Umgang mit dem Material haben können als dies aus Erwachsenenperspektive gedacht ist. Es sind also auf mehreren Ebenen Reflexionen erforderlich: Reflexionen darüber, welche Eigenschaften des Materials (noch nicht) erfasst wurden, welches Entdeckungspotential die Lernumgebung (noch nicht) ermöglicht hat und welche Lehrhaltung aus dem Arrangement (noch nicht) hervorgeht. Zudem kann es sein, dass den Studierenden dabei eine andere Rolle zugeschrieben wird, z.B. eine zurückhaltende Lehrhaltung, die den Kindern Raum gibt, selbst Fragen zu stellen und eigene Zusammenhänge zu entdecken. Diese spezifische Lehrhaltung weicht i.d.R. von der bisherigen Lehrhaltung der Studierenden ab und ruft Irritationen in Bezug auf deren eigene Lehrvorstellungen hervor. Diesen Abgleich sowie die damit verbundenen Irritationen gilt es, reflexiv „einzufangen“ und bewusst zu machen, damit zumindest die Option besteht, dass die Studierenden eine Idee davon erhalten, dass es alternative Denk- und Handlungsmuster zu ihren eigenen schulischen und auch hochschulischen Lernerfahrungen gibt und ihnen Gelegenheit für das Arrangieren und Erproben experimentieroffener Lernangebote gegeben wird. Im Rahmen von Forschungsarbeiten erfährt der Reflexionszyklus im Hinblick auf eine erziehungswissenschaftliche Fragestellung eine über den didaktischen Rahmen hinausgehende Erweiterung (Schneider & Schwarzkopf 2013) durch eine stärkere Orientierung am Forschungszyklus[2]. Er dient in den unterschiedlichen Veranstaltungsformaten und vor dem Hintergrund der Interessensheterogenität der TeilnehmerInnen als Handlungsrahmen, dabei geht es – auf unterschiedlichen Komplexitätsstufen und Anspruchsniveaus – um folgende forschungsaffine Arbeitsprozesse:

1. Thematische Recherchen zu Fragen der Entwicklung von Lehr-/Lernmitteln und Fragen der Qualitätsindikatoren,
2. Recherchen zu Fragen einer didaktisierten Kindheit bzw. anregungsarmen Kindheit und den Konsequenzen auf Lern- und Bildungsprozesse,
3. kritische Sichtung der Forschungsbefunde über die Qualität offener Lernsituationen,
4. Analysen von Frageverhalten Lehrender auf die Aktivitäten von Lernenden,
5. Beobachten, Analysieren und Dokumentieren von Lernprozessen in unterschiedlich offenen Lernumgebungen und in Abhängigkeit von den eingesetzten Materialien,
6. Auseinandersetzung mit empirischen Verfahren und Instrumenten der Kinderbefragung und Konstruktion von Befragungssettings,
7. Analysen von Reflexionsinstrumenten für Lernprozesse,
8. Kennenlernen und Nutzen fallanalytischer Verfahren z.B. zur Ermittlung der Güte von Lernsettings in unterschiedlichen Bildungskontexten,
9. Analysen von Schulprogrammen, Erstellen von Schulprofilen,
10. Anlage von empirischen Untersuchungen im Schulfeld.

---

2 Schneider & Wiemer (2011, 12) beschreiben den Forschungszyklus folgendermaßen: Eintauchen in die Praxis, Themenfindung und -aushandlung, Formulieren von Fragestellungen bzw. Hypothesen, Untersuchungskonzept, Entwurf eines Forschungsdesigns, Durchführung, Auswertung, Anwendung/Vermittlung.

Den Ausgangspunkt für diese Arbeitsprozesse im Sinne Forschenden Lernens bilden überwiegend Fragen nach der Materialität des kindlichen „Weltbezugs" und nach entsprechenden Lernprozessen, die entsprechend realisiert werden. Über diese Materialität der Lernmittel und der Ermittlung ihrer didaktischen Potenziale für Lernprozesse hinaus wird im Sinne Forschenden Lernens gerade die Untersuchung der Bedingungen und Möglichkeiten für Lernen – in Abhängigkeit von Materialität, Lernumgebung, Interaktionsverhalten etc. – von großer Bedeutung sein. Erst mit dieser – man könnte sagen – neuen „empirischen Wende" gelingt es deutlicher als zuvor, an den wissenschaftlichen Diskursen und den Methoden wissenschaftlicher Erkenntnisgewinnung teilzuhaben.
Es wird daher in der Weiterentwicklung der Lernwerkstatt zu einem Ort Forschenden Lernens darum gehen, den beteiligten Studierenden plausible Brücken zwischen Material- und Forschungsbezug zu „bauen" und die komplexen Bedingungen für Lernprozesse nicht nur didaktisch, sondern auch empirisch zu durchdringen und zu reflektieren.

2.2 Die Dortmunder dortMINT-Werkstatt

Abb. 5: Die dortMINT-Forschungswerkstatt, Foto: FLEx

2.2.1 Struktur und Zielsetzung der dortMINT[3]-Forschungswerkstatt

Die dortMINT-Forschungswerkstatt ist eine Einrichtung am Zentrum für HochschulBildung (zhb) der TU-Dortmund. Sie ist eingebunden in das von der Telekom-Stiftung geförderte Projekt dortMINT, das die Professionalisierung künftiger Lehrkräfte in den Bereichen Diagnose und individuelle Förderung (DiF) zum Ziel hat. Abbildung 6 veranschaulicht die Gesamtstruktur des Projekts und zeigt

3 Mit MINT sind die Fächer Mathematik, Informatik, Naturwissenschaften und Technik gemeint.

die MINT-Werkstatt als eine institutionelle Rahmung für die Teilprojekte I1-I3, die als fester Bestandteil in das MINT-Lehramtsstudium integriert wurden.

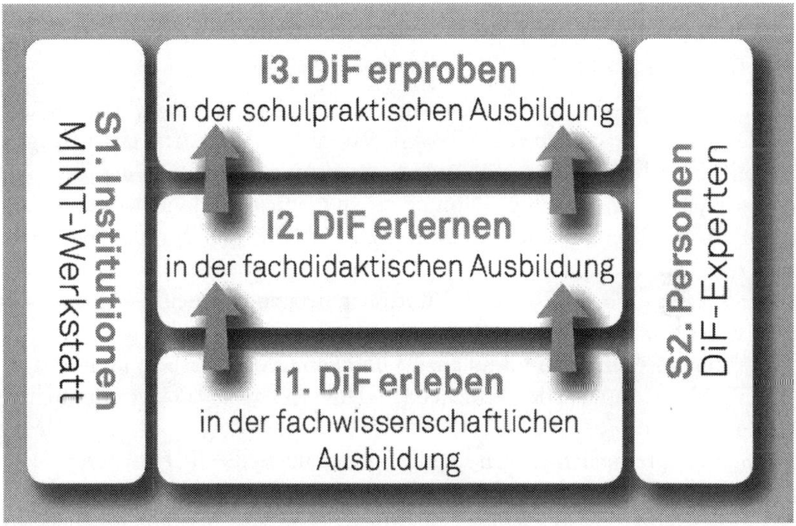

Abb. 6: dortMINT-Projektstruktur

Die MINT-Forschungswerkstatt teilt sich den Raum mit zwei weiteren Forschungswerkstätten: der FLEx-Forschungswerkstatt für Geistes-, Kultur- und SozialwissenschaftlerInnen sowie der FLEx-Forschungswerkstatt für Studierende der Ingenieurwissenschaften. Alle drei Werkstätten nutzen dieselben Raumressourcen (gemeinsames, flexibel anzuordnendes Mobiliar, vielseitige Moderationsmaterialien, eine kleine Fachbibliothek etc.) und teilen sich gemeinsame Öffnungszeiten für Studierende, jedoch liegt allen dreien eine ursprünglich getrennte und unterschiedliche Konzeptionierung zugrunde. Dabei lassen sich für die dortMINT-Werkstatt die folgenden Hauptziele festhalten, die zu großen Teilen in allen Werkstätten übereinstimmen:

- Die Werkstatt soll für Studierende einen geeigneten Rahmen bilden, um eigenen Projekten Forschenden Lernens nachzugehen, Forschungsroutinen zu sammeln und sich sicherer in diesem Feld zu bewegen.
- Die Leistungen Studierender sollen sichtbar gemacht und ihre Kompetenzentwicklung in den Mittelpunkt gestellt werden.
- So soll ein (verglichen mit anderen studienbegleitenden Angeboten) dynamischeres und flexibleres Lehr-Lernformat bereitgestellt werden.
- Dazu ist zudem die Bereitstellung projektbezogener sowie individueller Beratungs- und Unterstützungsleistungen notwendig.

- Darüber hinaus soll die Werkstatt sowohl als Vernetzungspunkt für den Austausch innerhalb des gesamten Projektes dienen als auch durch öffentliche Veranstaltungen eine Repräsentation nach außen ermöglichen sowie eine gezielte Nachwuchsgewinnung unterstützen.

2.2.2 Die Arbeit in der (dortMINT)-Forschungswerkstatt

Aufgrund der oben dargestellten Werkstattstruktur kann eine Beschreibung der aktuellen Arbeit in der dortMINT-Werkstatt nicht ohne einen gleichzeitigen Blick auf die Arbeit der anderen Werkstattbereiche gelingen. Die drei Projekte bieten gemeinsame regelmäßige Öffnungszeiten montags bis donnerstags von 11-16 Uhr an. Studierende haben zu diesen Zeiten die Möglichkeit, den Werkstattraum zum selbständigen Arbeiten (alleine oder in Gruppen) zu nutzen oder sich von den speziell dazu ausgebildeten TutorInnen beraten zu lassen.
Das leisten dabei die TutorInnen:

- Die TutorInnen sind selbst Studierende und können sich deshalb in die Frage- und Problemstellungen der Besuchenden der Forschungswerkstatt unmittelbar hineinversetzen.
- Sie sind AnsprechpartnerInnen für alle Studierenden, die die Forschungswerkstatt besuchen.
- Sie begegnen den Studierenden „auf Augenhöhe“, was ggf. Hemmschwellen abbauen kann.
- Durch ihre spezifische Ausbildung (TutorInnenschulung am zhb sowie eigene Teilnahme an Workshops z.B. zu Forschungsmethoden, Coaching und Schlüsselqualifikationen) und durch Anleitung der wissenschaftlichen MitarbeiterInnen führen sie qualifizierte Beratung durch.
- Während der Öffnungszeiten der Forschungswerkstatt und im Rahmen der Workshopangebote regen die TutorInnen explizit zur interdisziplinären Zusammenarbeit an.
- Sie motivieren Studierende, voneinander zu lernen.

Die bisherige Werkstattarbeit hat gezeigt, dass Studierende dieses Beratungsangebot mit den unterschiedlichsten Anliegen wahrnehmen. Beispiele dafür sind u.a. Probleme bei der Themenfindung oder Gliederung von Bachelor- und Masterarbeiten, die Auswahl und Verwendung geeigneter wissenschaftlicher Forschungsmethoden, Konflikte mit Dozierenden, Fragestellungen zum Umgang mit Programmen u.v.m. So hat sich die Werkstatt zu einer Anlaufstelle für Fragen und Probleme aller Art entwickelt und hilft dort entweder direkt weiter oder fungiert als eine Art Wegweiser an der Universität. Im Schnitt nehmen täglich ca. fünf Studierende eine solche Werkstattbetreuung wahr.
Neben der individuellen Beratung ist es aber ein zentrales Anliegen, Forschendes Lernen in der Werkstatt zu etablieren. Es hat sich gezeigt, dass Studierende

mit dieser Art der freiwilligen, im hohen Grade selbststrukturierten Projektarbeit im Rahmen ihres sonst recht stark durchstrukturierten und auch vollen Studienalltags nicht vertraut sind. Aus diesem Grunde gibt es verschiedene Ansätze, das Forschende Lernen verstärkt in die Forschungswerkstatt einzubinden. Der größte Erfolg zeigt sich dabei durch die Ausgestaltung verschiedener Veranstaltungsangebote, bei denen die Studierenden begleitet und in Gruppen zu Projekten Forschenden Lernens ebenso wie zur Reflexion ihrer eigenen Arbeitsschritte im Forschungszyklus angeregt werden. Genau zu diesem Zweck wurde u.a. die Seminarreihe „Working on DiF-ferences“ konzipiert, die hier kurz exemplarisch vorgestellt werden soll.

2.2.3 Working on DIF-ferences

Die TeilnehmerInnen lernen zunächst in einer Reihe von semesterbegleitenden Seminarterminen überblicksartig einzelne Methoden und Instrumente des Themenfeldes Diagnose und individuelle Förderung kennen, machen sich mit Methoden des wissenschaftlichen Arbeitens vertraut und planen in Kleingruppen eigene kleine Forschungsprojekte. Diese Projekte führen sie im Anschluss (in den Semesterferien) weitgehend eigenständig durch. Das folgende exemplarische Zitat stammt aus der Workshopreflexion einer Teilnehmerin:

> „Im Studium lernt man einerseits die theoretischen Aspekte seiner Unterrichtsfächer, andererseits fehlt aber das Lehren von Möglichkeiten der Diagnose und Förderung. [...] Die Diagnose und Förderung ist in der Schule äußerst wichtig und sollte einen dauerhaften Platz im Unterricht einnehmen. Durch die im Seminar kennengelernten Möglichkeiten der Diagnose und Förderung kann ich nun eine Auswahl treffen, um individuell auf den Schüler/die Schülerin oder die ganze Klasse eingehen zu können und diese gezielt zu fördern.“

Dass der Schritt von einem angeleiteten Workshop in die sehr selbständige Projektarbeit sowie die erforderliche Gruppenperformanz auf Schwierigkeiten und Widerstände stößt, zeigt das folgende Zitat:

> „Die genaue Planung des Projektes unserer Arbeitsgruppe fiel nicht leicht. Oft verwarfen wir Themen, änderten die Bezüge oder Planungen.“

Es muss der Seminarleitung daher gelingen, sich gleichzeitig aus dem Prozess herauszuziehen und dennoch weiterhin für die TeilnehmerInnen präsent zu bleiben und ihnen die nötige Unterstützung zu bieten. Mit den einzelnen Gruppen wird dazu z.B. zu verschiedenen Zeitpunkten dieser Phase – je nach individueller Bedarfslage – ein Supervisionstreffen durchgeführt.

Mit der Abgabe eines Berichtes zu den einzelnen Arbeitsphasen, einer schriftlichen Reflexion des Workshop-Verlaufs sowie des Gruppenarbeitsprozesses und zuletzt einer Präsentation der Gruppenergebnisse in einer öffentlichen Abschlussveranstaltung schließen die Studierenden den Workshop ab. Die folgenden Zitate sind beispielhaft aus den Reflexionen der TeilnehmerInnen zusammengestellt:

„Während des ganzen Workshops haben wir uns gut aufgehoben gefühlt, da die beiden Leiterinnen stets für Fragen offen waren und immer erreichbar waren. Ebenso konnten wir bei ihnen immer die verschiedenen Arbeitsphasen reflektieren und haben hilfreiche Anregungen erhalten. Außerdem hat uns sehr gut gefallen, dass der Workshop offen gestaltet war und eigene Wünsche und Vorstellungen berücksichtigt wurden. Gerade im praktischen Teil hatten wir einen großen Spielraum, unser selbstgewähltes Thema zu bearbeiten."

„Ich war zudem überrascht, dass wir auch ein Projekt im Bereich Deutsch durchführen konnten, obwohl dortMINT sich sonst nicht mit diesem Fachbereich beschäftigt. Für mich war diese Entscheidung sehr sinnvoll, da ich so auch ein Projekt zu Diagnose und individueller Förderung in meinem Kernfach Germanistik machen konnte. Gerade in diesem Fach gehen praktische Bezüge während des Studiums oft unter und so war ich dankbar für diese Gelegenheit."

„Diese praktische Diagnosearbeit war für mich eine sehr gewinnbringende Erfahrung, in der ich mein bisher erworbenes Wissen aus der Mathematikdidaktik anwenden und vertiefen konnte. Das Wissen, dass es sich hierbei um selbst gewonnene, echte Schülerdokumente handelte, die sonst kein „Professioneller" begutachtet, war ungeheuer motivierend, da ich das Gefühl hatte, meine Diagnose sei wichtig für den jeweiligen Schüler. Daher war ich hier viel mehr bestrebt, eine zutreffende, vollständige Diagnose abzuliefern und wirklich zu versuchen, die Gedankengänge der Schüler anhand ihrer Dokumente nachzuvollziehen als dies in einer reinen Übungssituation der Fall gewesen wäre."

In Abbildung 7 ist eine Übersicht des kombinierten Veranstaltungsangebotes aller drei Werkstätten aus dem Sommersemester 2013 dargestellt. Die mit einer Tafel gekennzeichneten Angebote sind schwerpunktmäßig auf die Bedarfe von MINT-Lehramtsstudierenden zugeschnitten. Hinzu kommen die Angebote der anderen beiden Werkstätten, wobei sämtliche Veranstaltungen stets auch für Studierende aller Fachrichtungen geöffnet sind. Insgesamt finden pro Semester rund 15-20 Veranstaltungen mit durchschnittlich etwa 15 Teilnehmenden statt. Neben dem bereits genannten Ziel, forschende Lernprozesse in Gang zu bringen, richtet sich der Hauptfokus bei diesen Angeboten auf die Vermittlung von Schlüsselkompetenzen. Es wird versucht, die Felder abzudecken, die ansonsten im Studium nur selten vermittelt werden und dennoch Gelingensbedingungen für ein erfolgreiches Studium als auch für den Start ins Berufsleben bilden. Bei der dortMINT-Werkstatt kommt noch die Absicht hinzu, die Diagnose- und Förderkompetenzen angehender Lehrpersonen auf eine praxisnahe, experimentelle Art zu erproben und zu intensivieren.

	Sommersemester 2013
	Working on DiF-ferences – semesterbegleitendes Seminar mit selbständiger Projektarbeit
	Videografie – Aufzeichnungen von Interviews und Unterricht
	Interviews gekonnt vorbereiten und durchführen
	Qualitative Inhaltsanalysen von Interviews und Videografien
	Körpersprache – Autorität durch flexiblen Statuswechsel
	Workshop-Reihe Mission Possible: Themenfindung, qualitative Interviews, qualitative Inhaltsanalyse, quantitative Fragebogenerhebung, Beobachtung
	Zeit- und Selbstmanagement im Studium
	Auf ein Word
	Posterpräsentationen üben
	Literaturrecherche und Verwaltung
	Präsentationstechnik
	Zeitmanagement und Selbstorganisation im Studium
	Lange Werkstattnacht
	Vortrag: Promovieren – soll ich oder soll ich nicht?

Abb. 7: Veranstaltungsangebot der gemeinsamen Forschungswerkstätten SoSe 2013

2.2.4 Ein Blick in die Zukunft – Eine Forschungswerkstatt für alle

Im Laufe der Arbeit in den Forschungswerkstätten hat es sich als sinnvoll erwiesen und wird für die Zukunft angestrebt, die drei getrennten Werkstätten in ein gemeinsames Werkstattangebot für alle Studierenden der TU-Dortmund zu überführen. Zum einen können so Verwirrungen, die die Koexistenz mehrerer Werkstätten in einem Raum mit sich bringt, aus dem Weg geräumt werden und in Werbemaßnahmen alle Studierenden einheitlich angesprochen werden. Zum anderen – und das ist das zentrale Anliegen – hat es sich gezeigt, dass gerade dieses Lehr-Lern-Format in besonderer Weise vom interdisziplinären und fachkulturübergreifenden Austausch profitiert. Schon während der bisherigen Arbeit haben die Werkstätten immer stärker kooperiert, haben ihre Angebote aufeinander abgestimmt und von den jeweiligen Konzeptionen gelernt. Die Evaluation der Veranstaltungen hat deutlich bestätigt, dass die Studierenden es als Bereicherung empfinden, außerhalb ihrer gewohnten Fächergrenzen zusammenzuarbeiten und sich über die verschiedenen fachspezifischen Forschungskulturen und Fachsprachen auseinanderzusetzen. Im Zentrum dieser neuen Forschungswerkstatt sollen die Vermittlung von Schlüsselkompetenzen, das Erproben wissenschaftlichen Arbeitens unter Zuhilfenahme verschiedener Forschungsmethoden sowie eine kompetente und vertrauensvolle Beratung der Studierenden während ihres gesamten Studiums stehen.

2.2.5 Konsequenzen für die Institutionalisierung von Werkstätten als Infrastruktur für „Forschendes Lernen"

Bereits der optische Vergleich der beiden vorgestellten Werkstätten dortMINT-Werkstatt an der TU Dortmund (DO) und Grundschulwerkstatt/Pädagogisches Labor der Universität Kassel (KS) zeigt die grundlegend anderen Zugänge: Während DO nüchterner wirkt und davon ausgeht, dass diese Werkstatt Zugänge zum Forschenden Lernen im Sinne von Unterstützung von kleinen Forschungsprojekten Studierender explizit ermöglichen will und damit vom Anspruch des Forschens ausgeht, lädt KS über ihre vielfältige Ausstattung zum Probieren von Materialien ein und lässt zunächst nicht den Gedanken an Forschung aufkommen (Schneider & Schwarzkopf 2013, 171). DO hat als AdressatInnen eindeutig Studierende, während KS verschiedene Personenkreise anspricht, von den Studierenden über Kinder bis hin zu Lehrpersonen. DO möchte Forschung im Berufsfeld fördern und darüber eine Haltung Forschenden Lernens für das Berufsfeld entwickeln, während KS viele praktische Ideen für das Berufsfeld anbietet, welche im Rahmen begleitender Veranstaltungen/Maßnahmen reflektiert werden können und zusätzlich Möglichkeiten für Forschendes Lernen eröffnen. Auch wenn beide Werkstätten einen gemäßigt-konstruktivistischen Ansatz vertreten und als Ziel eine reflexive Haltung im Lehrerberuf anbahnen, sind unterschiedliche didaktische Konzepte wirksam (ausführlich dazu auch dies., 176ff., wobei dort die Lernwerkstatt OASE in Siegen mit DO verglichen wird).

Vergleicht man Forschungs- und Lernwerkstätten miteinander, kommen wir (Schwingen, Schneider & Wildt 2013, 197) zu folgenden Überlegungen:

> „Während in Lernwerkstätten zumeist didaktische bzw. pädagogische Fragen im Vordergrund stehen und es um die Gestaltung von Lernsituationen, Unterrichtsvorbereitung, Lehrmaterialien und Medien, Curricula und Lernumgebungen, Methodeneinsatz oder Lernarrangements geht, steht in den Forschungswerkstätten die Verbindung von Lehre und Studium auf der einen und Forschung auf der anderen Seite im Mittelpunkt. Zwar werden dort Forschungsprojekte ersonnen, konzipiert, vorbereitet, begleitet und ausgewertet; im Sinne des Forschenden Lernens wird daraus jedoch ein didaktisches Format, insofern als hier die Perspektive auf dem Lernen im Kontext von Forschung ausgerichtet ist.“

KS zeigt, dass sich die ursprüngliche Konzeption weiterentwickelt hat: von einer klassischen Lernwerkstatt als Ort praktischen Lernens mittels eines veränderten Studienangebotes, das stärker die Analyse der Bedingungen und Möglichkeiten von Lernprozessen fokussiert, zu einem Ort, an dem Forschendes Lernen auf allen Erfahrungsstufen der Studierenden intendiert ist.

Insgesamt stellt sich die Frage, ob es sich bei beiden Werkstattkonzeptionen um grundsätzlich andere Settings handelt, einerseits um theoriebasierte Praxis in Lernwerkstätten und andererseits um praxisorientierte Forschung in Forschungswerkstätten, oder ob es Überschneidungsflächen gibt.

Zunächst gilt es zu unterscheiden zwischen Forschendem Lernen einerseits (s. o.) und reflexiven, begleiteten und theoriegeleiteten Lernprozessen im Rahmen von Lernwerkstätten andererseits und die Verbindung zwischen beiden Ansätzen zu klären.

Forschendes Lernen ist zunächst von Wissenschaft her zu denken, wobei Bildung durch Wissenschaft nach Huber (2003, 17f.) folgende Voraussetzungen beinhaltet:

1. Bildung durch Wissenschaft ist als Aufklärung zu verstehen, „als Versuch, Vernunft in die menschlichen Verhältnisse zu bringen“.
2. Wissenschaft bildet nur dann, wenn man sie auch selbst treibt, also selbst sucht und findet, problematisiert und einsieht, staunt und erfindet, untersucht und darstellt, fragt und Schwierigkeiten in Kauf nehmend sich auf die Suche nach der Lösung offener Fragen und Probleme – ohne Garantie auf Erfolg – begibt. Die daraus entstehenden Ergebnisse sind „mitteilenswert, also nicht nur für das eigene Lernen wichtig“.
3. Wissenschaft, die bildet, muss mit Selbstreflexion verbunden sein, welche sowohl Wissenschaft als Erkenntnismodus als auch das forschende Subjekt und dazu das Allgemeinwohl im Blick hat.

Die Schwierigkeit in der Arbeit mit durch ihre Schulerfahrung langjährig sozialisierten Studierenden besteht oft darin, dass sie häufig mit einer konsumorientierten Haltung kommen und wissen wollen, wie das Vermitteln am besten „geht“, und häufig nicht mehr über eine offene Fragehaltung, wie sie Kinder haben, verfügen. Dazu können Lernwerkstätten wie die KS als Vermittler fungieren und in der Auseinandersetzung mit ansprechenden Materialien eine Basis bieten, um Studierende Erfahrungen machen zu lassen im Erstellen von Lehr-Lernangeboten. Hieraus entwickelt sich ggf. eine Fragehaltung und Interesse dafür, wie das erstellte Angebot im Unterricht, also mit Grundschulkindern, eingesetzt werden könnte. Wedekind (2013) stellt dazu interessante Beispiele vor, bei denen Studierende mit Hilfe von Materialien aus einer Lernwerkstatt didaktische Miniaturen für andere Studierende (oder auch Kinder) erarbeiten, durchführen und reflektieren. Hier handelt es sich um begleitete, theoriegeleitete und reflexive Lernprozesse, welche unabdingbar für die Entwicklung zur Lehrperson sind. Hier sind allerdings die Beobachtenden gleichzeitig Teil der beobachteten Praxis und es entsteht die Schwierigkeit zu entscheiden, was dem Beobachtenden bzw. der Beobachtung bzw. der beobachteten Praxis zuzuordnen ist (Wildt 2003, 74). Vorteil ist, dass die Reflektierenden aufgrund ihrer Reflexion ihre Praxis werden verändern können. Ob allerdings der Anspruch „Forschenden Lernens", wie im Titel des Beitrags angekündigt, eingelöst wird, ist zu hinterfragen, zumindest wenn davon ausgegangen wird, dass in Projekten Forschenden Lernens theoretische und methodische Aktivitäten analog zu wissenschaftlich anerkannten Forschungsprojekten eingesetzt werden (Schneider et al. 2011, 11).

Was aber bringt nun der Ansatz Forschenden Lernens darüber hinaus und inwiefern können hier Lernwerkstätten an Hochschulen unterstützend wirken?

Wissenschaft hat den Anspruch, Theorien auf ihren Wahrheitsgehalt zu überprüfen, also z.B. im Falle der Untersuchung von Lernprozessen Theorien zu Lernprozessen einer kritischen Überprüfung zu unterziehen bzw. überhaupt Theorien zu generieren. Es geht also um die Gewinnung theoretischer Einsichten (Huber 2009). Nehmen angehende Lehrpersonen exemplarisch an Studien teil bzw. führen eigene kleine Studien durch, werden Forschungs- zu Lernformaten (Schneider & Wildt 2009) und Studierende können wissenschaftliche Erkenntnisse im Sinne eines vertieften Lernens (Huber 2009) – auch und gerade in ihrer Relativität – besser einschätzen. Insofern dient das Forschende Lernen insbesondere dem Aufbau theoretischen Reflexionswissens, das wiederum die Qualität von Praxisreflexion erhöhen helfen kann (Schneider 2009).

Beide Werkstattkonzeptionen haben also ihren je eigenen Wert: Lernen über reflektierte Praxis und Forschendes Lernen anhand von Teilnahme an Studien. Beide dienen der Professionalisierung angehender Lehrpersonen, beide Zugänge sind zentral für eine zukunftsfähige Lehrerbildung, wobei besonders die Qualität der Reflexion über Forschendes Lernens erhöht werden kann. Eine präzise Verwendung von Begriffen wie „Forschendes Lernen" und „reflektierte Praxis" sowie die Wahrnehmung der Bedeutung beider Facetten füreinander kann helfen, um gerade im interdisziplinären Kontext (vgl. DO, s.o) anerkannt zu werden.

Die andere Möglichkeit, dass beide Settings voneinander lernen, bezieht sich auf den Raum als dritten Pädagogen, der eine Lernwerkstatt wie KS einladend werden lässt. Es ist der „Appell der Dinge", der dort wirksam wird (Stieve 2008). Auch wenn es bei Kindern offensichtlicher ist, so reagieren auch Erwachsene auf das, was sie materiell anspricht. So sind Dinge oder auch Orte nicht neutral, sie sind keine sachlichen Objekte, über die wir als freie Subjekte verfügen könnten, sondern:

- „Sie fordern Handlungen heraus.
- Sie bieten sich für Tätigkeiten an.
- Sie wecken Gefühle.
- Sie ziehen uns an.
- Sie schrecken uns ab" (ebd., 12).

Insofern kann auch eine Forschungswerkstatt „den Raum wirksam werden lassen", um eine einladende Atmosphäre entstehen zu lassen, um Tätigsein im Sinne selbstvergessenen Arbeitens (vgl. Kapitel Einführung) zu ermöglichen. Umgekehrt könnten auch die vielfältigen Möglichkeiten einer Lernwerkstatt genutzt werden, um Forschungsaktivitäten einzuüben, sei es im Selbstversuch mit Materialien, Videografie, teilnehmender Beobachtung von Kindern in Auseinandersetzung mit Materialien oder über leitfadengestützte Interviews mit Lehrpersonen oder Kindern, welche diese Materialien benutzen. Dabei ist der ureigene Ansatz von Lernwerkstätten, dass Studierende dort selbstständig arbeiten und eigenen Themen nachgehen, gerade für wissenschaftliches Arbeiten förderlich (Huber 2009). So könnten sowohl Forschungs- als auch Lernwerkstätten Studierenden den Sinn von Forschung für ihr Berufsfeld einsichtig werden lassen und sie zu einer reflexiven Haltung auf gründlicher Theoriebasis führen. Auf diese Weise tragen Werkstätten dazu bei, eine Auffassung von Professionalisierung durch Lehrerbildung bei Studierenden zu entwickeln, „an deren Ausgang die Kompetenz von Lehrpersonen steht, ihre pädagogischen bzw. didaktischen Aufgaben wissenschaftlich zu betrachten, zu reflektieren und zu gestalten" (Schwingen, Schneider & Wildt 2013, 198).

3 Literatur

Asdonk, Jupp & Huber, Ludwig (2002) (Hrsg.): Bildung im Medium der Wissenschaft. Zugänge aus Wissenschaftspropädeutik, Schulreform und Hochschuldidaktik. Festschrift zur Emeritierung von Ludwig Huber. Blickpunkt Hochschuldidaktik, Bd. 109. Deutscher Studien-Verlag: Weinheim.

Bayer, Manfred; Bohnsack, Fritz; Koch-Priewe, Barbara & Wildt, Johannes (2000) (Hrsg.): Lehrerin und Lehrer werden ohne Kompetenz? Professionalisierung durch eine andere Lehrerbildung. Klinkhardt: Bad Heilbrunn.

Berg, Hans Christoph & Schulze, Theodor (1995): Lehrkunst. Luchterhand: Neuwied.

Brinek, Gertrude & Schirlbauer, Alfred (1996) (Hrsg.): Vom Sinn und Unsinn der Hochschuldidaktik. WUV-Universitätsverlag: Wien.

Bundesassistentenkonferenz (BAK) (1970): Forschendes Lernen – Wissenschaftliches Prüfen. Schriften der BAK: Bonn.

Coelen, Hendrik & Müller-Naendrup, Barbara (2013) (Hrsg.): Studieren in Lernwerkstätten. Potentiale und Herausforderungen für die Lehrerbildung. Springer VS: Wiesbaden.

Diedrich, Ralf & Heilemann, Ullrich (2011) (Hrsg.): Ökonomisierung der Wissensgesellschaft. Wie viel Ökonomie braucht und wie viel Ökonomie verträgt die Wissenschaftsgesellschaft? Duncker & Humblot: Berlin.

Erichsen, Hans-Uwe; Schäferbarthold, Dieter; Staschen, Heiner & Zöllner, E. Jürgen (2012) (Hrsg.): Lebensraum Hochschule. Grundfragen einer sozial definierten Bildungspolitik. Reckinger: Siegburg.

Flechsig, Karl-Heinz & Ritter, Ulrich Peter (1970) (Hrsg.): Konstanzer Werkstattseminar zur Hochschuldidaktik der Wirtschaftswissenschaften. In: Blickpunkt Hochschuldidaktik, Heft 8. Arbeitskreis für Hochschuldidaktik: Hamburg.

Glumpler, Edith & Wildt, Johannes (2000): Das Berufspraktische Halbjahr im Lehramtsstudium. In: Bayer et al. (2000) (Hrsg.), 207-225.

Hagstedt, Herbert. (2004): Pädagogische Werkstätten sind nicht kopierfähig. Beiträge zur Lernwerkstätten-Diskussion aus zwanzig Jahren. Reihe Werkstattberichte, Heft 7. Kassel.

Huber, Ludwig (Hrsg.) (1983): Ausbildung und Sozialisation in der Hochschule. Enzyklopädie Erziehungswissenschaft. Bd. 10. Ernst Klett: Stuttgart.

Huber, Ludwig (1998): Forschendes Lehren und Lernen – eine aktuelle Notwendigkeit. In: Das Hochschulwesen, 46. Jg., Heft 1, 3-10.

Huber, Ludwig (2003): Forschendes Lernen in Deutschen Hochschulen. In: Obolenski & Meyer (2003) (Hrsg.): Forschendes Lernen. Theorie und Praxis einer professionellen LehrerInnenausbildung. Klinkhardt: Bad Heilbrunn, 15-36.

Huber, Ludwig (2009): Warum Forschendes Lernen nötig und möglich ist. In: Huber et al. (2009) (Hrsg.): Forschendes Lernen. Theorie und Praxis einer professionellen LehrerInnenausbildung. Klinkhardt: Bad Heilbrunn, 9-36.

Huber, Ludwig; Hellmer, Julia & Schneider, Friederike (2009) (Hrsg.): Forschendes Lernen im Studium. Aktuelle Konzepte und Erfahrungen. Universitätsverlag Webler: Bielefeld.

Huber, Ludwig; Kröger, Margot & Schelhowe, Heidi (2013) (Hrsg.): Forschendes Lernen als Profilmerkmal einer Universität. Beispiele aus der Universität Bremen. Universitätsverlag Webler: Bielefeld.

Humboldt, Wilhelm von (1809): Über die innere und äußere Organisation der höheren wissenschaftlichen Anstalten in Berlin. In: Königlich-Preußische Akademie der Wissenschaften (1934), 250-260.

Hussmann, Stephan & Selter, Christoph (2013) (Hrsg.): Diagnose und individuelle Förderung in der MINT-Lehrerbildung. Das Projekt dortMINT. Waxmann: Münster/New York.

Königlich-Preußische Akademie der Wissenschaften (1934) (Hrsg.): Wilhelm von Humboldt. Gesammelte Schriften. Bd. 10, 250 – 260.

Mittelstrass, Jürgen (1996): Vom Elend der Hochschuldidaktik. In: Brinek & Schirlbauer (1996) (Hrsg), 59-76.

Obolenski, Alexandra & Meyer, Hilbert (2003) (Hrsg.): Forschendes Lernen. Theorie und Praxis einer professionellen LehrerInnenausbildung. Klinkhardt: Bad Heilbrunn.

Roters, Bianca; Schneider, Ralf; Koch-Priewe, Barbara; Thiele, Jörg & Wildt, Johannes (2009) (Hrsg.): Forschendes Lernen im Lehramtsstudium. Klinkhardt: Bad Heilbrunn.

Schneider, Ralf (2009): Forschendes Lernen in der Lehrerausbildung. Entwicklung einer Neukonzeption von Praxisstudien am Beispiel des Curriculumbausteins „Schulentwicklung“: Eine empirisch-qualitative Untersuchung zur Ermittlung hochschuldidaktischer Potentiale. Dortmund. URL: http//hdl.handle.net/2003/26029 (letzter Zugriff am 07.12.2013).

Schneider, Ralf & Schwarzkopf, Theresa (2013): Wie viel Lernwerkstatt steckt in einer Forschungswerkstatt? In: Coelen & Müller-Naendrup (2013) (Hrsg.): Studieren in Lernwerkstätten. Potentiale und Herausforderungen für die Lehrerbildung. Springer VS: Wiesbaden, 171-181.

Schneider, Ralf & Wiemer, Matthias, zusammen mit Koschel, Stefanie & Maier, Simona (2011): Kann man dem B(e)raten trauen? Wenn Tutor/inn/en kompetenzorientierte Lehr-Lernformen aktiv mitgestalten und Kommiliton/inn/en dabei begleiten und beraten. In: Journal Hochschuldidaktik, 22. Jg., Heft 2, 11-15.

Schneider, Ralf & Wildt, Johannes (2001): Das Dortmunder Projekt „Berufspraktisches Halbjahr“ – Entwicklungslabor für Forschendes Lernen in der Lehrerbildung. In: Journal für LehrerInnenbildung, Jg. 3, Heft 2, 20-27.

Schneider, Ralf & Wildt, Johannes (2009): Forschendes Lernen und Kompetenzentwicklung. In: Huber et al. (2009) (Hrsg.): Forschendes Lernen. Theorie und Praxis einer professionellen LehrerInnenausbildung. Klinkhardt: Bad Heilbrunn, 53-68.

Schubert, Elke (2003): Hochschul-Lernwerkstätten im Spannungsfeld von Wissenschaft, Praxis und Person. Werkstattkonzepte und ihr Beitrag zur Professionalisierung der Lehrerbildung. Projektverlag: Bochum.

Schwingen, Monika; Schneider, Ralf & Wildt, Johannes (2013): Die dortMINT-Forschungswerkstatt – ein innovativer Lernort in der Lehrerbildung. In: Hussmann & Selter (2013) (Hrsg.), 193-213.

Stieve, Claus (2008): Von den Dingen lernen. Die Gegenstände unserer Kindheit. Phänomenologische Untersuchungen. München: Wilhelm Fink.

Wedekind, Hartmut (2013): Lernwerkstätten in Hochschulen – Orte für forschendes Lernen, die Theorie fragwürdig und Praxis erleb- und theoretisch hinterfragbar machen. In: Coelen & Müller-Naendrup (2013) (Hrsg.): Studieren in Lernwerkstätten. Potentiale und Herausforderungen für die Lehrerbildung. Springer VS: Wiesbaden, 21-29.

Wildt, Johannes (1983): Projektstudium. In: Huber (1983) (Hrsg.), 671-674.

Wildt, Johannes (1995): Die Wüste lebt. Forschendes Lernen und Projektstudium Revival? Vortrag zur Tagung der Arbeitsgemeinschaft für Hochschuldidaktik (AHD e.V.): „Hochschulkultur und Qualität der Lehre“, Vervielfältigtes Typoskript. Bielefeld.

Wildt, Johannes (2002): Forschendes Lernen. Renaissance eines „Leitgedankens“ für die Studienreform? oder der lange Weg des Wissenschaftsrats zur Hochschuldidaktik. In: Asdonk & Huber (2002) (Hrsg.), 167-173.

Wildt, Johannes (2003): Reflexives Lernen in der Lehrerbildung – ein Mehrebenenmodell in hochschuldidaktischer Perspektive. In: Obolenski & Meyer (2003) (Hrsg.): Forschendes Lernen. Theorie und Praxis einer professionellen LehrerInnenausbildung. Klinkhardt: Bad Heilbrunn, 71-84.

Wildt, Johannes (2011): „Forschendes Lernen“ als Hochform aktiven und kooperativen Lernens. In: Diedrich & Heilemann (2011), 93-108.

Wildt, Johannes (2012): Entwicklung und Potenziale der Hochschuldidaktik. In: Erichsen et al. (2012) (Hrsg.), 93–116.

Wissenschaftsrat (2000): Empfehlungen zur Einführung neuer Studienstrukturen und -abschlüsse. Berlin.

Wissenschaftsrat (2001): Empfehlungen zur zukünftigen Struktur der Lehrerausbildung. Berlin.

Teil 3: Entdeckendes Lernen und Lernwerkstattarbeit

Corinna Schmude und Hartmut Wedekind

Lernwerkstätten an Hochschulen – Orte einer inklusiven Pädagogik

1 Einführung

Lernwerkstätten an Hochschulen stellen hervorragende Übungsräume für die Anbahnung von pädagogischen Handlungskompetenzen dar (Wedekind 2013). Sie ermöglichen den Studierenden sich in einer spezifischen Lernatmosphäre als Lernende und Lehrende zu erleben, zu erfahren, zu reflektieren und theoretisch zu hinterfragen. Die Studierenden erlernen in Lernwerkstätten nicht nur Methoden eines auf inklusive Bildung ausgerichteten Lernsettings, sondern erfahren und erkennen, dass über eine entsprechend vorbereitete Lernumgebung hinaus die pädagogische Haltung des Lehrenden entscheidend sein Handeln und damit die Gestaltung von Interaktionsprozessen zwischen Lehrenden und Lernenden entscheidend determiniert. Die in Lernwerkstätten umgesetzte pädagogische Arbeit ermöglicht die Gestaltung eines Lehr-Lern-Arrangements, welches Diversität für jeden einzelnen Studierenden als Bereicherung einer Lerngruppe erlebbar werden lässt. In der Regel ist diese Arbeit – weiter als Lernwerkstattarbeit bezeichnet – durch gegenseitige Wertschätzung und zugleich auch Anerkennung der Unterschiedlichkeit von Lernenden gekennzeichnet. Lernwerkstattarbeit bietet einen strukturell, organisatorisch und inhaltlich gestalteten pädagogischen Interaktionsraum, in dem (a) eine positive Diversitätskultur erfahrbar wird, (b) individuelle Diversitätsüberzeugungen bearbeitet und entwickelt werden können und (c) das Lehr-Lern-Geschehen selbst den Prinzipien inklusiver Pädagogik folgt. Inklusive Pädagogik ist somit in einer Lernwerkstatt sowohl Gegenstand der Lehre und Forschung als auch hochschuldidaktisches Prinzip für die Gestaltung von inklusiven Lernprozessen.

Hochschulen müssen sich den aktuellen Anforderungen einer inklusiven Pädagogik stellen und bereits Studierenden die Erfahrung ermöglichen, dass Inklusion weit mehr ist als eine pädagogische Konzeption. Als Bildungsinstitutionen sind sie unserer Meinung nach somit selbst gefordert, Lehr-Lern-Prozesse inklusiv zu gestalten, d.h., Inklusion nicht nur zu lehren und zu erforschen, sondern auch zu praktizieren.

Im Folgenden werden zunächst das diesem Beitrag zugrundeliegende Verständnis von Inklusion/inklusiver Pädagogik und die sich daraus ergebenden Anforderungen an die Bildungsinstitution Hochschule formuliert. Nach einer kurzen Erläuterung der Begriffe Lernwerkstatt und Lernwerkstattarbeit werden dann die Prinzipien der Lernwerkstattarbeit am Beispiel der Arbeit der Lernwerkstatt der Alice Salomon Hochschule Berlin dazu in Beziehung gesetzt. Abschließend werden diese theoretischen Überlegungen anhand von zwei praktischen Beispielen aus der Lehre im Studiengang „Erziehung und Bildung in der Kindheit", der an der Alice Salomon Hochschule mit einer starken Orientierung am Lernwerkstattansatz angeboten wird, diskutiert.

2 Inklusion und inklusive Pädagogik – eine Begriffsbestimmung

2.1 Was verstehen wir unter Inklusion?

Der Begriff Inklusion wird in unterschiedlichen Kontexten mit unterschiedlichen Bedeutungen und Schwerpunktsetzungen gefüllt (vgl. Prengel 2010, Sulzer & Wagner 2011). Im pädagogischen Kontext steht der Begriff Inklusion für den gleichberechtigten Zugang aller Mitglieder der Gesellschaft zu Bildung und den Bildungsinstitutionen. Inklusion steht für das Recht des Einzelnen auf Bildungschancen und -wege unabhängig von seinen persönlichen Merkmalen. Inklusion ist damit gleichbedeutend mit der Umsetzung des Menschenrechts auf Bildung, Gemeinsamkeit, Teilhabe, Selbstbestimmung sowie Gleichheit (vgl. Feuser 2008; Wocken 2009): Jeder Mensch hat das Recht seine soziale und kulturelle Welt zu begreifen und sich aktiv und selbstbestimmt an ihrer Gestaltung zu beteiligen (vgl. Krappmann 2012). D.h., Inklusion meint nicht nur Teilhabe, sondern auch das verbriefte Recht auf Teilgabe (vgl. Gronemeyer 2009, 79).

Das Selbstverständnis der inklusiven Pädagogik konstituiert sich aus der Kritik der Heil-/Sonderpädagogik und den Grundpositionen verschiedener merkmalsübergreifender und -spezifischer pädagogischer Konzeptionen (vgl. Sulzer & Wagner 2011). Ersteres betrifft die segregationskritische Positionierung, die Ablehnung binärer Kategorisierungen und defizitorientierter Perspektiven auf individuelle Lebens- und Ausgangslagen. Letzteres betrifft merkmalsübergreifende pädagogische Konzeptionen (z.B. Menschenrechtsbildung, Friedens-/Demokratieerziehung, Anti-Bias-Ansatz, die *Diversity-Education*/Pädagogik der Vielfalt, Intersektionalitätstheorie [vgl Sulzer & Wagner 2011, 12f.]) sowie merkmalsspezifische Ansätze (z.B. Geschlechterbewusste, Interkulturelle und Integrationspädagogik [vgl Sulzer & Wagner 2011, 12f.]). Inklusive Pädagogik berücksichtigt damit sowohl Heterogenitätsdimensionen bzgl. körperlicher, geistiger und psychischer Fähigkeiten als auch personaler Merkmale wie Alter, Gender, sexuelle Orientierung/Lebensweise und Herkunft (soziale, kulturelle, religiöse, regionale Aspekte).

2.2 Was verstehen wir unter inklusiver Pädagogik?

Aufgabe inklusiver Pädagogik ist die diversitätsbewusste, diskriminierungskritische, interdisziplinäre, multiprofessionelle Planung, Gestaltung und Reflexion von Bildungs-, Erziehungs- und Betreuungsprozessen (vgl. u.a. Prengel 2010, Sulzer & Wagner 2011, Treber 2011) mit dem Ziel, Barrieren zur Teilhabe und Teilgabe abzubauen (vgl. Sulzer & Wagner 2011, 11). Dies betrifft sowohl räumliche und institutionell-strukturelle Barrieren als auch die in den Einstellungen, Haltungen und Wertorientierungen der Gesellschaft und ihrer Mitglieder. „Inklusion", so Sulzer & Wagner (2011, 62) ist eine „gesellschaftliche Verpflichtung" und unabdingbar für die Weiterentwicklung unserer multikulturellen, demokratischen Gesellschaft im Kontext zunehmender Globalisierung und weltweiter Demokratisierungsprozesse (vgl. Treber 2011, 13). Besondere Bedeutung kommt dabei der Entwicklung eines inklusiven Bildungssystems zu, das von der Elementarstufe bis zur Hochschulausbildung alle Bildungsbereiche gleichermaßen umfasst. „Erfolgreiche inklusive Bildung ist", fassen Döbert & Weishaupt (2013, 7) verschiedene Analysen zur Entwicklung und Qualitätssicherung im Bildungssystem zusammen, „ohne die entsprechende Professionalisierung der Fachkräfte in allen Bereichen des Bildungswesens nicht zu verwirklichen." Inklusive Pädagogik ist eine pädagogische Grundhaltung und erfordert „gut qualifizierte, engagierte und motivierte Fachkräfte" (Döbert & Weishaupt 2013, 7). Die Erarbeitung einer solchen Grundhaltung ist ein Professionalisierungsprozess, der ein hohes Maß an Reflexions- und Analysekompetenzen erfordert, die „[...] in Aus- und Weiterbildung eingeführt, geübt und habitualisiert werden" müssen (Nentwig-Gesemann u.a. 2011, 11). Um Studierende an eine so gekennzeichnete professionelle pädagogische Arbeit heranzuführen, bedarf es umfangreicher spezifischer Angebote des ‚tastenden Versuchens' und immanenten Reflektierens erlebter pädagogischer Praxis, die sich an den didaktischen Prinzipen der inneren Differenzierung, des individuellen Lernens und des Ko-Konstruktivismus (Fthenakis 2009) orientiert und zugleich die Bedeutung von individuellen Selbstbildungsprozessen (Schäfer 2012) hervorhebt. Inklusive Pädagogik definiert sich in der Praxis über das Handeln im Kontakt mit den Adressaten und Adressatinnen.

Für all diese Aufgaben braucht es verlässliche institutionelle Strukturen im jeweiligen pädagogischen Feld, welche dies ermöglichen. Lernwerkstätten an Hochschulen können diese verlässlichen Strukturen als Lehr- und Lernorte vorhalten und eine Lehr-/Lernpraxis bereits während der Ausbildung realisieren, die den Prinzipien inklusiver Pädagogik folgt und diese zugleich konstruktiv-kritisch hinterfragt. Lernwerkstätten an Hochschulen stellen damit echte Optionen und pädagogische Angebote dar – insbesondere und gerade in pädagogischen Ausbildungsdisziplinen – inklusive Pädagogik nicht nur in althergebrachten Lehrveranstaltungsformaten zu lehren und zu erforschen, sondern sie tatsächlich und auch ganz selbstverständlich als gelebte und erlebte pädagogische Praxis erfahrbar zu machen: „Expertisemodelle und kompetenztheoretische Konzepte pädagogischer Professionalität bedürfen der Fähigkeit zur Zielgruppendifferenzierung und der praktischen Teilnahmeorientierung wenn sie Wirkungen und sozialen Bezug entfalten sollen" (Tippelt & Alkoyk-Yildiz 2013, zit. n. Tippelt & Schmidt-Hertha 2013, 219).

2.3 Was bedeutet Inklusion im Hochschulbereich?

Inklusion/Inklusive Pädagogik umzusetzen ist eine vielschichtige Herausforderung. Eine ökosystemische Perspektive erleichtert die Systematisierung dieser Vielschichtigkeit (vgl. u.a. Prengel 2010; Sulzer & Wagner 2011; Treber 2011). Nach Klein muss Inklusion auf vier Ebenen gedacht, diskutiert, umgesetzt und wissenschaftlich begleitet werden: der intra- und interpersonellen, der institutionellen sowie der gesellschaftlichen Ebene (vgl. Klein 2010, 57).
Die intra- und interpersonelle Ebene fokussiert inklusive Pädagogik im Rahmen der Hochschule auf alle im System Hochschule handelnden und miteinander interagierenden Personen. Die institutionelle Ebene inklusiver Pädagogik in der Hochschule thematisiert räumliche, strukturell-organisatorische Aspekte des Lehrens und Lernens. Die gesellschaftliche Ebene betrifft Fragen des Beitrages von Hochschullehre und –forschung am Gelingen der Umsetzung der „gesellschaftlichen Verpflichtung Inklusion" (Sulzer & Wagner 2011, 62). Zentrale Voraussetzung für professionelles inklusives Handeln sind die Fähigkeit, das eigene Verhalten in Bezug auf die Umwelt, die eigene Biographie und die Gemeinschaft selbstständig gestalten zu können (individuelle Regulationsfähigkeit) und die Fähigkeit, Interessen- und Lebenslagen anderer zu verstehen und zu achten (sozialkognitive Empathie) (Tippelt & Schmidt-Hertha 2013, 218).
Aus der Expertise „Inklusion im Hochschulbereich" von Rudolf Tippelt und Bernhard Schmidt-Hertha (2013) – erstellt in Vorbereitung der Nationalen Konferenz zur inklusiven Bildung – können folgende zentrale Herausforderungen an die Gestaltung einer inklusiven Hochschullehre zusammengefasst werden:

2.3.1 Intra- und interpersonelle Ebene – Lehrende und Lernende

1. „Fachwissen, fachdidaktisches Wissen, pädagogisches Wissen, Organisations- und Interaktionswissen sowie Beratungswissen bleiben monologisch und unfruchtbar, wenn sie sich nicht an anderen und ihren Lebenslagen und Lebenswelten orientieren" (Tippelt & Alkoyk-Yildiz 2013, zit. n. Tippelt & Schmidt-Hertha 2013, 219). Dies bedeutet, dass die Heterogenität der Studierenden hinsichtlich ihrer Interessens- und Lebenslagen als den Bildungsprozess selbst konstituierende Merkmale wahrgenommen und Lehr-Lern-Angebote entsprechend darauf abgestimmt werden müssen. Um auf besondere Bedarfe von Studierenden entsprechend reagieren zu können, muss die Möglichkeit bestehen, hochschulinterne und – externe Kooperationsbeziehungen in den Lehr-Lern-Alltag zu integrieren (vgl. Tippelt et al. 2009), d.h. auch Lehrveranstaltungen disziplinübergreifend zu öffnen.

2. Grundlegend für die Gestaltung inklusiver Bildungsprozesse ist die Identifikation mit den Prinzipien partnerschaftlicher und demokratischer Bildung (vgl. Supple & Abgenyega 2011). Im Kontext von Hochschule heißt das, das Verhältnis Lehrende-Lernende konsequent im Sinne von Kooperationspartnern zu gestalten: Ein wichtiges Moment ist dabei die Gestaltung einer Atmosphäre des „wechselseitigen Verstehens durch Nachvollziehen von individuellen Absichten" im Sinne einer „Grundvoraussetzung zur erfolgreichen Gestaltung inklusiver Lehr-Lern-Prozesse" (Tippelt & Schmidt-Hertha 2013, 218).
3. Lernenden wird in inklusiv gestalteten Bildungsprozessen ein hohes Maß an Eigenverantwortung übertragen. Dies fordert, dass Lehrende besondere individuelle Stützungs- und Beratungsbedarfe erkennen und aufgreifen können (vgl. Tippelt & Schmidt-Hertha 2013, 218). Wichtig erscheint in diesem Kontext auch die Berücksichtigung von Forschungsbefunden zur Diversität von Lernmotivationen von Studierenden, so zum Beispiel der Umstand, dass in einer empirischen Untersuchung „Zur Motivation und Lehrorganisation als Element von Lernkultur" (vgl. Metzger et al. 2012) 20% der befragten Studierenden als „angstbestimmt lernmotiviert" und lediglich 17% als „selbstbestimmt lernmotiviert" klassifiziert wurden. Im Projekt „Vielfalt als Chance", unterstützt von der Bertelsmann Stiftung (CHE Cunsolt GmbH 2012), wurden von 8800 Studierende 11,5% als „mit besonderem Unterstützungsbedarf" identifiziert.
4. In inklusiven Bildungsprozessen haben die Prozesse selbst und ihre Kontexte ebensolches Gewicht wie die angezielten Ergebnisse des Lehr-Lern-Geschehens, „weil gerade über Prozesse und Kontexte Einflussmöglichkeit auf die Wirkungen gegeben sind" (Tippelt & Schmidt-Hertha 2013, 218). Will man diesem im Kontext von Lehr-Lern-Prozessen gerecht werden, erfordert es eine „Offenheit gegenüber sachlichen Evaluationen in professionellen Kontexten" (ebd.) und natürlich die Möglichkeiten dazu.

2.3.2 Institutionelle Ebene – räumliche, strukturell-organisatorische Aspekte des Lehrens und Lernens

Aus verschiedenen Konzepten zur Gestaltung inklusiver Hochschulen (vgl. Tippelt & Schmidt-Hertha 2013, 220 f.) lassen sich bzgl. räumlich, strukturell-organisatorischer Aspekte folgende Punkte zusammenfassen:

- Realisierung barrierefreier Zugänge zu Veranstaltungsräumen
- Anpassung der Lernumgebungen an die Voraussetzungen der Lernenden
- Nutzung technischer Unterstützungsmöglichkeiten des Lehr-Lern-Prozesses
- Flexibilisierung curricularer Strukturen
- Alternative Unterrichts- und Prüfungsmethoden
- Spezifische Beratungs- und Unterstützungsangebote

2.3.3 Gesellschaftliche Ebene – Hochschullehre und -forschung

Die Aufgabe von Hochschulen besteht neben der Lehre und Forschung im jeweiligen Fachgebiet auch in der „Befähigung zu umfassender gesellschaftlicher Partizipation" (Tippelt & Schmidt-Hertha 2013, 219). Inklusive Lehr-Lern-Umgebungen leisten dabei einen wichtigen Beitrag, diese Kompetenz, sich „solidarisch in sozialen Netzen bewegen [zu] können" (ebd.) im Kontext von Hochschule zu erwerben und diese Kompetenz dann auf außerhochschulische Kontexte reflektiert übertragen zu können.

Es besteht ein erheblicher Forschungsbedarf bzgl. inklusiver Professionalität, insbesondere an Hochschulen. Inklusiver Pädagogik im Sinne einer Disziplin kommt an Hochschulen der Auftrag zu, Forschungs- und Theoriebildungsdesiderata zum Umgang mit Diversität interdisziplinär aufzuarbeiten und Anforderungen an inklusives methodisch-didaktisches Handeln in der pädagogischen Praxis zu systematisieren, angemessene Rahmenbedingungen (z.B. Personal- und Zeitkapazitäten) theoretisch zu begründen und einzufordern sowie bildungspolitische Reformprozesse fachlich fundiert zu begleiten (vgl. Haug 2008, 43f.). Dazu bedarf es aus forschungsmethodischer Perspektive unbedingt der „empirischen Rekonstruktion inklusiven Handelns" (Tippelt & Schmidt-Hertha 2013, 223). Inklusiv gestaltete Lehr-Lern-Umgebungen an Hochschulen bieten damit auch einen bedeutsamen Zugang zur Erforschung professionellen inklusiven pädagogischen Handelns.

3 Lernwerkstatt und Lernwerkstattarbeit – eine Begriffsbestimmung und theoretische Verortung

Nach der theoretischen Einordnung und Begriffsbestimmung von Inklusion und deren Herausforderung für Hochschulen stellen wir im folgenden Kapitel unser Verständnis von Lernwerkstatt und Lernwerkstattarbeit vor. Im anschließenden Kapitel werden wir dann anhand der Beschreibung der Arbeit in der Lernwerkstatt der Alice Salomon Hochschule den Versuch unternehmen, die Prinzipien der Lernwerkstattarbeit an den Herausforderungen zu spiegeln, die Inklusion an die Arbeit in Hochschulen stellt.

2009 veröffentlichte der Verbund europäischer Lernwerkstätten e.V. (VeLW) ein Positionspapier zu Qualitätsmerkmalen von Lernwerkstätten und Lernwerkstattarbeit (VeLW 2009). In diesem Positionspapier wurde der Versuch unternommen, eine Klärung der Begriffe Lernwerkstatt und Lernwerkstattarbeit vorzunehmen, da im Laufe der letzten 30 Jahre diese zu einem ‚Umbrellabegriff' für alles das geworden ist, was sich den Anschein einer innovativen Pädagogik geben wollte. Dies führte dazu, dass Vieles unter den Begriffen subsumiert wurde und damit zunehmend mehr die ursprüngliche Idee von Lernwerkstatt und Lernwerkstattarbeit im Dunst der Vieldeutigkeit in Gefahr geriet, verloren zu gehen. Arbeitsblatt- oder Karteikartensammlungen wurden ebenso zur Lernwerkstatt erklärt wie einmalig durchgeführte Fortbildungsveranstaltungen, Internetplattformen oder Ausbildungswerkstätten in großen Betrieben. Unsere Vorstellung von Lernwerkstatt und Lernwerkstattarbeit stimmen dagegen sehr stark mit den im oben benannten Positionspapier zusammengefassten Beschreibungen (vgl. Wedekind 2011; 2007; 2006) überein. Ähnlich wie im Positionspapier gehen wir in Anlehnung an Reich vom moderaten Konstruktivismus als lerntheoretische Basis für die Arbeit in der Lernwerkstatt aus und verstehen Lernen als eigenverantwortlichen, sozialen, kumulativen und individuellen Prozess der Neukonstruktion von Welt (vgl. Reich 2008).

Auch wir unterscheiden sehr klar zwischen den Begriffen Lernwerkstatt als Raum und Lernwerkstattarbeit als pädagogische Umsetzung einer Begleitung von Lernprozessen, die in der Regel selbstständig, eigenverantwortlich und individuell verlaufen.

3.1 Was verstehen wir unter einer Lernwerkstatt?

Der Begriff „Lernwerkstatt" definiert einen real existierenden, anregungsreich gestalteten Raum, in dem es möglich ist relativ sanktions- und angstfrei am ‚eigenen Lernen zu werkeln' (vgl. Wedekind 2006; Albert 2000) und der sich durch folgende Eigenschaften auszeichnet:

Eine Lernwerkstatt

- hält Gegenstände bereit, die die Lernenden „irritieren", inspirieren, alle Sinne ansprechen und kreative Prozesse in Gang setzen.
- ist offen für die Vielfalt der Gestaltung der Lernimpulse.
- ermöglicht den unterschiedlich Lernenden individuelle Zugänge zu Lerninhalten.
- bietet Materialien und Werkzeuge zum unmittelbaren Experimentieren und zur kreativen Gestaltung der Lernergebnisse.
- bietet Gelegenheiten zur Kommunikation und zum individuellen Rückzug an.
- ist ein multifunktionaler Raum.
- dient als Raum für Ideenbörsen.
- bietet als Raum ausreichend Platz für die Realisierung unterschiedlicher individueller und gemeinsamer Aktionen" (vgl. VeLW 2009, 9).

Mit einem Lernarrangement, das in der Regel gekennzeichnet ist durch eine „Please Touch-me-Atmosphäre", entstehend aus mehr oder weniger vorstrukturierten Materialien oder auch irritierenden Angeboten und Impulsen, die zum Anfassen und Begreifen auffordern, regt eine Lernwerkstatt durch ihre räumliche Gestaltung zum Denken und Handeln an, schafft ein einladendes fragengenerierendes Lernmilieu und provoziert Lernende in ‚tastenden Versuchen' sich einem Thema zu nähern. Je nach Bedürfnis, Interesse, Erfahrungen, Kenntnissen, Motiven der Lernenden und ihrer persönlichen Sinngebung und Bedeutsamkeit können sie sich diesem Thema nähern und sich selbstständig und eigenverantwortlich vertiefend damit auseinandersetzen. Lernergebnisse werden in der Lernwerkstatt als Lernspuren sichtbar und ergänzen die bereits vorhandenen Materialien und Impulse. Eine Lernwerkstatt stellt somit zugleich eine „aktive Sammlung“ (Ernst 1993) von didaktischen Ideen dar und trägt damit gleichzeitig zur Wertschätzung der Lernenden bei, indem sie ihnen Raum bietet für die Präsentation ihrer Lernergebnisse und -produkte.

3.2 Was verstehen wir unter Lernwerkstattarbeit?

Die Lernwerkstattarbeit wird als eine pädagogische Interaktion zwischen Lernenden und Lernbegleitung beschrieben. In der Regel wird Lernwerkstattarbeit in der Lernwerkstatt geleistet, kann aber durchaus auch in anderen Lernräumen außerhalb der Lernwerkstatt durchgeführt werden.

Am „eigenen Lernen werkeln“ (Albert 2000), sich als Lernende(r) zu erleben, darüber zu reflektieren und dabei begleitet zu werden, kennzeichnet das Lernen im Rahmen von Lernwerkstattarbeit. Eine Lernumgebung voller inspirierender Materialien, die zum Anfassen, Staunen und zum Entstehen von eigenen Fragen provoziert, ist eine wichtige hinreichende Bedingung für diese Art von individueller Weltbegegnung. Auch offene Fragestellungen oder provozierende Impulse, die persönliches Interesse bei den Lernenden auslösen und zu intensiven Diskussionen und Reflexionen führen, können Lernwerkstattarbeit initiieren und sie zugleich kennzeichnen. Eine professionelle Lernbegleitung, die ohne gekünstelte Didaktik empathisch die Suche nach der eigenen Frage und den Prozess der Beantwortung derselben begleitet und reflektiert, ist eine notwendige Bedingung für Lernwerkstattarbeit.

Die folgende Übersicht soll nur kurz die Rollenzuschreibungen der Interaktionspartner im Rahmen von Lernwerkstattarbeit verdeutlichen (vgl. Wedekind 2006):

Rollenbeschreibungen der Lernenden und Lernbegleitenden im Kontext von Lernwerkstattarbeit

Lernende	Lernbegleitende
• lernen selbstbestimmt und eigenverantwortlich	• konzipieren, organisieren, arrangieren, strukturieren Lernumgebungen
• lernen entsprechend ihrer Lernvoraussetzungen	• begleiten, beobachten, analysieren und reflektieren die Lernwege
• dürfen „Fehler“ und Umwege machen	• beraten durch Hilfestellung und gemeinsame Fehlersuche im gemeinsam geteilten Denken
• gehen eigenen Ideen nach und bringen Erfahrungen ein	• geben Impulse/Anregungen, die offen sind und verschiedene Lernwege eröffnen

• lernen von und miteinander in wechselnden Gruppen	• ermöglichen das Lernen in Gruppen und fördern den Dialog der Lernenden untereinander
• gehen kreativ an die Bewältigung von Aufgaben heran	• ermutigen und ermöglichen verschiedene Lösungswege zu suchen und zu gehen
• bringen sich als Experten und Expertinnen ein	• wertschätzen die Eigeninitiative und motivieren zum Einbringen der vorhandenen Expertisen
• lernen, ihr eigenes Lernen zu beobachten und zu reflektieren	• entwickeln eine systematische und wertschätzende Rückmeldekultur

4 Die Lernwerkstatt in der Alice Salomon Hochschule Berlin

Die Lernwerkstatt der Alice Salomon Hochschule existiert seit 2009. In zwei jeweils etwa 120 qm großen Räumen werden Lernwerkstattangebote im Bereich des kreativen Schreibens, mathematischer und naturwissenschaftlich-technischer Bildung unterbreitet (http://www.ash-berlin.eu/studienangebot/lernwerkstatt). Die Lernwerkstattarbeit ist fest im Ausbildungscurriculum verankert und wird im Rahmen alternativer Prüfungsmethoden mit einbezogen (vgl. Studienordnung EBK 2011). Bei der Einrichtung des naturwissenschaftlich-technischen Lernwerkstattraumes konnte zum großen Teil auf Materialien zurückgegriffen werden, die bereits in einem Lernlabor für die naturwissenschaftlich-technische Ausbildung zukünftiger Kindheitspädagogen erworben wurden. Die Lernwerkstatträume sind als multifunktionale Räume eingerichtet und in verschiedene Funktionsbereiche aufgeteilt.

Insbesondere der naturwissenschaftlich-technische Lernwerkstattraum steht ausschließlich für Lehrveranstaltungen, die das spezielle Arrangement der Lernmaterialien nutzen und Prinzipien der Lernwerkstattarbeit umsetzen, zur Verfügung. Im zweiten Raum werden – aus Raummangel in der Hochschule – neben Lernwerkstattangeboten auch reguläre Lehrveranstaltungen durchgeführt, die dieses Arrangement weniger nutzen. Vor allem der naturwissenschaftlich-technische Lernwerkstattraum wird multifunktional als Konsultationsort und Übungsraum für die Vorbereitungen von Lehrveranstaltungen von Studierenden und Lehrenden, als Fortbildungsveranstaltungsraum, zum Entwickeln von didaktischen Angeboten und für spezifische Beratungs- und Unterstützungsangebote für Studierende und Kolleg_innen aus Kitas und Grundschulen der Region genutzt.

Unter Beachtung der oben angeführten institutionellen, räumlichen und strukturell-organisatorischen Aspekte für eine inklusive Hochschule erfüllen die systematische Einbindung der Lernwerkstattarbeit in das Studium (in mindestens 4 Semestern werden Lernwerkstattseminare verpflichtend angeboten) und ihre feste

materielle Verortung als eigenständige Lehr- und Lernräume die an eine inklusive Hochschule gestellten Anforderungen.
Auch auf der gesellschaftlichen Ebene – Hochschullehre und -forschung –bietet die Lernwerkstatt vielfältige Möglichkeiten. Über Fortbildungsangebote und Beratungstätigkeiten werden Netzwerke in der Region aufgebaut und unterstützt. Studierende, die Lernwerkstatterfahrungen besitzen, tragen diese in Einrichtungen der Region, führen kleinere Forschungsprojekte – im Rahmen von Seminar oder BA-Arbeiten – durch und unterstützen damit Reformprozesse in Grundschulen und Kitas.

5 Zwei ausgewählte Beispiele aus den Lernwerkstattseminaren

Wie bereits oben kurz beschrieben, sollen Studierende in der Lernwerkstatt entsprechend ihrer persönlichen Voraussetzungen individuelle und vor allem ‚barrierefreie' Zugänge zu Studieninhalten finden. ‚Barrierefrei' ist in dieser Formulierung nicht als ‚materialisiertes Hindernis' zu verstehen, sondern vielmehr soll damit verdeutlicht werden, dass es sowohl individuelle Barrieren (Lebenslagen, Motive, Interessen, Vorerfahrungen, Kenntnisse, Bedürfnisse,...) als auch Barrieren in der Gestaltung von Interaktionen zwischen Lehrenden und Studierenden bzw. auch zwischen Studierenden selbst geben kann, die eine intensive Annäherung an Inhalte beeinträchtigen.

5.1 Beispiel 1: Das Modul „Naturwissenschaften und ihre spezifische Didaktik im Elementar- und Grundschulbereich"

Am Beispiel dieses Moduls sollen die Möglichkeiten von Lernwerkstattarbeit dargestellt werden. Darüber hinaus soll deutlich gemacht werden, welche Potenzen sie für die Anbahnung und Entwicklung von professionellen Kompetenzen für die pädagogische Begleitung inklusiver Bildungsprozesse für künftige Pädagogen und Pädagoginnen besitzt.
Zwei Seminare mit vier bzw. drei Semesterwochenstunden werden in diesem Modul zusammengefasst. Das erste Seminar wird im 3. und das folgende Seminar im 4. Semester als „Werkstattseminar" angeboten. Das erste Seminar hat zum Ziel, die Studierenden mit der Lernwerkstattarbeit und ihrer pädagogischen Philosophie vertraut zu machen, ihnen die Skepsis vor den Naturwissenschaften zu nehmen und Fähigkeiten anzubahnen, naturwissenschaftliche Bildungsprozesse zu planen, zu begleiten, zu analysieren und auszuwerten.
Die Seminarplanung sieht 14 Sitzungen vor. Mindestens acht Sitzungen davon führen die Studierenden – nach intensiver Konsultation mit dem Hochschullehrer – in eigener Verantwortung durch. Sie wählen selbst ein naturwissenschaftliches Thema aus, bearbeiten es sachanalytisch und methodisch und setzen es mit ihren Kommilitonen und Kommilitoninnen in Form einer „didaktischen Miniatur" (vgl. Wedekind 2013) um. Anschließend wird eine gemeinsame Reflexion

durchgeführt, die in fünf Arbeitsschritten und in einer wertschätzenden und kritisch konstruktiven Rückmeldekultur erfolgt:

1. Die Durchführenden begründen ihre Themenauswahl.
2. Die Durchführenden stellen ihre angestrebten Ziele vor.
3. Die Durchführenden begründen die ausgewählten Methoden und den Aufbau der Lernumgebung und geben damit Einblick in ihr didaktisches Planen und Denken.
4. Die Studierenden reflektieren, wie sie das Lernarrangement und die Art der Lernbegleitung als Lernende erlebt und erfahren haben und was ihnen dabei widerfahren ist.
5. Der Dozent gibt eine Rückmeldung, fasst die Rückmeldungen der Studierenden zusammen, abstrahiert diese, indem sie in ausgewählte Theorien eingebunden werden.

Alle Studierenden erleben sich jeweils mindestens sieben Mal als Lernende, die von ihren Kommilitoninnen und Kommilitoninnen in einer vorbereiteten Lernumgebung eingeladen werden, sich intensiv mit einem naturwissenschaftlichen Thema zu befassen. Und sie erleben sich einmal in der Rolle als Lernbegleitende. Dieser Rollentransfer führt dazu, dass die Studierenden die Möglichkeit haben, jeweils aus der Perspektive der Interaktionspartner eines pädagogischen Prozesses diesen zu erleben und in der etwa 45-minütigen Reflexion über die Wirkungen pädagogischer Handlungen intensiv ins Gespräch zu kommen bzw. deren Wirksamkeit zu hinterfragen. Zentrale Voraussetzungen für professionelles inklusives Handeln wird damit sukzessive angebahnt und entwickelt.

> „Jede Veranstaltung endet mit einem intensiven Rückblick auf die Angebote. Dabei kommen sowohl die Durchführenden als auch die Teilnehmenden zu Wort. Die regen Diskussionen ermöglichen einen Perspektivwechsel; Selbst- und Fremdwahrnehmung können auf ihre Konvergenz oder auch Divergenz hin überprüft werden. Dabei wird oft deutlich, wo die eigenen Ansprüche liegen und wie weit man mitunter als angehender Pädagoge davon entfernt ist. Habe ich selbst als Durchführende Rücksicht auf die Lernenden genommen? Was habe ich aus welcher Motivation heraus vorbereitet? ...
>
> Da jede/r der Studierenden im Laufe des Semesters sowohl Lehrende/r als auch Lernende/r ist, befinden wir uns auf einer gemeinsamen Ebene, auf welcher all die unterschiedlichen Empfindungen Raum haben, die uns während unseres Studiums beschäftigen“ (Westphal-Radisch 2012, 51).

Im zweiten Seminar des Moduls werden ausgewählte Theorien bearbeitet und unter dieser Prämisse jeweils zwei kleine Workshopangebote für Kita- und Grundschulkinder zu den im ersten Seminar bearbeiteten naturwissenschaftlichen Themen in Eigenverantwortung der Studierenden durchgeführt. Die reflektierten Erfahrungen aus dem ersten Seminar stellen dafür die Grundlage dar. Auch diese Workshops werden intensiv ausgewertet und theoretisch hinterfragt. Aufgrund der Durchführung von Lernwerkstattarbeit in drei unterschiedlichen Settings (Angebot für Kommilitoninnen und Kommilitonen, Angebot für Kitakinder, Angebot für Grundschulkinder) wachsen das Selbstvertrauen der Studierenden und ihre Fähigkeiten, Lernprozesse zu planen, zu gestalten, zu begleiten, zu analysieren und auszuwerten. Dabei werden die Potenzen aber auch Grenzen einer ‚Ermöglichungsdidaktik', wie sie im Rahmen der Lernwerkstattarbeit angestrebt wird, diskutiert. Im Prozess der Auswertung der kleinen Workshopangebote eignen sich die Studierenden Handlungswissen an. Zugleich trägt diese Art von praxisorientierter Lehre dazu bei, Selbstwirksamkeit zu erleben und diese in den Reflexionen gemeinsam mit den Kommilitoninnen und Kommilitonen auszutauschen.

5.1.1 Was hat eine solche Seminargestaltung mit Inklusion zu tun?

Eine Basis für Inklusion besteht darin, die Heterogenität als Chance und Bereicherung für die Gruppe anzuerkennen. Das geschieht nicht durch theoretische Unterweisung in Vorträgen und Literaturstudium. Vielmehr bedarf es, neben einer theoretischen Begründung, vor allem einer auf Erlebnissen begründeten reflektierten Erfahrung, die letztlich Verhalten und Handeln nachhaltig determiniert. Ganz besonders in der Ausbildung zukünftiger Pädagoginnen und Pädagogen kommt es darauf an, diese Erfahrungen gemeinsam zu machen und zu reflektieren (vgl. Tippelt & Schmidt-Hertha 2013). Denn die pädagogische Interaktion zwischen Hochschullehrenden und Studierenden ist selbst bereits ein sehr differenziertes pädagogisches Praxisfeld, welches vielfältige Möglichkeiten bietet, inklusive pädagogische Interaktion zu gestalten, zu erleben und auch immer wieder gemeinsam zu hinterfragen. Allerdings nur dann, wenn die Interagierenden sich ihrer Rolle – nämlich Lehrender/Lehrende oder Lernender/Lernende zu sein – bewusst sind und dies zugleich zum Gegenstand der Ausbildung machen. In der oben angeführten Tabelle „Rollenbeschreibung der Lernenden und Lernbegleitende im Kontext von Lernwerkstattarbeit" wird deutlich, dass Lernwerkstätten einen sehr wirkungsvollen Raum für eine gelebte und erlebte Praxis der gegenseitigen Anerkennung und der gemeinsamen wertschätzenden Suche nach Antworten bieten. Sie schaffen gute Voraussetzungen dafür, dass die tradierten Rollenzuschreibungen verändert werden können und eine Begegnung zwischen Hochschullehrenden und Studierenden auf Augenhöhe möglich wird. Partizipation, Bereitschaft Verantwortung abzugeben und gleichsam auch anzunehmen und Wertschätzung bilden dafür eine stabile Basis.

Im Folgenden sollen kurz Bezüge zu den oben dargestellten Aussagen zum Bereich der intra- und interpersonellen Ebene von Inklusion hergestellt werden:

5.1.1.1 Heterogenität als konstituierendes Merkmal von Bildungsprozessen wahrnehmen und Lehr-Lernangebote darauf abstimmen

Bereits in der Planung der Seminarsitzungen können die Studierenden maßgeblich die Inhalte der einzelnen Sitzungen bestimmen. Naturwissenschaften sind in der Regel nicht beliebt und oft auch angstbesetzt. Mit der Einbeziehung der Studierenden in die Auswahl der zu behandelnden naturwissenschaftlichen Themen werden bereits in der Planungsphase des Seminars, die in der Regel in der ersten Seminarsitzung stattfindet, die unterschiedlichen Interessenlagen, die Vorstellungen über den eigenen Anspruch an das Seminar und die Bedarfe einzelner Studierender berücksichtigt und als seminarbestimmendes Moment fixiert. Heterogenität wird sichtbar, ohne dass sie in diesem Moment künstlich thematisiert werden muss. Im Verlauf des Seminars werden in den jeweiligen Reflexionen Begründungen für die jeweilige Themenwahl von den Studierenden vorgetragen. Auch hier werden biografische Bezüge sichtbar und damit als Gründe für die Themenwahl transparent und nachvollziehbar für die Kommilitonen und Kommilitoninnen. Im Rückblick auf die Themenwahl und deren Begründung wird für die Studierenden zum Einen die Bedeutung von Diversität für die Entstehung von Vielfalt ausgewählter Themen und damit für die Bereicherung des Seminars deutlich. Zum Anderen werden die Fähigkeiten angebahnt, Interessen- und Lebenslagen anderer zu verstehen und zu achten (sozial-kognitive Empathie).
Gleiches geschieht in den Reflexionsphasen der Seminare. Immer wieder erfahren die Studierenden, wie unterschiedlich ihre Angebote von ihren Kommilitoninnen und Kommilitonen wahrgenommen und reflektiert werden und wie unterschiedlich sie selbst als Lernende auf die Angebote ihrer Kommilitoninnen und Kommilitonen reagieren. Diversität wird damit erfahrbar und zugleich konstituierend für die Planung der didaktischen Miniaturen[1].

5.1.1.2 Übertragung von Eigenverantwortung, Identifikation mit dem Prinzip partnerschaftlicher und demokratische Bildung

Mit der Entscheidung, ein Thema selbst zu wählen, übernehmen die Studierenden Verantwortung für sich und ihre Kommilitonen und Kommilitoninnen. Sie erfahren nahezu beiläufig dabei, dass Beteiligung einerseits die Übernahme von Verantwortung nach sich zieht, aber zugleich andererseits die Bereitschaft der Dozierenden verlangt, Verantwortung abzugeben und als Kooperationspartner vertrauensvoll den Prozess der Erarbeitung des Themas zu begleiten. Absprachen, Kompromisse und letztlich auch das Nachvollziehen der Wünsche und Vorstellungen anderer Studierender tragen dazu bei, dass bereits in der ersten Seminar-

1 Didaktische Miniaturen sind Lehrveranstaltungen, die von Studierenden in Absprache mit dem Dozenten vorbereitet, durchgeführt und ausgewertet werden. Sie beinhalten die Auseinandersetzung mit Theorien sowie deren didaktische Aufbereitung für die Kommilitoninnen und Kommilitonen und die gemeinsame Reflexion (vgl Wedekind 2013).

sitzung die Bedeutung von Inklusion ohne jegliche theoretische Verortung erlebt und vielleicht auch schon erfahren werden konnte (individuelle Regulationsfähigkeit).

5.1.1.3 Prozess- /Ergebnisorientierung inklusiver Bildungsprozesse und Offenheit gegenüber sachlichen Evaluationen in professionellen Kontexten

Speziell in den Reflexionsrunden erleben die Studierenden die Bedeutsamkeit von Selbstbildungsprozessen und deren Abhängigkeit von vielen Bedingungsfaktoren, die zum Teil in der eigenen Biografie (Interessenlagen, Bedürfnisse, Motive, ...) zu finden sind, aber auch durch äußere Umstände (pädagogisches Setting, Aufbau von Beziehungen zu Kommilitonen und Kommilitoninnen, die als Lernbegleitende agieren, ansprechende Gestaltung von Lernumgebungen, ...) geprägt sein können. Indem die Studierenden die determinierenden Bedingungen des Bildungsprozesses sachlich evaluieren, können sie sich der zugrunde liegenden Heterogenität in der Gruppe nicht entziehen. Diversität wird nahezu von selbst zum Thema professioneller Selbstverständigung und inklusive Pädagogik eine Forderung, die sich aus dem Erlebten ergibt.

5.1.1.4 Barrierefreie Zugänge zu Inhalten ermöglichen

Bei der Planung der didaktischen Miniaturen setzen sich die Studierenden in der Phase der Sachanalyse intensiv mit den fachlichen Inhalten ihres Themas auseinander und legen entsprechende Ziele fest. Anschließend entwickeln sie methodische Ideen zur Umsetzung. Bereits in dieser Phase versuchen sie unterschiedliche Zugänge zum Thema anzudenken. Spätestens dann, wenn die Studierenden über den Aufbau einer entsprechenden Lernumgebung beraten, beginnen sie sich intensiv mit der Heterogenität in ihrer Seminargruppe auseinander zu setzen. Während ein Studierender/eine Studierende eher den rationalen Zugang zum Thema sucht, braucht ein anderer Studierender/eine andere Studierende eher eine sinnliche Annäherung. Jemand benötigt klare Anweisungen, um einen Anfang zu finden, wieder eine andere Person eher Raum für die selbstständige Erschließung und kreative Annäherung an das Thema. Mit einer Lernumgebung, die unter Beachtung dieser und weiterer differenter Aspekte individualisierten Lernens aufgebaut ist, werden Barrieren zur inhaltlichen Erschließung abgebaut. Die Möglichkeit den Lernweg, die Lernpartner, den Lernort und die Methoden zur Erschließung des Themas selbst auszuwählen, baut weitere Hindernisse/Barrieren für die individuelle Erschließung eines Themas ab. In der jeweils anschließenden Reflexion der didaktischen Miniatur werden diese Vorüberlegungen vorgestellt und deren Wirksamkeit von der Gruppe gespiegelt. Heterogenität und die pädagogisch angemessene Antwort – inklusive Pädagogik – werden auf der Grundlage gemeinsamer Erfahrungen ins Zentrum der Aufmerksamkeit gerückt.

5.2 Beispiel 2: Das Modul Mathematik und die spezifische Didaktik im Elementar- und Primarbereich

Am Beispiel der zu erbringenden Prüfungsleistung im Modul „Mathematik und ihre spezifische Didaktik im Elementar- und Primarbereich" möchten wir das Potenzial alternativer Prüfungsmethoden im Rahmen der Lernwerkstattarbeit weiter vertiefen. Das Modul besteht aus einem vier Semesterwochenstunden umfassenden Seminar mit 16 Veranstaltungen im 4. Semester. Ziel des Seminars ist es vor allem, neben der Erarbeitung fachbezogener und fachdidaktischer Wissensbestände, diese Wissensbestände zu nutzen, um sich fachlich fundiert zu Materialien, Programmen und Konzepten der frühen mathematischen Bildung zu positionieren und Bildungsangebote in diesem Bildungsbereich zu gestalten. Dies wird als Lernziel des Seminars auch bereits in der ersten Sitzung formuliert. Ebenfalls in der ersten Sitzung wird das Seminarkonzept, einschließlich der Anforderungen an den Leistungsnachweis vorgestellt und damit der Rahmen des gemeinsamen Lernens transparent gemacht. Als Prüfungsleistung besteht in diesem Seminar die Möglichkeit, in einer Kleingruppe eine Lernumgebung, in der die Kommilitoninnen und Kommilitonen ca. anderthalb Stunden selbst mathematisch tätig werden können, zu planen, durchzuführen und zu reflektieren sowie diesen Prozess zu dokumentieren und nochmals zusammenfassend zu reflektieren. Diese Vorgehensweise ist den Studierenden aus dem Modul „Naturwissenschaften und ihre spezifische Didaktik im Elementar- und Grundschulbereich" im 3. Semester vertraut. Für die Gestaltung der Lernumgebung können die Studierenden auf verschiedenste Materialien, Programme und Konzeptionen früher mathematischer Bildung zurückgreifen, die ihnen in der zweiten Seminarsitzung kurz vorgestellt werden und als Material in der Lernwerkstatt vorhanden sind. Die Materialien/Programme und Konzeptionen weisen einen unterschiedlichen Grad an theoretischer Fundierung und Strukturierung auf. Das Angebot reicht vom Materialkoffer „Mengen, zählen, Zahlen (MZZ): Die Welt der Mathematik verstehen" (Krajewski et al. 2007) über Materialien aus dem Projekt „mathe2000" oder dem Konzept „Gleiches Material in großer Menge" (Lee 2010) bis zu offenen Konzepten wie der „Rappel-Rechen-Kiste" aus der Zeitschrift für die Praxis in KiGa und KiTa, Entdeckungskiste.

Bevor die Studierenden sich für ein Material entscheiden und Arbeitsgruppen bilden, ermöglichen ihnen die ersten inhaltlichen Sitzungen individuelle Zugänge zu den Themen „Mathematik" und „frühe mathematische Bildung".

Die erste Sitzung widmet sich vollständig lernbiographischer Arbeit. Methodisch gestützt erkunden die Studierenden zunächst in Interviews, dann in Kleingruppen ihre (lern-)biographischen Erfahrungen mit Mathematik und dokumentieren sie auf Postern. Anschließend werden diese gemeinsam im Plenum vorgestellt und diskutiert. Die zweite Sitzung bietet Raum, aktiv – wieder in kleinen Gruppen – in der räumlichen Umgebung innerhalb und außerhalb der Hochschule nach mathematischen Spuren zu suchen. Diese werden von den Gruppen systematisiert, dokumentiert und vorgestellt. Diese Gruppenpräsentationen bieten das Fundament für die Erarbeitung einer fachwissenschaftlichen Definition von Mathematik – dem zentralen fachlichen Gegenstand der kommenden Wochen im Seminar. In den folgenden drei Wochen wird im Seminar mit unterschiedlichsten Methoden an einer grundlegenden gemeinsamen fachwissenschaftlichen Wissensbasis gearbeitet. Die Auseinandersetzung mit dem aktuellen Forschungsstand zu entwicklungs-, lern- und motivationspsychologischen Aspekten mathematikbezogener Bildungsprozesse bei Kindern mündet in der gemeinsamen Erarbeitung und Begründung von altersgemäßen mathematischen Bildungszielen und didaktischen Prinzipien. Parallel dazu haben die Studierenden Zeit, die bereitstehenden Materialien, Programme, Konzepte zu sichten und eine Auswahl für den Leistungsnachweis zu treffen.

Bereits im ersten Teil des Seminars wechseln traditionelle Unterrichtsphasen mit Phasen der stark an der Lernwerkstattarbeit orientierten Unterrichtsdidaktik. In den auf diesen ersten Seminarteil folgenden neun Wochen steht nun das Lernen in der Lernwerkstatt im Mittelpunkt des Seminargeschehens. Die Planung dieser Werkstatteinheiten obliegt jeweils einer Kleingruppe von Studierenden und ist Gegenstand der Prüfungsleistung. Diese umfasst: (1) Die praktische Umsetzung des jeweils ausgewählten Angebotes früher mathematischer Bildung in einer Lernumgebung, in der die Kommilitonen und Kommilitoninnen mathematisch tätig werden können. (2) Die Begleitung der Kommilitoninnen und Kommilitonen bei der Exploration und dem Tätigsein in der Lernumgebung. (3) Die fundierte Moderation eines Fachgesprächs zu dem ausgewählten Material, Programm, Konzept, in dem die theoretischen Grundpositionen, didaktischen Prinzipien und angestrebten Bildungsziele erarbeitet werden. (4) Die Moderation der gemeinsamen Reflexion: Begründung der Themenwahl, der angestrebten Ziele, Gestaltung der Lernumgebung und der Reflexion durch die Kommilitoninnen und Kommilitonen sowie die schriftliche Dokumentation der didaktischen Miniatur und der Arbeitsergebnisse.

Die Erfahrungen in den durch die Studierenden vorbereiteten Lernumgebungen werden von der Dozentin in den Reflexionsrunden fachlich begleitet und durch weiteren Input zu Themen wie der Vielfalt von Entwicklungsverläufen, der Bedeutung von Sprache für Mathematik sowie fachdidaktischen Aspekten von Arithmetik, Geometrie und Sachrechnen angereichert.

5.2.1 *Was hat diese Gestaltung der Prüfungsanforderung mit Inklusion zu tun?*

5.2.1.1 Heterogenität als konstituierendes Merkmal von Bildungsprozessen und Lehr-Lern-Angebote auf die Prüfungsangebote abstimmen

Das Angebot verschiedener, bereits im Vorfeld zugänglicher Materialien, Programme und Konzepte früher mathematischer Bildung eröffnet den Studierenden die Möglichkeit, ein ihren Ressourcen, Interessen und Motivationslagen entsprechendes Thema für ihren Leistungsnachweis auszuwählen. Dieses soll aus ihrer Perspektive am besten dafür geeignet sein, ihr im Seminar erworbenes Wissen unter Beweis zu stellen. Die oben aufgezählten Teilanforderungen der Prüfungsleistung ermöglichen den Studierenden die Präsentation ihres Wissens auf unterschiedlichen Repräsentations- und Abstraktionsebenen und beschränkt sich dabei nicht auf das Wiedergeben von kurzfristig gelernten Informationen. Damit ist eine wichtige Voraussetzung für ein ressourcen- und kompetenzorientiertes Prüfen gegeben.

5.2.1.2 Übertragung von Eigenverantwortung und Identifikation mit dem Prinzip partnerschaftlicher und demokratischer Bildung

Diese Form des Leistungsnachweises ist in hohem Maße mit der Übernahme von Verantwortung für das eigene Lernen verbunden. Der Erfolg des Leistungsnachweises wird, neben der selbst verantworteten Qualität des fachlichen Inputs der Studierenden, auch von ihren persönlichen Ansprüchen bzgl. der Gestaltung und Umsetzung mitbestimmt. Dabei fordert die Gestaltung der didaktischen Miniatur sowohl die eigene Regulationsfähigkeit als auch die sozial-kognitive Empathiefähigkeit der Studierenden für ihre Kommilitoninnen und Kommilitonen heraus. Die Studierenden werden in diesem Prüfungssetting zu Lernbegleitende. In der Prüfungssituation agieren sie als Expertinnen und Experten für ihr Thema und die entsprechende didaktische Umsetzung. Die Dozierenden sind dabei nicht primär als Prüfende und Expertinnen und Experten präsent, sondern als beobachtende bzw. selbstlernende Akteure in der Werkstatt aktiv.

5.2.1.3 Prozess- und Ergebnisorientierung inklusiver Bildungsprozesse und Offenheit gegenüber sachlicher Evaluation in professionellen Kontexten

In der fachlichen Diskussion und der Reflexion der didaktischen Miniatur geht es konkret auch um die Prozesse und Kontexte, die die (Lern-)Erfahrung ermöglichten. Das als „Prüfungsthema“ gewählte Material, Projekt oder Konzept früher mathematischer Bildung wird so zum Rahmen und Gegenstand des Bildungsprozesses. Die Reflexion der didaktischen Miniaturen kann als „sachliche Evaluation“ in einem professionellen Rahmen verstanden werden (Tippelt & Schmidt-Hertha 2013, 218). Dabei geht es sowohl um die inhaltliche Rekonstruktion des gewählten didaktischen Ansatzes als auch um die Rekonstruktion des pädagogischen Handelns in der didaktischen Miniatur. In einem Prozess des „wechselseitigen Verstehens durch Nachvollziehen von individuellen Absichten" (Tippelt & Schmidt-Hertha 2013, 218) werden – auf Augenhöhe zwischen Lehrenden und Lernenden – fachliche Inhalte der Materialien, Programme und Konzepte aber auch Gelingensbedingungen pädagogischer Bildungsprozesse von den Prüflingen präsentiert, teilweise mit der Gruppe erarbeitet und zusammengefasst. Für die didaktische Miniatur erstellte Materialien hinterlassen „Lernspuren" in der Werkstatt als sichtbares Resultat der Prüfungsvorbereitung.

5.2.1.4 Barrierefreie Zugänge zu Inhalten ermöglichen

Die Barrierefreiheit wird bei dieser Form der Prüfungsanforderung in zweierlei Hinsicht ermöglicht: Zum einen können die Studierenden den Zugang zum Material, Programm oder Konzept frei wählen, ebenso wie die Form der Präsentation, der Lernbegleitung, der Moderation des Fachgesprächs und der Reflexion. Zum anderen werden in der Lehr-Lernforschung belegte leistungsbeeinträchtigende Barrieren institutionalisierter Bildungsprozesse (vgl. z.B. Klauer & Leutner 2007; Helmke 2009) abgebaut: Die Herausforderung dieser Prüfungsanforderung ist nicht mit unter Stress gelerntem, kurzfristig abrufbereitem Wissen zu bewältigen, sondern erfordert – und ermöglicht gleichzeitig – eine intensive Auseinandersetzung mit den Materialien, Programmen, Konzepten früher mathematischer Bildung, dem aktuellen Wissensstand zu frühen mathematischen Bildungsprozessen, den Bildungszielen sowie didaktischen Herangehensweisen und befördert damit die langfristige Verankerung im Gedächtnis. Die Möglichkeit, das Prüfungssetting selbst aktiv zu gestalten und in ihm eigenverantwortlich zu agieren, eröffnet die Erfahrung von Selbstwirksamkeit und Kompetenz und schafft damit aus motivationspsychologischer Perspektive eine Atmosphäre, in der sich vorhandene Kompetenzen der Studierenden entfalten können. Dies ist beispielsweise für Studierende mit angstbestimmt lernmotiviertem Studienverhalten eine bedeutsame Unterstützung ihrer Motivationsregulation (vgl. Metzger et al. 2012).

6 Zusammenfassung

Lernwerkstätten und Lernwerkstattarbeit in der Ausbildung zukünftiger Pädagoginnen und Pädagogen bieten vielfältige Möglichkeiten, Inklusion als immanenten Gegenstand pädagogischer Interaktionen und professioneller Kompetenzaneignung zu thematisieren, zu problematisieren und vor allem zu realisieren. Als gelebte, erlebte und reflektierte Wirklichkeit wertschätzender Interaktionsprozesse trägt Lernwerkstattarbeit in der von uns dargestellten Weise dazu bei, inklusive Pädagogik nicht nur als Vision und Glaubensbekenntnis in der Ausbildung zu thematisieren, sondern als machbare und lohnenswerte Erneuerung pädagogischer Praxis nachhaltig in den Haltungen und Handlungen zukünftiger Pädagoginnen und Pädagogen zu verankern. In Abwandlung einer Aussage von Hartmut von Hentig (1993, 218) zum Thema Demokratieerziehung hier folgende abschließende Bemerkung: „An Inklusion („Demokratie" wurde von den Autoren im Zitat durch „Inklusion ersetzt") kann nur glauben, wer erlebt hat, dass sie hält, was sie verspricht, dass sie möglich ist. Sie verspricht, dass meine Stimme in den gemeinsamen Angelegenheiten gehört wird – wirklich gehört wird."

7 Literatur

Albert, Christine (2000): Lernwerkstatt Kindergarten. Neuwied, Kriftel, Berlin.

CHE Consult GmbH (Hrsg.) (2012): Studienrelevante Diversität. Kurzbeschreibung einer Methodik und von ermittelten Studierendentypen. CHE Consult GmbH: Gütersloh.

Döbert, Hans & Weishaupt, Horst (Hrsg.) (2013): Inklusive Bildung professionell gestalten. Situationsanalyse und Handlungsempfehlungen. Waxmann: Münster.

Ernst, Karin (1993): „Lernwerkstätten – eine Übersicht." In: Ernst & Wedekind (Hrsg.): Lernwerkstätten in der Bundesrepublik Deutschland und Österreich, Beiträge zur Reform der Grundschule Bd. 91. Frankfurt.

Feuser, Georg (2008): Integration. In: Lingenauber (Hrsg.): Handlexikon der Integrationspädagogik. Bochum: Projekt-Verlag, 103-107.

Fthenakis, Wassilios E. (Hrsg.) (2009): Natur-Wissen schaffen, Bd. 2: Frühe mathematische Bildung. Troisdorf: Bildungsverlag EINS.

Gronemeyer, Marianne (2009): Die Macht der Bedürfnisse. Überfluss und Knappheit. 2. Aufl.. Wissenschaftliche Buchgesellschaft: Darmstadt.

Haug, Peder (2008): Inklusion als Herausforderung der Politik im internationalen Kontext. In: Kreutzer & Borgunn Ytterhus (Hrsg.), 36-51.

Helmke, Andreas (2009): Unterrichtsqualität und Lehrerprofessionalität. Diagnose, Evaluation und Verbesserung des Unterrichts. 2. Aktualisierte Auflg. Seelze-Velber: Kallmeyer.

Hentig, Hartmut v. (1993): Die Schule neu denken. München/ Wien: Hanser Verlag.

Klauer, Josef & Leutner, Detlev (2007): Lehren und Lernen. Einführung in die Instruktionspsychologie. Beltz Psychologie Verlags Union: Weinheim.

Klein, Ferdinand (2010): Inklusive Erziehungs- und Bildungsarbeit in der Kita. Heilpädagogische Grundlagen und Praxishilfen. Bildungsverlag EINS: Troisdorf.

Krajewski, Kristin; Nieding, Gerhild & Schneider, Wolfgang (2007): Förderboxen für KiTa und Anfangsunterricht: KiTa-Förderboxen: Mengen, zählen, Zahlen (MZZ): Die Welt der Mathematik verstehen. Koffer mit Fördermaterialien und Handreichungen. Cornelsen: Berlin.

Krappmann, Lothar (2012): Das Recht auf Bildung in der frühen Kindheit – ein weltweiter Wandel. Vortrag im Rahmen der Frühpädagogischen Abendvorlesung an der Alice Salomon Hochschule Berlin. 10.05.2012.

Lee, Kerensa (2010): Kinder erfinden Mathematik. Gestaltendes Tätigsein mit gleichem Material in großer Menge. Verl. Das Netz: Weimar.

Lingenauber, Sabine (2008) (Hrsg.): Handlexikon der Integrationspädagogik. Bochum: Projekt-Verlag.

Metzger, Christiane; Schulmeister, Rolf & Martens, Thomas (2012): Motivation und Lehrorganisation als Element von Lernkultur. Zeitschrift für HS-Entwicklung. Jg. 7, Nr. 3, S. 36 – 50.

Nentwig-Gesemann, Iris; Fröhlich-Gildhoff, Klaus; Harms, Henriette & Richter, Sandra (2011): Professionelle Haltung – Identität der Fachkraft für die Arbeit mit Kindern in den ersten drei Lebensjahren. Bd. 24. Eine Expertise der Weiterbildungsinitiative Frühpädagogischer Fachkräfte (WiFF). Deutsches Jugendinstitut e.V.: München.

Prengel, Annedore (2010). Inklusion in der Frühpädagogik. Bildungstheoretische, empirische und pädagogische Grundlagen. WIFF Expertise. Bd. 5. Deutsches Jugendinstitut e.V.: München.

Reich, Kersten (2008): Konstruktivistische Didaktik: Lehr- und Studienbuch mit Methodenpool. Beltz

Sulzer, Annika & Wagner, Petra (2011): Inklusion in Kindertageseinrichtungen - Qualifikationsanforderungen an die Fachkräfte. WIFF Expertise. Bd. 15. Deutsches Jugendinstitut e.V.: München.

Tippelt, Rudolf; Reupold, Andrea; Strobel, Claudia & Kuwan, Helmut (2009): Lernende Region – Netzwerke gestalten. Bertelsmann: Bielefeld.

Tippelt, Rudolf & Schmidt-Hertha, Bernhard (2013): Inklusion im Hochschulbereich. In: Döbert & Weishaupt (Hrsg.), 203 – 229.

Treber, Monika (2011): Vielfalt und Inklusion als Herausforderung einer Pädagogik der Kindheit. In: Jungk et al. (Hrsg.), 13-25.

VeLW (Hrsg.) (2009): Positionspapier des Verbundes europäischer Lernwerkstätten (VeLW) e.V. zu Qualitätsmerkmalen von Lernwerkstätten und Lernwerkstattarbeit. Berlin.

Wedekind, H. (2006): Didaktische Räume – Lernwerkstätten – Orte einer basisorientierten Bildungsinnovativation. In: Gruppe & Spiel, H 4/2006.

Wedekind, Hartmut (2007): Lernwerkstätten. Übungsräume für demokratisches Handeln. In: Grundschulunterricht H3/2007. Schulverlag GmbH: Oldenbourg.

Wedekind, Hartmut (2011): Eine Geschichte mit Zukunft. In Grundschule H 6/2011. Westermann Verlag.

Wedekind, Hartmut (2013): Lernwerkstätten in Hochschulen – Orte für forschendes Lernen, die Theorie fragwürdig und Praxis erleb- und theoretische hinterfragbar machen. In: Coelen & Müller-Naendrup (Hrsg.), 22ff.

Westphal-Radisch, Tabea (2012): Vom Reflektieren eigener Erfahrungen zum bewussten pädagogischen Handeln. In: alice-Magazin der Alice Salomon Hochschule, H23/2012, Berlin.

Wocken, Hans (2009): Qualitätsstufen der Behindertenpolitik und -pädagogik. Ein Beitrag aus der Tagung: Unterricht in heterogenen Klassen (Teil 2). Module zur Heterogenität. Bad Boll, 14.-16.12.2009. Online verfügbar unter: http://www.ev-akademie-boll.de/fileadmin/res/otg/501909-Wocken.pdf.

Herbert Hagstedt

Unterrichtsentwicklung braucht anspruchsvolle Lernumgebungen

1 Zusammenfassung

In diesem Beitrag werden Lehr-Lernumgebungen in Schule und Hochschule auf isomorphe Strukturen untersucht. Zunächst werden Denkmusterwechsel in der Unterrichtsentwicklung der letzten drei Jahrzehnte am Beispiel der Didaktik-Reformen identifiziert: Von der Angebotsdidaktik über die Dialogische Didaktik bis hin zur aktuellen Didaktik der Lernwerkstätten. Aus dieser Analyse leitet sich dann die zentrale Frage nach dem Sinn einer Verkürzung von Unterrichtsentwicklung auf Curriculumentwicklung ab, die sich in analoger Weise auch für die Lehrerbildung stellt: Wo und wie lernen Lehramtsstudierende, nicht nur Klassenunterricht zu planen, sondern Kinder auch auf individuellen Lernwegen zu begleiten? Plädiert wird für eine rechtliche Stärkung mathetischer Lernumgebungen in der Lehrerbildung.

2 Einleitende Gedanken über die Zumutung, Lernen und Forschen freizugeben

Hinter der Zumutung, schulische Lern-Orte zum eigenen Forschen und Entdecken freizugeben, und sei es nur in besonderen Werkstattzeiten und Werkstattumgebungen, steckt ja ein ungeheuerlicher Vorwurf. Er lautet: Kinder wollen lernen und sich selbst beweisen, aber sie haben kein Recht zu lernen, was sie wollen und zu untersuchen, was ihnen fragwürdig ist.

Mit großen Erwartungen, vor allem aber mit vielen ihnen wichtigen Fragen und Themen blicken sie dem Schulstart entgegen. Sie freuen sich darauf, Schulkinder zu werden und haben schon imposante Ideen, was sie machen wollen, wenn es endlich losgeht. Doch die „Vorfreude auf die Schule" so hat es Paul Michael Meyer in seinem Buch "Die biografische Schule" formuliert, „verdanken die Kinder ihrer Ahnungslosigkeit" (Meyer 1994, 14). Was sie noch nicht wissen können und ihre Eltern bewusst verschweigen: Schulen haben einen Bildungs- und Lehrauftrag, der sich nicht an kindlichen Lernwünschen und Lebensthemen, an alt- und neuklugen Fragen von Schülern orientiert: „Dass wir Lehrer viele Kinder vom

Lernen abbringen, ist leider Tatsache und als solche ein Aspekt der strukturellen Gewalt der Schule" (ebd.).

Die Machtstrukturen schulischen Lernens, so wissen wir aber auch aus soziologischen Studien, haben sich in einer langen Erfolgsgeschichte der Didaktik herausgebildet und stetig verfestigt (vgl. Negt 1999).

Lernen in seiner staatlich verordneten Form wird organisiert über eine kunstvolle Choreographie der Belehrung, der sich Schülerinnen und Schüler kaum entziehen können. Dabei ist der obligatorische Charakter des Unterrichts allein noch kein hinreichender Erfolgsgarant. Als entscheidender wird angesehen, dass dieser Unterricht so verplant ist, systematisch geordnet nach Fächern, aufgeteilt in Zeitblöcken, heruntergebrochen in Themenfeldern und Aufgabenformaten, dass sein eigentlicher Sinn von den Akteuren gar nicht mehr infrage gestellt wird.

Zwischen festgeschriebener Form der Unterrichtserteilung, zugewiesenem Stoffkanon, empfohlenen Lehrgangsstufen und differenzierten Kompetenzrastern entziehen die Lehrbeauftragten den Kindern wie selbstverständlich Chance für Chance, ihre Angelegenheiten in Sachen Lernen selbst zu regeln. Für die Kinder ist es nicht nur eine Enttäuschung, sondern auch eine Entwürdigung, an jedem Schulvormittag wieder neu zu erfahren, dass ihre eigenen Fragen für die Schule gerade nicht so wichtig sind wie für einen selbst, dass die Welt mit ihren vielen Geheimnissen ohnehin schon weitgehend entdeckt ist von den Erwachsenen, von Lehrplankommissionen und Lehrgangsentwicklern, von Schulbuchredakteuren und eben auch von ihren Lehrerinnen und Lehrern (die sich darauf berufen können).

Sieht es soviel anders aus, wenn wir uns jetzt gedanklich mit einer ähnlichen Zumutung auf die Ebene der Lehrerbildung begeben?

Unsere verschulte Gesellschaft hat die Hochschulen längst erreicht. Das Recht auf „Freiheit von Lehre und Forschung" wird zwar weiterhin beschworen und einseitig in Anspruch genommen, aber doch nicht weitergegeben an die Studierenden im Sinne eines erweiterten Rechts auf Freiheit von Lernen und eigenem Explorieren. Die Lehrerbildung hat sich eingerichtet in einem latent didaktokratischen Umfeld, in dem Lernwerkstätten als weitgehend instruktionsfrei gedachte Orte für ein alternatives Studieren keinen festen Platz beanspruchen können. Sie sind mancherorts allenfalls geduldet als Versuchsabteilungen für Materialentwicklung und Konzepterprobung. Lehramtsstudierende haben jedenfalls keinen grundsätzlichen Anspruch auf belehrungsfreie Lernzeiten. Sie haben kein Recht auf einen Ort an der Hochschule, an denen für sie leibhaftig erfahrbar werden kann, wie sie selbst lernen. Dabei wären gerade für zukünftige Lehrerinnen und Lehrer, die im Schulalltag gefordert sein werden, eigenwillige Lernstrategien und auch inzidentelle Lernprozesse von Kindern kompetent zu begleiten, dabei geduldig Umwege und Irrwege auszuhalten, authentische Erfahrungen mit der eigenen Rolle als Lerner berufsnotwendig. Wollen wir nicht das Risiko einer schleichenden deformation professionelle eingehen, trotz medialer Nachrüstung immer wieder auf tradierte Vermittlungsmuster und Belehrungskonzepte zurückzufallen, müssen die Hochschulen ihrer Verantwortung für verstehendes, forschendes Lernen gerecht werden. Und eben darin manifestiert sich das besondere Angebot der Studienwerkstätten: Mitten in dem von Vorlesungsskripten und Klausuranforderungen dominierten Hochschulalltag bewusst innehalten zu können und die Lernwerkstatt als Ort der Selbstorganisation und Selbstreflexion der eigenen Lernprozesse zu erleben.

In den letzten 30 Jahren hat es kontroverse Auseinandersetzungen um die Prinzipien eines forschenden und entdeckenden Lernens im Kontext von Schule und um weitergehende Lernwerkstatt-Philosophien im Schatten von Schule gegeben. Dabei haben sich die Diskussionen immer auch mit Vorstellungen zur Öffnung von Unterricht und zur Integration informeller Lernformen vermischt. Die Geschichte der Lernwerkstätten lässt sich deshalb ein Stück weit auch als Geschichte der Unterrichtsentwicklung und Didaktikreform beschreiben. Exemplarisch möchte ich einige Beispiele für Unterrichtsentwicklung skizzieren, an denen Denkmusterwechsel erkennbar werden. Bei der Auswahl habe ich mich auf drei didaktische Konzepte konzentriert, die in der Schweiz entwickelt wurden, um Unterricht strukturell so zu verändern, dass den Lernenden ein freieres Tätigsein ermöglicht wird.

3 Die Angebotsdidaktik der 80er Jahre – Lernen im Werkstatt-Unterricht

Diesen Ansatz habe ich gewählt, weil er nicht nur die Reformdiskussion in der Grundschulpädagogik allgemein beeinflusst, sondern auch schon den Werkstattbegriff zu einem frühen Zeitpunkt vereinnahmt hat.

Einige Lehrerstimmen aus dieser Zeit:

Fritz Steinmann-Lutz: „An der Wandtafel ist ein Angebot von ungefähr 30 Arbeitsmöglichkeiten angeschlagen, die zur Auswahl freistehen. Die entsprechenden Arbeitsblätter liegen hinten im Zimmer auf, und die Lösungsschlüssel zur Selbstkontrolle finden die Kinder auf einem seitlichen Arbeitssims. Diese Unterrichtsform nennen wir Werkstattunterricht“ (Steinmann-Lutz 1984, 60).

Käthi Zürcher: „Ich erdenke Situationen, Experimente, Beobachtungsaufgaben und Spiele, in welchen sich die Schüler unweigerlich (!, HH) mit dem Vervielfachen bzw. dem Multiplizieren auseinandersetzen. So vermittle ich ihnen anhand gezielter WS-Aufträge neue Erfahrungen und subjektive Erlebnisse“ (Zürcher 1987, 3).

Sandra Beriger: „Wie wird in der Werkstatt gearbeitet? Auf dem Arbeitspass sind alle Arbeitsaufträge der Werkstatt aufgelistet. Der Schüler entscheidet sich für einen Arbeitsauftrag und holt sich das entsprechende Auftragsblatt. Falls das Blatt frei ist, findet er darauf die Anleitung zum Auftrag. Er arbeitet selbständig an seiner (!, HH) Aufgabe“ (1992, 1). Und schließlich Jürgen Reichen: „Ein Sonderfall ist die ′programmierte Lernwerkstatt‵. Sie besteht aus einem Überangebot an strukturell zusammenhängenden Lern- und Handlungsmöglichkeiten zu einem bestimmten Lernbereich, die in einer bestimmten Abfolge zu bearbeiten sind. In diesem Fall hat eine Arbeitskarte die Funktion einer Art Lern-Organigramm, das dem Schüler ein Netz möglicher Lernwege vorstellt, auf denen er nach eigener Wahl vorankommen kann“ (1991, 64).

Halten wir fest: Bei dieser Form der Unterrichtsentwicklung ist der Planungsaufwand der Lehrpersonen offenbar erheblich. Er manifestiert sich vor allem in einer hochstrukturierten Materialentwicklung bzw. -bereitstellung. Dennoch betonen alle Protagonisten der Angebotsdidaktik das eigentliche Ziel des Werkstatt-Unterrichts: die Förderung selbständigen, teilweise lehrerunabhängigen Lernens und die freien Wahlmöglichkeiten für die Kinder.

4 Die Dialogische Didaktik der 1990er Jahre – Lernen nach Aushandlung

In den 1990er Jahren, bei Reichen deutete sich das schon an, waren zunehmend lernwegeorientierte Didaktiken in der Diskussion. Ein dialogischer Ansatz für ein „Lernen auf eigenen Wegen“ wurde von den Züricher Gymnasiallehrern Peter Gallin und Urs Ruf entworfen und im eigenen Unterricht erprobt. Ihr Konzept versucht, möglichst allen Schülerinnen und Schülern Gelegenheit zu geben, sich individuell mit einem Lerngegenstand auseinanderzusetzen, dabei über entdeckte Zusammenhänge in Dialoge mit Mitschülern und Lernbegleitern einzutreten.

Sie verzichten dabei gänzlich auf die Fiktion eines gleichen Unterrichtszieles und eines gleichen Lernweges für alle Schüler. Stattdessen wird Unterricht als Aushandlungsprozess für alle Beteiligten begriffen, der vier Stadien umfasst, die bruchlos ineinander übergehen.

Das erste Stadium wird beschrieben als Suche nach einer Kernidee. Der Lehrkraft kommt ständig die Aufgabe zu, Kernideen zu generieren, die den Schülern eine fachlich gehaltvolle Auseinandersetzung mit der Sache ermöglichen. Bei Einführung eines neuen Stoffgebietes ist es in der Regel die Lehrperson, die eine ausgewählte Kernidee so vorstellt und attraktiv macht, dass bei den Schülern ein tragfähiges Einstiegsinteresse erzeugt wird. Deshalb sollte die Kernidee für die Lernenden im Idealfall eine Bedeutung haben, sie provozieren, herausfordern oder überraschen. Die Schüler haben auch die Möglichkeit, vorgetragene Kernideen zu erweitern oder individuell abzuändern.

Auf diese erste Aushandlungsphase, die bei Identifizierung mit der Lehreridee ihr Ziel schon erreicht, folgt eine Arbeitsvereinbarung zwischen allen Beteiligten. Zunächst ist es wieder primär die Lehrperson, die einen klaren Arbeitsauftrag formuliert, der sich aus der Kernidee ergibt. Doch auch in diesem Stadium, so wird versichert, müssen sich die Schülerinnen und Schüler nicht einfach mit einer

vorgegebenen Lernumgebung abfinden, sondern können das Arrangement auch durch eigene Ideen abwandeln. "Ob es … zu einer fruchtbaren und anhaltenden Auseinandersetzung mit dem Stoff kommt, steht und fällt mit den Perspektiven, die der Auftrag eröffnet" (Gallin & Ruf 2003).
Entscheidend ist nur, dass es im nächsten Stadium zu einer authentischen Begegnung mit der Sache in einem jetzt selbständig organisierten Lernprozess kommen kann. Denn der eigentliche Höhepunkt der Auseinandersetzung ist die „ICH – Phase", in der jeder und jede Lernende persönlich Stellung bezieht in einer Art Lernjournal, einem „Reisetagebuch", in dem alle beschriebenen Lernwege und Lernfelder dokumentiert und Lernspuren detailliert festgehalten werden.
Die schriftlichen Aufzeichnungen im Lernjournal ermöglichen dem Lernbegleiter im anschließenden 4. Stadium der Auseinandersetzung, jedem Lernenden eine persönliche Rückmeldung zu geben.
Die Rückmeldungen verbinden singuläre Entwürfe und reguläre Anforderungen. Im Idealfall enthält das Lerntagebuch Ansätze, die auch für die Mitschüler spannend sind und so den Dialog wieder weiterführen können.
Halten wir wiederum fest: Auch bei dieser Form der Unterrichtsentwicklung ist der Planungs- und Beratungsaufwand der Lehrperson erheblich. Die Idee der Initiatoren, den Aufwand durch die Entwicklung neuer Schulbücher[1] zu minimieren, die Kernideen, Arbeitsaufträge und Rückmeldemöglichkeiten exemplarisch für Deutsch und Mathematik vorgeben, halte ich allerdings für kontraproduktiv (und entmündigend).
Dennoch betonen auch Gallin und Ruf immer wieder das Ziel ihres Dialogmodells, das eigentlich keine Schulbuchvermittlung verträgt: die Förderung des selbständigen Lernens und die verbesserten Mitplanungs- und Aushandlungsmöglichkeiten für die Lernenden.

5 Die Werkstatt-Didaktik der letzten 10 Jahre – Lernen in Themengärten

Im Kanton St. Gallen wurde 2003 die erste offizielle Lernwerkstatt der Schweiz an der PH Rorschach eröffnet. Für Stella Maris wurde ein großzügiges Raumkonzept entwickelt, das nicht nur für die Schweiz Vorbild sein kann. Flankiert wurde die Hochschulkonzeption durch fünf Didaktische Zentren, in denen ebenfalls Lernwerkstätten aufgebaut wurden. Im Konzept zu den Regionalen Didaktischen Zentren (RDZ) wurde ein Leistungsauftrag formuliert: „Jedes RDZ führt für interessierte Studierende und Lehrkräfte eine Lernwerkstatt mit einem Angebot von didaktischen Workshops". Diese frühe, noch relativ interpretations-

1 Gallin und Ruf haben im Zusammenhang mit ihrem Ansatz des dialogischen Lernens mehrere Schulbücher unter dem Titel „Ich mache das so! Wie machst du es? Das machen wir ab!" (u.a. 1995) herausgegeben.

offene Funktionszuschreibung aus dem Jahre 2002 sorgt bis heute für lebhafte Auseinandersetzungen um die inhaltliche Ausrichtung der verschiedenen Werkstätten. Entsprechend spannend ist es zu beobachten, welche standortspezifischen Werkstattvarianten gefunden wurden. Anders als in Rorschach haben die Regionalen Didaktischen Zentren eine andere Hauptklientel und keinen expliziten Ausbildungsauftrag. Sie konnten sich deshalb eine Vorlaufphase leisten, in der verschiedene Modelle ausprobiert wurden. Von den ersten Themengärten der Anfangsjahre bis zu den aktuellen Workshopvarianten wurde viel versucht und evaluiert. Irgendwann wurde klar, dass die Lernwerkstätten früher oder später in ihren eigenen Materialsammlungen versinken könnten. So entstand die Idee der mobilen Wanderlerngärten. Das nun arbeitsteilig entwickelte Material, in professionellen Lernkisten verpackt, war aber ohne einen zusätzlichen Instruktionsinput nicht ausleihbar.

In einer kritischen Zwischenbilanz nach fünf Jahren Lernwerkstattarbeit an der PH Rorschach zieht Werner Hangartner ein bedenkenswertes, aber durchaus nachvollziehbares Fazit der bisherigen Versuche: „Die Zukunft für die Arbeit in Lernwerkstätten kann also nicht in der jetzigen Form der Lerngärten liegen" (Hangartner 2009, 13).

Hangartner mahnt an, entdeckendes, auf mehr konstruktives Vorgehen abzielendes Lernen setze voraus, dass sich die Lernenden in eine Sache vertiefen können. Dazu braucht es viel Zeit, die bei kurzfristigen Klassenbesuchen meist gar nicht vorhanden ist. Ungeklärt sind auch Raumfragen. Manche Lerngärten waren so platzeinnehmend, dass Lerngruppen, die gekommen waren, um sich mit eigenen Fragen auseinander zu setzen, zuerst einmal einiges wegräumen mussten. Doch jenseits solcher leicht behebbaren Anlaufschwierigkeiten kann Werner Hangartner auf eine Vielzahl erfolgreicher Projekte und Lerngartenentwicklungen zurückblicken. Besonders hebt er die Möglichkeiten hervor, mit Studierenden modellartige Lernarrangements zu konzipieren und zu erproben, was in einem eigens eingerichteten Modul mit dem Titel „Lernumgebungen entwickeln" schon realisiert wurde. Diese Idee könnte seiner Meinung nach verknüpft werden mit einem Projekt für Schulen aus der Region, die mehr Zeit zur Verfügung hätten, die von den Studierenden entwickelten Lernumgebungen exemplarisch zu erproben und ihre Lernprozesse zu reflektieren:

„Studierende erfahren meist nur kurze Sequenzen in der Lernwerkstatt, sodass für sie das Wesentliche der Lernwerkstattarbeit gar nicht erfahrbar wird. Es ist anzustreben, dass Studierende echte Erfahrungen zum Entdeckenden Lernen in der Lernwerkstatt machen können. Denkbar wäre ein ganzes Modul zum entdeckenden Lernen" (Hangartner 2009).

Fassen wir wieder zusammen: Auch bei dieser Form der Einrichtung von Lernwerkstätten ist der Planungsaufwand für die Beratungspersonen der jeweiligen Lernwerkstatt erheblich. Durch Wanderlerngärten, ihre arbeitsteilige Entwicklung und den Austausch von Lernkisten kann er nicht wirklich reduziert werden. Dennoch betonen auch hier die Verantwortlichen das eigentliche Ziel ihrer aufwendigen Vorarbeiten: die Förderung des selbständigen Lernens und die Ermöglichung konstruktiven Tätigseins durch die Lernenden.

Vergleicht man die beschriebenen drei Didaktikansätze, so sind über die Jahrzehnte Denkmusterwechsel erkennbar, die stark an die anglo-amerikanischen Diskussionen um „guided discovery" erinnern:

Der Werkstatt-Unterricht in seiner Variante der Arbeitsblatt-Didaktik setzte auf eine „guided activity" mit einem relativ hohen Instruktions- und Steuerungsanteil.

Der Dialogische Unterricht bleibt zwar auch noch stark auftragsgebunden, unterstützt aber vor allem das persönliche Herangehen an die Sache, eine „challenge activity", die den Lerner herausfordert, sich mit eigenen Ideen und Lernwegvorschlägen einzubringen.

Die Lernwerkstatt in ihrer Themengarten –Variante ist zwar noch eine weitgehend ohne die Lernenden gestaltete Lernumgebung, bietet aber potentiell durchaus Lerngelegenheiten im Sinne einer „inquiry activity", vor allem im Stadium der Fragenfindung und Fragendefinition (vgl. hierzu auch Zocher 2000).

6 Kann Unterrichtsentwicklung auf der Ebene der Curriculumentwicklung stehenbleiben?

Alle drei Ansätze sind, so wie ich sie verstanden habe, weiterhin aus der Sicht der Lehrverantwortlichen konzipiert. Arbeitsblätter, Ideensammlungen, Lernkisten: ein gut gemeinter Service, abgestimmt auf einen antizipierten Bedarf von Lehrenden, die sich selbst umstellen müssen auf indirekte Steuerung, auf gelenkte Entdeckung, auf minimale Intervention, auf personbezogene Lernbegleitung.

Unterrichtsentwicklung aus der Lehrerperspektive bleibt hier weiterhin konzentriert auf den Kernbereich der didaktischen Vorsortierung: Gute Aufgabenformate, interessante Kernideen, abwechslungsreiche Lernlandschaften werden erst nachträglich für ko-konstruktive Prozesse geöffnet. Partizipation wird so durchaus möglich, aber – in bereits abgesteckten curricularen Feldern.

Mit anderen Worten: Unterrichtsentwicklung aus dieser Perspektive wird weiterhin betrieben als Curriculumentwicklung. Freilich: Dies ist nun kein besonders überraschendes Ergebnis. Das skizzierte Verständnis von Unterrichtsentwicklung hat vielmehr große Traditionslinien:

- Die ersten Teacher-Centers in Großbritannien waren von ihrer Aufgabenbeschreibung reine Curriculum- Werkstätten.
- Auch die selbstorganisierten linken Lehrerzentren in Deutschland waren Materialentwicklungs- und Austauschbörsen.
- Die Bielefelder Laborschulprojekte waren von Anfang an als Curriculumwerkstätten geplant.

- Selbst die reformpädagogischen Vordenker der Freien Arbeit von Maria Montessori bis Celestin Freinet waren immer auch Curriculumentwickler.

Sie alle definierten ihre Lehrerrolle über Materialerfindungen und curriculare Vorschläge zur Veränderung des Unterrichts, also über ein lehrseitiges Verständnis von Lernorganisation.

Erst mit der konsequenten Fokussierung auf autodidaktische Prozesse, auf eigene Fragensuche und persönliche Aufgabenfindung, auf verstehendes Erleben und Bewusstmachen biografischer Linien, erst mit der lernseitigen Veränderung des Unterrichts also konnte das didaktische Paradigma wirklich wechseln: von der Meisterlehre zur Lernentwicklung, von den empfohlenen didaktischen Königswegen zu den vielen kleinen Umwegen, Irrwegen, Nebenwegen. Dieser große Denkmusterwechsel in Richtung auf eine „biographische Mathetik" (Hentig 1985, 85) erst rechtfertigt die Einrichtung von „Lernorten erweiterten Rechts" jenseits der Ebene verbindlichen Klassenunterrichts und verbindlicher Hochschulseminare.

Lernwerkstätten, so würde ich heute formulieren, wollen und können nicht Unterricht oder Vorlesungen ersetzen, sie sollten bescheidener ansetzen und nur versuchen, ein Potential für individuelle, auch wilde Lerngelegenheiten zu entfalten. In diesem Sinne definieren sie sich als Ergänzungsprogramm, das Anspruch auf einen ergänzenden Rechtsrahmen erheben kann:

Lernwerkstätten sind Orte der Selbstbildung, der Selbstverantwortung und Selbstreflexion. Das erfordert für schulische Verhältnisse noch ungewohnte, gleichsam autodidaktische Rechte für die Lernenden, die jederzeit im Rahmen der Werkstattarbeit eingeklagt werden können:

- Ein Recht auf persönlich bedeutsames Lernen, das Erfahrungen im Selbstversuch ermöglicht: Im schnell vorbeirauschenden Schulleben oder Studienalltag können kleine lernbiographische Haltestellen eingerichtet werden, Orte der Wahrnehmung authentischer Lerngelegenheiten oder subjektiv empfundener Lernversäumnisse.
- Ein Recht auf gründliches, zeitlich und fachlich unbegrenztes Lernen, das Tiefenbohrungen und Disziplinüberschreitungen zulässt, ja fördert: Immer neue Schleifen des Verstehens können so der Portionierung des Wissens in Häppchenkulturen entgegen gesetzt werden.
- Ein Recht auf vermessungs- und bewertungsfreies Lernen: Schulen und Hochschulen sind heute tendenziell gefährdet, zu permanenten Prüfanstalten und Rankingplatzhaltern zu degenerieren. Umso wichtiger werden experimentelle Spielräume und nicht standardisierbare Handlungsoptionen, die eine Selbstevaluation erfordern.
- Ein Recht auf Lernen aus Versuch und Irrtum: In einer Lernwerkstatt gibt es keine „falschen Fragen" und eben auch keine „falschen Herangehensweisen" der Lernenden. Jeder Umweg, jede Fehleinschätzung, jede merkwürdige Ne-

benfrage, jeder Zeit"verlust" kann zum Lerngewinn werden. Dem eigenen Fragerecht der Lernenden entspricht die Neugierpflicht der Lernbegleiter.
- Ein Recht auf Lernen ohne ständige Intervention: Die Verführung für die Lernbegleitung, unpassende Kinderfragen nicht einfach so zu nehmen, wie sie sind, sondern sie etwas umzuformulieren, zu entschärfen, anders zu interpretieren, das Ganze so besser bearbeitbar zu machen, ist immer gegenwärtig. Pädagogen denken schnell in ihren didaktischen Kategorien und haben oft Mühe, sich inhaltlich nicht einzumischen.

7 Aufgabenfelder der Lernbegleitung

Für eine kompetente Begleitung der Lernenden sind drei Aufgabenbereiche maßgeblich, die in einem Interdependenzverhältnis zueinander stehen:
- eine prä-konstruktive Tätigkeit: als Designer und Arrangeur
- eine ko-konstruktive Tätigkeit: als persönlicher Coach und Mitforscher
- eine re-konstruktive Tätigkeit: als Moderator und Lernbiograf

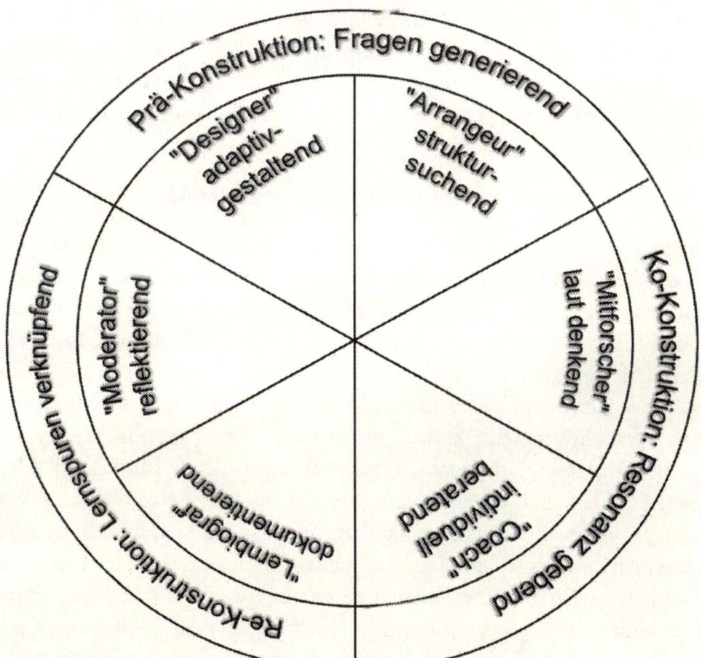

Abb. 1: Drehscheibe der Lernbegleitung

8 Die adaptive Gestaltung einer Lernlandschaft

Konstruktive Tätigkeiten entwickeln sich nicht ganz voraussetzungslos. Sie setzen die „Ordnung des Erfahrungsraums“ (von Hentig 1985, 85) voraus, woraus sich vielfältige Einstiegsmöglichkeiten für die Lernenden in „ihre“ sachliche Auseinandersetzung bieten. Die präkonstruktive Tätigkeit der Lernbegleiter besteht darin, eine komplexe Lernlandschaft durch diverse thematische Reizpunkte so zu gestalten, dass sie von ihrem Potential her verschiedenste Lernertypen ansprechen kann. Die Lernumgebung soll inspirieren, die Lernenden zum Staunen veranlassen und vor allem das gewählte Rahmenthema so aspektreich entfalten, dass es für die Lernenden viele mögliche Andockgelegenheiten gibt. Man könnte von einem „Disponiblen Lernarrangement“ sprechen, das sich nicht aufdrängt, aber dennoch Denkanstöße gibt und Fragen generieren kann, die ihren subjektiven Bezug behalten (vgl. Hagstedt 1976).

Dieses Lernarrangement ist trotz Komplexität nicht beliebig zusammengestellt, sondern im Design auf den Bedarf einer Lerngruppe zugeschnitten.

Die adaptive und zugleich disponible Grundstruktur ist für die Lernenden deshalb so anspruchsvoll, weil sie herausgefordert werden, bei aller Attraktivität und Reichhaltigkeit des Materialarrangements x-mal innerlich „Nein“ zu sagen und schließlich nur einen einzigen, vielleicht ganz unspektakulären Aspekt des weiten Themas zum eigenen zu machen.

9 Die Einrichtung lernbiografischer Haltestellen

Ko-konstruktive Prozesse können sich auf verschiedenste Weise ergeben: im Dialog mit einzelnen Mitlernenden, im Dialog mit der persönlichen Lernbegleitung oder im Dialog mit allen Beteiligten. Jeder und jede Lernende hat ein Recht auf eine individuelle Beratung, auf ein persönliches Gespräch mit einem Coach, der das besondere Potential seines Mandanten kennt und entfalten kann. Zeitweilig kann sich der Coach auch als laut mitdenkender Forschungsassistent einbringen, indem er Perspektiven teilt, Spuren mitverfolgt, Umwege mitgeht, Hypothesen abwägt, Lösungsansätze mitsucht, Untersuchungsbefunde hinterfragt oder mitverantwortet. Das aber verlangt vom Mitforscher viel Sensibilität für den Resonanzbedarf jedes einzelnen Lernenden. Wenn Lernen sich mit persönlicher Bedeutsamkeit begründet, wird es aber ohnehin keine genau gleichen Lernwege geben und damit auch keine Formen einer unpersönlichen Lernwegbegleitung. Wie aber kann die Lernbegleitung den Überblick über die Verzweigungen und Überkreuzungen, Distanzen und Annäherungen der Lernwege behalten? Unsere Kasseler Erfahrungen zeigen: Wir sollten versuchen, wo immer es geht, kleine biografische Haltestellen einzurichten, an denen sich die Lernenden ihre eigenen Verstehensprozesse vergegenwärtigen können. Dies kann im lauten Denken geschehen, aber auch in Schreibgesprächen oder durch Recording-Methoden wie sie etwa „Entdecker-Mikrophone“ bieten (vgl. Bause 2005). Entscheidend ist, dass die Lernprozesse auf diese Weise in Intervallen für kurze Zeit unterbrochen werden, um wieder neu Sinn auszuhandeln und sich zu verständigen darüber, wo man sich gerade befindet. Einer guten Moderation kommt hier eine große Bedeutung zu. Denn es geht dabei ja nicht nur um besseres eigenes Verstehen, um Selbstnavigation, es geht auch darum, zu verstehen, was die Anderen meinen, wo sie sich gerade befinden, und sei ihr Denken auch noch so „ab-wegig“.

10 Die Verknüpfung disparater Denkwege in der Moderation

Diese höchst anspruchsvolle Aufgabe der Lernbegleitung ergibt sich schon aus dem Gemenge individuell gespurter Lernwege und kollektiv erweiterter Wissensnetze. Wie können neue Lernspuren im Reflektions-Team „gelesen“ werden? Wie lassen sich analoge Erklärungsversuche „mit-teilen“? Wie können subjektive Befunde kritisch und zugleich anerkennend rekonstruiert werden?

Wie lässt sich gemeinsames Wissen schaffen, hinter dem das ganze Team steht?

„Um die Sache zu verstehen, muss mit den Anderen um Sinn gerungen werden“, sagt Rehm (2012, 13). Er vergleicht dieses gemeinsame Ringen beim Entdeckenden Lernen mit der Suche nach Verstehen beim genetischen Lehren: „durch die Synopse der Verstehensprozesse aller DiskussionsteilnehmerInnen wird mit anderen *gemeinsam* Sinn ausgehandelt“ (ebd., 13). Doch das Aushandeln von Sinn, da würde ich Rehm zustimmen, ist ohne das Aushalten von Mehrdeutigkeiten nicht zu haben: *„Aushandeln von Sinn und Mehrdeutigkeiten aushalten können* sind Anforderungen, die die Welt (die scheinbar objektiv gegebene, die subjektive und die soziale Welt) uns abverlangt. Diese Fähigkeiten unterstützen die Genese unserer Identität und unserer Art und Weise der Weltaneignung“ (ebd., 13).

11 Mathetische Lernumgebungen in der Lehrerbildung?

Historisch gesehen hat sich die Lehrerbildung an den Hochschulen entgegen aller Rhetorik in einem weitgehend reformresistenten Umfeld eingerichtet.

Vor allem die Universitäten sehen sich als Bewahrer der Traditionen akademischer Lehre. Sie halten fest am Prinzip der Vorlesbarkeit der Welt, die in Form eingeordneter Wissensstoffe präsentiert wird. Die Vor-Lesung, ein Relikt aus der Gründerzeit der Akademien, wird bis heute als Herzstück professoraler Vermittlungskünste geradezu kultiviert, bis in die aktuellen Online-Angebote hinein. Um die Vorlesungskulturen erhalten zu können, werden die Studierenden des neuen Jahrtausends in Lern-Vorbereitungskursen geschult. An der Universität Heidelberg haben diese Kurse der Zentralen Studienberatung, die jeweils in den beiden Wochen vor Vorlesungsbeginn angeboten werden, einen prominenten Namen bekommen. Sie laufen, wir ahnen es schon, unter der Bezeichnung „Lernwerkstatt“. Darunter fällt jetzt alles, was die Studienberater für geboten halten: Effizienteres

Lernen, Intelligentes Zeitmanagement, Wissenschaftssprache, Effiziente Strukturierung der Stofffülle usw.

Das Beispiel dieser „Effizienz-Werkstatt" für Studienanfänger zeigt einmal mehr, wie ausgefranst der Lernwerkstatt-Begriff inzwischen ist und wie skrupellos er im Wissenschaftsbetrieb funktionalisiert werden kann, wenn es darum geht, den Monopolanspruch des schnellen Einordnens von Wissensstoffen zu bewahren. Horst Rumpf hat jüngst diese Art der systematischen Verabreichung von Wissen im Effizienzinteresse in Anlehnung an Wagenschein erneut als „Schaupackung" bezeichnet, die ein erfahrungsorientiertes Lernen keineswegs ersetzen kann: „Beherrschungslernen, Erledigungslernen, zweckrationale Bewältigungen von Wissensmengen sind nicht zu bestreitende Ansprüche an die Schule (und Hochschule, H.H.) in der Wissensgesellschaft. Aber wenn sie mit Monopolanspruch dominieren und nicht konterkariert oder angefrischt werden durch Lernformen ganz anderen Kalibers, verödet jede Lernkultur in Kontroll- und Erledigungszwängen" (Rumpf 2012, 79 f.). Das gilt in besonderem Maße für die Lehr- und Lernkulturen an Hochschulen.

Wenn es um Nachhaltigkeit des Lernens geht, um Prozesse wirklichen Verstehens, dann brauchen wir anspruchsvolle Lernumgebungen, einen weiteren Lerntyp, „in dem die Prozesse der Entstehung, Differenzierung, Verwurzelung des Lernens in primären Erfahrungen des Staunens und Zweifelns zum Zuge kommen, sonst hängt das ganze angelernte Wissen, wie Rumpf sagt „buchstäblich in der Luft" (Rumpf 2012, 81). Denn Verstehen lässt sich nicht ex cathedra vermitteln. Genuines, nachdenkendes Verstehen, so hat Peter Buck ebenfalls mit Bezug auf Wagenschein angemahnt, „Verstehen kann jeder nur für sich selbst" (Buck 2012).

Peter Buck spricht in diesem Zusammenhang von einem „er-lebenden Verstehen", einem „anspruchsvollen Verstehen", einem eigenen „selbst geleisteten Verstehen". Dieses Verstehen wirkt aber nicht nur Ansprüche setzend, sondern auch Ansprüche belohnend: Das eigene Such-Erleben, die Möglichkeit, einzuwurzeln, "sich in ein Phänomen und seinen Fragehorizont hinein zu leben", wie Buck formuliert, wird mit einem Evidenzerlebnis belohnt. Eine wichtige Aufgabe kommt bei der Phänomenbetrachtung freilich der Lernbegleitung zu, die das Kommunizieren des je eigenen Verstehens in der Lerngruppe moderieren muss.

Mit dem Bologna-Prozess haben sich die Spielräume für mathetische Lernumgebungen weiter verengt. Das Denken in Modulen passt sich zunehmend gymnasialen Lehr-Lernkulturen an. Modularisierte Lehrpläne unterliegen einer weitreichenden Obligation und Intentionalität.

Fakultatives Denken, inzidentelles Lernen in Möglichkeitsräumen wie den Studienwerkstätten, verliert seine Anerkennung, das Selbst-Verständliche, die persönliche Bedeutsamkeit mit der gewonnenen Scheinfreiheit.

Aber es gibt auch Lichtblicke: An der Universität Erfurt hat die Lernwerkstatt-Philosophie es im laufenden Wintersemester mit Unterstützung der Hochschulspitze bis ins „Studium Fundamentale“ geschafft. In einem interdisziplinären Partizipationsprojekt sollen „Lernwerkstätten als Orte universitärer Lehrerbildung in Theorie und Praxis erforscht werden“. Ein mutiges Seminarprojekt, auf dessen Ausgang wir gespannt sein dürfen (vgl. Tänzer et al., vrs. 2014). Denn das Studium Fundamentale ist wie auch das fachspezifische Studium Speciale für alle Studentinnen und Studenten der Universität auf Wahlpflichtbasis verbindlich und soll methodisch-theoretisches Vermittlungs- und Grundlagenwissen in den Mittelpunkt stellen.

Und doch: Wenn es darum geht, Lernwerkstätten nicht nur kurzzeitig auf einer theoretischen Meta-Ebene zu untersuchen, als Objekt merkwürdiger Lernorganisation, als Orchidee im Studienalltag, sondern vor Ort solche Werkstätten als konstitutive Freiräume zum eigenen Lernen zu erfinden und bei Erfolg gar auf Dauer zu betreiben, steht der vorgegebene Rahmen einer Grundlagenveranstaltung möglicherweise im Widerspruch zum fakultativen Anspruch der Lernwerkstattarbeit. Aus meiner weiterhin vorläufigen Einschätzung sind Pflichtstudienanteile und selbstgesuchte Lernformate per se inkompatibel. Mathetische Werkstattarbeit im Hochschulkontext versteht sich in ihrem Kern und in meinem derzeitigen Verständnis als Studium Individuale, das ein uneingegrenztes Aushandeln der eigenen Verstehensprozesse im sozialen Raum der Lerngruppe ermöglicht und auch erfordert.

Als wir vor nun 30 Jahren in Kassel anfingen, über neue Lernumgebungen für die Lehramtsstudierenden nachzudenken, mussten wir uns noch nicht an vorgegebenen curricularen Standards und Akkreditierungsvoraussetzungen ausrichten. Die Lehrerbildung sollte reformiert werden, freilich, aber doch nicht im Sinne eines möglichst effektiven Studienmanagements und professionell definierter Qualitätsstandards für exzellente Lehre.

Das Studium gerade angehender Lehrkräfte, die zunehmend in pädagogischen Überforderungssituationen zu reagieren haben, sollte als Chance für ihre Persönlichkeitsentwicklung begriffen werden (vgl. Leuzinger-Bohleber 2000).

Welche Rolle die Lernwerkstatt-Philosophie dabei zukünftig spielen wird, bleibt abzuwarten.

12 Literatur

Bause, Irena (2005): Ateliers zum freien und angeleiteten Experimentieren. In: Zentrum für Lehrerbildung (Hrsg.): Heterogenität und die Gestaltung von Lernumwelten. University Press: Kassel.

Beriger, Sandra (1992): Was versteht man unter Werkstatt – Unterricht? In: Wasserwerkstatt, Zytglogge: Bern.

Buck, Peter (2012): Verstehen kann jeder nur für sich selbst (Wagenschein). Wie wird aus einem Phänomen vor mir ein wissenschaftlicher Begriff in mir? In: Kruse et al. (2012): Martin Wagenschein – Faszination und Aktualität des Genetischen. Verlag Schneider Hohengehren: Baltmannsweiler, 83-99.

Gallin, Peter & Ruf, Urs (1995): Ich mache das so! Wie machst du es? Das machen wir ab: Sprache und Mathematik. Lehrmittelverlag des Kantons Zürich: Zürich.

Gallin, Peter & Ruf, Urs (2003): Dialogisches Lernen in Sprache und Mathematik. Verlag Friedrich: Seelze.

Hagstedt, Herbert & Krauth, Ilse Marie (Hrsg.) (2014): Lernwerkstätten – Potenziale für Schulen von Morgen. Grundschulverband: Frankfurt a.M.

Hangartner, Werner (2009): 5 Jahre Lernwerkstatt an der Pädagogischen Hochschule des Kantons St. Gallen in Rorschach, Werkschrift (i.Ms.), Rorschach.

Hentig, Hartmut von (1985): Wie frei sind freie Schulen? Gutachten für ein Verwaltungsgericht. Klett-Cotta: Stuttgart.

Kruse, Norbert et al. (Hrsg.) (2012): Martin Wagenschein – Faszination und Aktualität des Genetischen. Verlag Schneider Hohengehren: Baltmannsweiler.

Leuzinger-Bohleber, Marianne (2000): Lernen am Einzelfall. Eine Chance zur Professionalisierung und Identitätsentwicklung. In: Ariane Garlichs: Schüler verstehen lernen. Auer: Donauwörth.

Meyer, Paul Michael (1994): Die biografische Schule. Zytglogge: Bern.

Negt, Oskar (1999): Kindheit und Schule in einer Welt der Umbrüche. Steidl: Göttingen.

Rehm,Markus (2012): Lernwerkstatt meets Wagenschein (i.Ms.).

Reichen, Jürgen (1991): Hinweise zum Werkstattunterricht. In: Sachunterricht und Sachbegegnung. sabe: Zürich.

Rumpf, Horst (2012): Gegenwarten gewinnen – Fremdheiten aushalten. Über Wagenscheins Idee von Unterricht. In: Kruse et al. (Hrsg.) (2012), 71-82.

Steinmann-Lutz, Fritz (1984): Werkstattunterricht auf der Unterstufe (1.Klasse): Angebot zur freien Auswahl. In: Magazin Primarschule, Heft 1.

Tänzer, Sandra; Mannhaupt, Gerd (2014): An Ideen der Studierenden ist kein Mangel – Werkstattbericht aus einem interdisziplinären Partizipationsprojekt. In: Hagstedt & Krauth (Hrsg.): Lernwerkstätten – Potenziale für Schulen von Morgen. Grundschulverband: Frankfurt a.M., Bd. 137, 251-263.

Zocher, Ute (2000): Lernen entdecken- vom Entdeckenden Lernen und der Bedeutung der eigenen Frage, http//www.entdeckendes-lernen.de (letzter Zugriff am 12.08.2013), Entdeckendes Lernen e.V.: Digitale Bibliothek.

Zürcher, Käthi (1987): Werkstatt-Unterricht- was ist das? In: Werkstatt-Unterricht 1x1. Zytglogge: Bern.

Eva-Kristina Franz

Beobachtung studentischen Arbeitens. Analyse studentischer Reflexionen – Lernwerkstattarbeit und Handlungsforschung

Die aktuelle Debatte um die Lehrerbildung ist geprägt von Antinomien: Kompetenzorientierung versus Strukturtheorie im Kontext der Debatte um Lehrerprofessionalität, quantitative Ansätze mit psychologischem Theoriehintergrund versus qualitative Ansätze mit soziologischem Theoriehintergrund (Combe & Paseka 2012, 92) im Zusammenhang erziehungswissenschaftlicher Forschung und im Kontext der Hochschuldidaktik die Frage nach der Wirksamkeit instruktionistischer und konstruktivistischer Lehrformate.
Lernwerkstätten an Hochschulen sind Orte der Lehrerbildung und Orte – obwohl prinzipiell dem konstruktivistischen Paradigma zugeordnet –, die sich im Spannungsfeld zwischen eben diesen Formaten bewegen. Die vom Lernbegleiter bzw. dem Werkstattteam eingerichtete Lernumgebung impliziert eine mehr oder minder vorherrschende Strukturierung und bietet in diesem Rahmen eine davon abhängige Offenheit.
Theoretisch erscheint es wünschenswert, dass Lernende in der Lernwerkstatt „selber Fragen [...] stellen und darauf nach Antworten [...] suchen [...]. In einer Lernwerkstatt haben die Lernenden die Aufgabe und die Chance, selbstbestimmt und eigenverantwortlich zu handeln und die dazu erforderlichen Fähigkeiten zu entwickeln. Sie lernen und üben Fragen zu stellen und ihr eigenes Lernen zu beobachten. Sie lernen entsprechend ihrer individuellen Lernvoraussetzungen und bringen sich mit ihren Erfahrungen, ihrem Können und Vorwissen als Experten ein. Umwege und Fehler sind erlaubt, denn Umwege erhöhen die ‚Ortskenntnis' und Fehler tragen dazu bei, Einblicke in das eigene Lernen kritisch zu reflektieren und damit letztlich das Lernen zu lernen" (Wedekind 2007 nach VeLW 2009, 7). Fragwürdig ist jedoch, ob Studierende mit dieser Offenheit produktiv umgehen oder ob die Absenz von Instruktion diese nicht überfordert.
Diese zentrale Frage der Lernwerkstattarbeit wurde bis heute nur in Ansätzen empirisch untersucht. Die begleitende Handlungsforschung im Sinne der Beobachtung studentischen Arbeitens sowie der kategoriengeleiteten Analyse schriftlicher Reflexionen kann dazu beitragen, diese Frage zu beantworten.

Der Beitrag stellt ein kleines, aber immanentes Forschungsprojekt der Verfasserin an zwei Pädagogischen Hochschulen vor und gibt neben dem Ansatz der Handlungsforschung und dem Projektdesign Einblick in erste Erkenntnisse zum studentischen Lernen in der Lernumgebung einer Hochschullernwerkstatt.

1 Zum Forschungsstand

Die Forschung zum Lehren und Lernen an Hochschulen zeigt, dass exzellente Lehre zunächst einmal von der Lehrperson abhängig ist, die sie realisiert (Winteler & Forster 2007).

Die Frage, inwieweit es Unterschiede der Wirksamkeit zwischen konstruktivistischen und instruktionistischen Lehrformaten gibt, stellt sich nicht ganz so einfach dar. Winteler und Forster schlussfolgern aus einer Metaanalyse von Studien zur Wirksamkeit von „traditionellen" und „innovativen" Lehrmethoden (Metz-Göckel, Kamphans & Schokmann 2012, 221), dass „Innovationen zu signifikanten Verbesserungen der Leistungen von Lernenden führen [können]" (ebd.). Sog. „Expert Teachers" (Hattie 2003 nach Winteler & Forster 2007, 107) fördern u.a. selbstgesteuertes Lernen, überwachen Lernen, geben individuell relevantes Feedback, stellen Hypothesen über Lernprobleme oder Lehrstrategien auf und testen diese und stellen dem individuellen Lerner angemessene Herausforderungen.

Allerdings lässt sich hinsichtlich der Forschung zum sog. problembasierten Lernen „keine eindeutige Überlegenheit für das konstruktivistische Lernverständnis pro toto nachweisen" (Metz-Göckel, Kamphans & Schokmann 2012, 222), da „intervenierende Variablen auf vielen Ebenen [wirken]" (ebd.) und damit eine eindeutige Zuordnung beobachteter Effekte auf das untersuchte Lehrformat erschweren.

Nachgewiesen werden kann jedoch, dass konstruktivistische Lehrformate Studierenden dabei helfen, „Wissensbestände sinnvoll und kohärent in Verbindung zu setzen" (Hmelo-Silver 2004; Gijbels et al. 2005 nach Metz-Göckel, Kamphans & Schokmann 2012, 222).

Gruppenarbeiten sind hingegen empirisch belegt in strukturierter Form deutlich effektiver als freie (Srinivasan et al. 2007 nach Metz-Göckel et al. 2012).

Die Lernwerkstättenbewegung muss sich seit ihrer Anfangszeit den Vorwurf gefallen lassen, mit sogenannten Glaubensbekenntnissen (Franz 2012, 7f.) zu argumentieren bzw. auf „Mythen guter Lehre" (Metz-Göckel et al. 2012, 217) aufzubauen: „Im Grunde wissen wir wenig darüber, welche Wirkungen die Lehrveranstaltungen in ihren unterschiedlichen Formaten hervorbringen, was Studierende in den konkreten Lehrveranstaltungen tatsächlich lernen und wie viel also auf die Lehrveranstaltungen selbst zurückzuführen ist" (ebd., 218). Die Untersuchung von Franz (2012) kann ebenfalls nicht sicher identifizieren, welche Variablen den tatsächlichen Zuwachs an Handlungskompetenz beeinflusst haben: Im Rahmen der Fallstudie kann bei vier von sechs Fällen eine signifikante Steigerung der Handlungskompetenz nachgewiesen werden, dementsprechend kann nicht von einer direkten Korrelation der aktiven Lernwerkstattarbeit und einer Steigerung der beruflichen Handlungskompetenz ausgegangen werden (Franz & Schäfer-Koch 2012). Dies scheint tendenziell eher multifaktoriell beeinflusst zu sein (Franz 2012, 264ff.).

Interessant ist aber, dass die konsequente Begleitung der Lernwerkstattarbeit zeigt, dass es einer größeren Anzahl von TeilnehmerInnen zu Beginn eines Angebots Probleme bereitet, Verantwortung für ihr Lernen und Handeln zu übernehmen, eine Beobachtung, die über den Verlauf der Veranstaltungsreihe aber keinen Bestand hat.

Dies lässt vermuten, dass der Umgang mit konstruktivistischen Lehrformaten wie der freien Lernwerkstattarbeit nicht jedem Lernenden auf Anhieb gelingt. „Scheinbar muss selbstgesteuertes Lernen, bei aller positiven Bedeutung für die Akzeptanz" (Lipowsky 2010) erst gelernt werden und wird es besser – in Betrachtung des Forschungsstandes – in konstruktivistisch angelegten Lehrformaten. Wie aber sehen dies die Lernenden? Können und wollen sich diese auf das Experiment „offene Werkstattarbeit" als hochschuldidaktische Rahmung einlassen? Wie erleben Lernende den Spannungsbogen Instruktion vs. Konstruktion in der Hochschuldidaktik?

2 Methodik

Das vorliegende Forschungsprojekt versucht genau diese Perspektive einzufangen und damit drei der gängigen Forschungsansätze der Forschung zur Hochschuldidaktik zu verbinden: der Forschung zur Wirksamkeit instruktionistischer und konstruktivistischer Lehrformate in Form von Evaluation und Handlungsforschung (Metz-Göckel et al. 2012).

Dieser Ansatz des „reflective practicioners" kann in der aktuellen Debatte um Professionalisierung in der Lehrerbildung quer zur Diskussion um Strukturtheorie und Kompetenzorientierung gelegt werden (Combe & Paseka 2012, 92).

Wie auch die Aktionsforschung geht der Begriff auf Kurt Lewin zurück: „In der Handlungsforschung sind jene Menschen und Menschengruppen, welche von den Wissenschaftlern untersucht werden, nicht mehr bloße Informationsquelle des Forschers, sondern Individuen, mit denen sich der Forscher gemeinsam auf den Weg der Erkenntnis zu machen versucht" (Lewin nach Stangl 1997). Wie auch die Aktionsforschung orientiert sich die Handlungsforschung am Bedarf der Gesellschaft. Die Handlungsforschung stellt eine „sozial engagierte Variante der qualitativen Praxisforschung" dar (Popp 2001, 400 nach Leonhard 2008, 168). Der große Unterschied zwischen beiden Konzepten ist, dass die Handlungsforschung nicht nur ihren Beitrag zur Lösung praktischer Probleme leistet, sondern auch zum Erkenntnisgewinn der Wissenschaft beitragen will. Popp (ebd.) bezeichnet sie deshalb als „doppelt bestimmt: als theoriegeleitete Praxis einerseits und als praxisbezogene Forschung andererseits". Damit ist die Handlungsforschung nicht nur dem System der Praxis, sondern auch dem System der Wissenschaft verschrieben und legitimiert sich „gegenüber dem Praxisfeld [durch Brauchbarkeit und...] Wirksamkeit" der Erkenntnisse, „gegenüber der Wissenschaft durch die Erfüllung der inhaltlichen und formalen Kriterien wissenschaftlichen Arbeitens" (ebd., 168). Diese Zwitterposition und die Tatsache, dass der Forscher in der Handlungsforschung „nicht notwendig [...] neutraler, distanzierter Beobachter" sein muss (vgl. dazu Stangl 1997), macht die Handlungsforschung für die Forschung am Thema Lernwerkstattarbeit (an Hochschulen) so interessant. Auf diesem Weg ist es möglich, in der eigenen Lehre kontinuierlich Erkenntnisse über die Wirkung auf die Lernenden zu erlangen.

Dieser Erkenntnisgewinn stützt sich im vorliegenden Fall auf zwei Quellen: zum einen eine standardisierte Reflexion der Studierenden im strukturierten Lerntagebuch und die narrative Reflexion in studentischen Arbeiten.

Verglichen werden die studentischen Reflexionen zu zwei unterschiedlichen Lernwerkstattangeboten, wobei Angebot I im Spannungsbogen im konstruktivistischen Bereich anzusiedeln ist, während Angebot II ein stärker instruktionistisches Format hat[1].

Damit speist sich auch dieses Forschungsvorhaben „aus der Annahme, quasi-experimentelle Bedingungen im Feld der Hochschule könnten mit distinkten Interventions- und Kontrollgruppen evidente Einflussfaktoren auf den studentischen Wissens- und Kompetenzerwerb oder Zufriedenheitsmaße abbilden" (Metz-Göckel et al. 2012, 221).

3 Darstellung und Diskussion ausgewählter Ergebnisse

3.1 Einflüsse der Lernumgebung auf die Motivation der Teilnehmenden

> „Mich versetzte die Arbeit [...] in hohe Motivation, zunächst beim Einarbeiten in das eigene Themengebiet und später erneut beim Zuhören der Berichte der Kommilitoninnen. Auch wenn ich mich zunächst durch die Fülle der Möglichkeiten überfordert fühlte, motivierte mich die Freiheit, die wir letztlich zugestanden bekamen und ich genoss es, im Rahmen eines Seminars selbst über mein Tun zu entscheiden."

Dieses Bild spiegelt auch die Auswertung der Einträge im strukturierten Lerntagebuch wieder: Im konstruktivistischen Setting (n=16) geben 10 (62,5 %) der Studierenden eine hohe Motivation an; als Gründe werden die große Auswahl an Material und die Freiheit genannt, selbst zu entscheiden, mit was sie sich in der Werkstatt beschäftigen wollen. 4 (25 %) der Studierenden beschreiben hingegen Anfangsschwierigkeiten und damit verbunden eine zunächst niedrige Motivation:

1 Während die Einträge der strukturierten Lerntagebücher gemäß der Qualitativen Inhaltsanalyse nach Mayring (2002) ausgewertet werden, erfolgt die Auswertung der narrativen Reflexionen mit der Dokumentarischen Methode nach Bohnsack (Bohnsack 2003).

> „Die Motivation war zunächst nicht sehr hoch, da ich nicht richtig wusste, was ich machen soll. Ich war etwas überfordert mit dem freien Arbeitsauftrag."

Dies arbeitet Richardson bereits 1990 als demotivierenden Faktor heraus. Eine zu große Freiheit kann bei Menschen mit geringer Selbststeuerungskompetenz zu Unzufriedenheit mit dem Lehrangebot führen. Diese These spiegelt sich auch in der Beurteilung der eigenen Motivation im instruktionistischen Setting wider (n=14): 8 Studierende (57,1 %) geben hier an, dass sie durch die vorgegebenen Aufgaben leichter Zugang zur Lernwerkstattarbeit gefunden haben und dass daraus eine höhere Motivation entstand.

> „Die Motivation war deutlich höher als in der ersten Lernwerkstatt. Dies lag daran, dass es klar gestellte Aufgaben waren und ich mich mehr mit den praktischen Aufgaben beschäftigt habe."

Nur zwei Studierende beschreiben die größere Strukturierung als eher motivationshemmend:

> „Die Motivation war eher mäßig, da das Lernen an vorgegebene Aufgaben gebunden war, die abzuarbeiten waren und teilweise auch nicht dem eigenen Interesse entsprachen. So entstand eher das Bild von Arbeit als Motivation sich mit einem Gegenstand zu befassen."

In beiden Settings geben Studierende an, dass zu wenig vorhandenes Material zu Demotivation führt (4 Nennungen von 13, 34 %). Dies konnte auch in der Studie von Franz (2012) in drei von sechs Fällen festgestellt werden: Erneut lässt sich daraus schließen, dass „Werkstätten aus dem Koffer" (vgl. dazu u.a. Franz & Schäfer-Koch 2012,111) in ihrer Wirksamkeit hinter den fest an Hochschulen installierten Lernwerkstätten rangieren.

Betrachtet man die Daten in der Zusammenschau empirischer Erkenntnisse zum Forschungsstand, so fügen sich diese gut ein:

Nir und Bogler (2008 nach Lipowsky 2010, 53) konstatieren, dass diese „Beteiligung [...] an der Konzeption einer [...B]ildungsmaßnahme", der Erhalt von Feedback durch die [Lernbegleitung] sowie das „Erleben von Autonomie" Einfluss auf die Zufriedenheit der Teilnehmenden hat.

Das Gleiche arbeiten Schellenbach-Zell und Gräsel (2007) und Kwakman (2003) heraus: Sie stellen fest, dass das Erleben von Autonomie einen positiven Einfluss auf die Teilnahmemotivation hat. Dies findet sich auch in den studentischen Reflexionen wieder: Zu beiden Messzeitpunkten ist die Motivation der Studierenden mit großer Mehrheit vorhanden. Dies könnte an der Beteiligung der Studierenden an der Gestaltung des Arbeitsprozesses liegen.

> „...hohe Eigenmotivation durch eigenständige Themenwahl, keine Mindestanzahl an zu bearbeitenden Aufgaben und freie Zeiteinteilung."

3.2 Entwicklung von eigenen Lernzielen durch die Lernenden

Etwas divergenter stellen sich die Einträge hinsichtlich der Entwicklung von Lernzielen durch die Studierenden dar. Im instruktionistischen Setting fällt auf, dass sieben der insgesamt dreizehn (53,84%) Einträge ergeben, dass die Lernenden kein eigenes Lernziel entwickelt haben, sondern die Aufgaben „abgearbeitet" haben, wohingegen im konstruktivistischen Setting (n= 18) 9 Studierende festhalten, dass sie zunächst kein Lernziel formulieren konnten, sondern sich erst im Prozess des Explorierens Fragestellungen ergeben haben, die dann zielführend bearbeitet wurden.

> „Das Lernziel war nicht klar definiert von Anfang an, sondern kristallisierte sich erst im Prozess heraus."

> oder

> „Da ich diese Art zu lernen noch nicht gewohnt bin, habe ich mir vor Beginn der Arbeit keine Gedanken um ein konkretes Lernziel gemacht, ich hatte einfach Lust auszuprobieren."

3.3 Lernprozesse und wahrgenommene Lernstrategien

Dieses „einfach Ausprobieren" ließ sich nicht nur in den durchgeführten Werkstattveranstaltungen beobachten, sondern zeigt sich auch durchweg in den strukturierten Reflexionen der Studierenden. 20 von 33 Einträgen (60,60%) beziehen sich direkt auf eine explorative Herangehensweise, im Falle des konstruktivistischen Angebots sind dies sogar 13 von 19 (68,42%).
Die anderen Studierenden im konstruktivistischen Setting nähern sich ihrem Ziel durch Literatur- und Internetrecherche an (4 von 19 Studierenden). Im instruktionistischen Setting wird häufig das Abarbeiten der Aufgaben gemäß der Aufgabenstellung festgehalten (8 von 14 Einträgen):

> „...vorgegebene Aufgaben, die man bearbeitet, wenn die jeweilige Station frei war"

> oder

> „...einfach den Arbeitsauftrag befolgen"

In einem Fall wird vermerkt, dass durch die strukturellen Vorgaben im instruktionistischen Setting „weniger eigene Fragestellungen" entwickelt werden. Einige Studierende betonen aber in ihren Einträgen auch das gemeinsame Arbeiten in der Gruppe bzw. kooperative Lernformen und den kommunikativen Faktor der Lernwerkstattarbeit – selbst im Abarbeiten der vorgegebenen Einträge:
„Ich versuchte in der Zeit, die wir zur Verfügung hatten, möglichst viele Aufgaben zu bearbeiten. Ich habe mit anderen Kommilitonen in der Gruppe gearbeitet und durch die verschiedenen Aufgaben kamen wir auch gut ins Gespräch darüber."
Die Wahl der Sozialform scheint ebenfalls nicht vom Format der Werkstattarbeit beeinflusst zu werden:

	Konstruktivistisches Format	Instruktionistisches Format
alleine	3	5
Partnerarbeit	8	7
Gruppenarbeit	10	8

Abb. 1: Transfer auf die angestrebte Lehrtätigkeit in der Schule

Interessant erscheint im Kontext von Lernwerkstattarbeit in der Lehrerbildung auch stets der von den Studierenden vorgenommene Transfer auf die angestrebte Lehrtätigkeit an Schulen. Mit der Werkstattarbeit sollen „Inszenierungsmuster“ offenen Unterrichts in den Köpfen der angehenden Lehrerinnen und Lehrer wachsen. Dies erscheint im Rahmen der Hypothesen von Franz (2012, 263) auch möglich: In drei von sechs Fällen erscheint eine „Öffnung der eigenen Arbeit“ als wünschenswert, in einem Fall wird dies sogar „im Verlauf der Lernwerkstattangebote realisiert“.

Im konstruktivistischen Format schlussfolgern 14 Studierende (58,34%) Vorteile durch individuelles Lernen, sie sprechen diesem eine erhöhte Motivation und nachhaltigere Lernprozesse zu als dem herkömmlichen instruktionistischen Lehrformat, sprich dem (gymnasialen) Frontalunterricht.

> „Ich finde die Lernwerkstatt bietet sehr viele Vorteile für ein individuelles und auch lebensnahes Lernen der Schüler. Forschendes Lernen ist sehr motivierend. Die Lernwerkstatt bietet viele Möglichkeiten für den Fächerübergreifenden Unterricht.“

Allerdings empfinden es die Studierenden als hilfreich, für manche Schülerinnen und Schüler Laufzettel bereitzuhalten bzw. konkrete Aufgaben vorzugeben (sechs Nennungen).

> „Die Lernwerkstatt ist eine interessante Lernumgebung für Schülerinnen und Schüler. Wichtig ist jedoch die Motivation. Auch wenn [jeder] hier innerhalb der Lernwerkstatt erforschen kann, was er möchte, besteht die Möglichkeit, dass dies evtl. zur Motivation nicht ausreicht. Es müssten Fragestellungen/Impulse/Anstöße vorhanden sein, die einsatzbereit sind. Eine Lernwerkstatt kann für das Lernen und das Erforschen sehr ertragreich sein, da [die Arbeit in ihr] keinerlei Reproduktionscharakter hat und sehr motivierend sein kann für die Schülerinnen und Schüler. Auch wenn Lernziele nicht definiert sind, müssen diese bei der Arbeit mit Schülerinnen und Schülern klar definiert sein und sicher gestellt sein (Hilfestellungen), dass sie erreicht werden.“

In beiden Formaten betonen die Studierenden in ihren Reflexionen (7 Nennungen) jedoch den erhöhten Vorbereitungsaufwand für die Lehrkraft und den benötigten Raum an Schule und Hochschule. Wie bereits in 3.1. hervorgehoben, stellen die Studierenden den Raum als dritten Pädagogen (vgl. dazu Müller-Naendrup 2013, 194) und die Wirkung von zu wenig passendem Material auf die Motivation (s.o.) in ihren Reflexionen dar.

4 Ausblick

> „Ich kann mir diese Arbeit in einer Lernwerkstatt mit den vorhandenen Fragestellungen gut für die Arbeit mit Schülerinnen und Schülern vorstellen. Auch für die ersten Male in einer solchen Lernumgebung. Jedoch hat diese Art einen starken Stationsarbeitscharakter. Es war auch bei mir auffällig, dass ich mich daran sehr orientiert habe und nicht eigene Ideen entwickelt habe. Ich denke, dass diese Art dazu verleitet, auch [wegen des] Laufzettel[s]. Eigene Ideen und Fragestellungen werden evtl. besser entwickelt, wenn man keine konkreten Fragen und Laufzettel hat. Vor allem wenn Schülerinnen und Schüler darauf trainiert sind, möglichst den ganzen vorhandenen Stoff schnell durchzuarbeiten. Auf jeden Fall kann durch die Fragestellungen das Lernverhalten und der Lernstoff mehr gesteuert werden. Ich kann es mir gut für die Arbeit mit Schülerinnen und Schülern vorstellen. Um das Potenzial einer Lernwerkstatt und der Schülerinnen und Schüler auszuschöpfen, würde ich allerdings lieber eine Mischung aus der 1. und 2. Lernwerkstatt machen: Vorbereitete Fragestellungen als Hilfe für fehlende Ideen und eigene Problemstellungen, welche flexibel eingesetzt werden können."

Selbstverständlich sind die vorliegenden Daten nicht verallgemeinerbar und sind ausschließlich im Rahmen zweier Werkstattseminare an den Pädagogischen Hochschulen Karlsruhe und Heidelberg entstanden. Dennoch lassen die Reflexionen der Studierenden folgende Vermutungen zu: Lernwerkstattarbeit bietet für Studierende eine motivierende Umgebung, jedoch korreliert der Umgang im konstruktivistischen Lehrformat stark mit der Selbststeuerungskompetenz, das heißt: Freies Arbeiten und selbstgesteuertes Lernen muss erst gelernt werden. Dafür kann meines Erachtens die Lernwerkstattarbeit an Hochschulen einen Beitrag leisten, es müssen aber für Studierende individuelle Hilfen bereitgehalten werden. Diese einzubringen obliegt entweder der gestalteten Lernumgebung oder der Lernbegleitung durch die Lehrenden.

5 Literatur

Bohnsack, Ralf (2003): Rekonstruktive Sozialforschung: Einführung in qualitative Methoden. Leske+Budrich: Opladen.

Combe, Arno & Paseka, Angelika (2012): Und sie bewegt sich doch? Gedanken zu Brückenschlägen in der aktuellen Professions- und Kompetenzdebatte. In: Zeitschrift für Bildungsforschung, 2. Jg., Heft 2, 91–107.

Franz, Eva-Kristina (2012): Lernwerkstätten an Hochschulen. Orte der gemeinsamen Qualifikation von Studierenden, pädagogischen Fachkräften des Elementarbereichs und Lehrkräften der Primarstufe. Peter Lang: Frankfurt a. M.

Franz, Eva-Kristina & Schäfer-Koch, Karin (2012): Einsichten und Aussichten. „Sprache und Bewegung" als Thema einer Hochschullernwerkstatt. In: kpb, 81. Jg., Heft 1, 111-119.

Gijbels, David; Dochy, Filip; Van den Bossche, Piet & Segers, Mien (2005): Effects of problem-based learning: A meta-analysis from the angle of assessment. In: Review of Educational Research, 2005, Heft 1, 27–61.

Hattie, John (2003): Teachers make a difference: What is the research evidence? Paper presented at the Australian Council for Educational Research Annual Conference on Building Teacher Quality,

Melbourne, http://www.educationalleaders.govt.nz/content/download/501/3926/john_hattie.pdf (letzter Zugriff am 25.02.2014).

Hmelo-Silver, Cindy E. (2004): Problem-based learning. What and how do students learn? In: Educational Psychology Review, 16. Jg., Heft 3, 235–266.

Hug, Theo (Hrsg.) (2001): Wie kommt Wissenschaft zu Wissen? Schneider-Verl. Hohengehren: Baltmannsweiler.

Kwakman, Kitty (2003): Factors influencing teachers' participation in professional learning activities. In: Teaching and Teacher Education, 19.Jg., Heft 2, 149–170.

Leonhard, Tobias (2008): Professionalisierung in der Lehrerbildung. Eine explorative Studie zur Entwicklung professioneller Kompetenzen in der Lehrererstausbildung. Logos: Berlin.

Lipowsky, Frank (2010): Lernen im Beruf. Empirische Befunde zur Wirksamkeit von Lehrerfortbildung. In: Müller et al. (2010) (Hrsg.), 51–70.

Mayring, Philipp (2002): Einführung in die qualitative Sozialforschung: Eine Anleitung zu qualitativem Denken. 5. Aufl.. Beltz: Weinheim.

Metz-Göckel, Sigrid; Kamphans, Marion & Schokmann, Antonia (2012): Hochschuldidaktische Forschung zur Lehrqualität und Lernwirksamkeit. Ein Rückblick, Überblick und Ausblick. In: Zeitschrift für Erziehungswissenschaft, 15. Jg., Heft 2, 213–232.

Müller-Naendrup, Barbara (2013): Lernwerkstätten als „Dritte Pädagogen". Räumliche Botschaften von Lernwerkstätten an Hochschulen. In: Coelen & Müller-Naendrup (2013) (Hrsg.), 193–206.

Müller, Frank H.; Eichenberger, Astrid; Lüders, Manfred & Mayr, Johannes (2010) (Hrsg.): Lehrerinnen und Lehrer lernen. Konzepte und Befunde zur Lehrerfortbildung. Waxmann: Münster.

Nir, Adam E. & Bogler, Ronit (2008): The antecedents of teacher satisfaction with professional development programs. In: Teaching and Teacher Education, 24. Jg., Heft 2, 377–386.

Popp, Reinhold (2001): Methodik der Handlungsforschung. Im Spannungsfeld zwischen Fallstudie und Projektmanagement. In: Hug (2001) (Hrsg.), 400–412.

Richardson, Virginia (1990): Significant and worthwile change in teaching practice. In: Educational Researcher, 19. Jg., Heft 7, 10-18.

Schellenbach-Zell, Judith & Gräsel, Cornelia (2007): Warum beteiligen sich Lehrkräfte an Innovationsprojekten? Poster auf der 70. Tagung der Arbeitsgruppe Empirische Pädagogische Forschung (AEPF). Lüneburg: Leuphana Universität.

Srinivasan, Malathi; Wilkes, Michael; Stevenson, Frazier; Nguyen, Thuan & Slavin, Stuart (2007): Comparing problem-based learning with case-based learning: Effects of a major curricular shift at two institutions. In: Academic Medicine, 82. Jg., Heft 1, 74—82.

Stangl, Werner (1997): Handlungsforschung, http://arbeitsblaetter.stangl-taller.at/FORSCHUNGS METHODEN/Handlungsforschung.shtml (letzter Zugriff am 25.02.2014).

Verbund europäischer Lernwerkstätten e.V. (VeLW) (2009): POSITIONSPAPIER des Verbundes europäischer Lernwerkstätten (VeLW) e.V. zu Qualitätsmerkmalen von Lernwerkstätten und Lernwerkstattarbeit, http://www.forschendes-lernen.net/files/eightytwenty/materialien/VeLW-Broschuere.pdf (letzter Zugriff am 25.02.2014).

Wedekind, Hartmut (2007): Lernwerkstätten. Übungsräume für demokratisches Handeln. In: Grundschulunterricht, 54. Jg., Heft 3, 12-14.

Winteler, Adi & Forster, Peter (2007): Wer sagt, was gute Lehre ist? Evidenzbasiertes Lehren und Lernen. In: Das Hochschulwesen, 2007, Heft 4, 102-109.

Annika Gruhn und Barbara Müller-Naendrup

„We don't need no education!"[1] – Hochschullernwerkstätten zwischen Angebot und Nachfrage

1 Einleitung

„We don't need no education!" Roger Waters, Mitglied der britischen Popgruppe Pink Floyd, hat das rhetorische Stilmittel der doppelten Verneinung ganz bewusst für den Titel eines der Songs auf dem Album „The Wall" gewählt. Dahinter steht die Geschichte des jugendlichen Schülers Pink, der mit seinen Mitschülern zusammen gegen das strenge und starre englische Schulsystem aufbegehrt, das jegliche Individualisierung unterdrückt.[2] Damit soll die hier ausgedrückte Verneinung bzw. Ablehnung bekräftigt werden, obwohl sie bei wörtlicher Übersetzung im Grunde aufgehoben wird und sogar das Gegenteil meinen könnte. Es kommt auf die Betrachtungsweise und Auslegung an.

Ähnlich verhält es sich mit dem Wechselspiel von Angebot und Nachfrage bei Hochschullernwerkstätten. Hochschullernwerkstätten bieten Studierenden Handlungs- und Erfahrungsräume, die im Rahmen von unterschiedlichen offenen Lernsituationen zum selbstgesteuerten Lernen anregen und herausfordern sollen. Die Angebote werden in der Regel von studentischen oder wissenschaftlichen Mitarbeitern entwickelt und durchgeführt bzw. begleitet, über die Lernumgebung sollen die Nutzer zur konstruktiven Arbeit inspiriert werden, vielfach haben die Werkstatt-Veranstaltungen Angebotscharakter. Allerdings sehen sich Lernwerkstattteams immer wieder mit der Frage konfrontiert, ob in diesem Zusammenhang die Antizipation der tatsächlichen Bedürfnisse der Studierenden gelingt und welche Impulse bzw. konzeptionellen Botschaften von den Nutzern überhaupt wahrgenommen werden.

Die zentralen konzeptionellen Leitlinien der Lernwerkstattidee (Müller-Naendrup 1997, 113ff.; Franz 2012, 22ff.) deuten das konstruktive Potential von Lernwerkstattarbeit an. Es geht darum, im Sinne des „pädagogischen Werkstattkonzepts"

1 Waters, Roger (1979): Another brick in the wall. Album "The wall" von Pink Floyd.

2 http://de.wikipedia.org/wiki/Another_Brick_in_the_Wall, letzter Zugriff am 29.06.2013.

(Müller-Naendrup 1997, 117/133) vielfältige Lern- und Arbeitssituationen zu schaffen, in denen sich die Lernenden allein oder im Team mit für sie bedeutsamen Fragestellungen und Themen auseinandersetzen. Dabei orientiert man sich konsequent an schulreform-bezogenen Forderungen, wie z.B. den Ansprüchen einer „neuen Lernkultur" (Winter 2004, 4ff.)[3] und macht sich die „räumlichen Botschaften" von Lernwerkstätten zunutze (Müller-Naendrup 2012, 275ff.).
Im Rahmen dieses Beitrags werden wir zuerst kurz die unterschiedlichen Profile der Hochschullernwerkstätten der Universität Siegen vorstellen und uns danach aus drei unterschiedlichen Blickwinkeln mit der Frage beschäftigen, was Studierende von der Arbeit in Lernwerkstätten und den darin arbeitenden Personen erwarten: Kommt es ihnen entgegen, Angebote und Orte wahrnehmen zu können, die freie und selbstbestimmte Tätigkeiten zulassen – oder entspricht es mehr ihren Erwartungen, über Instruktionen und konkrete Empfehlungen beim Studium begleitet zu werden?
Die erste Perspektive bezieht sich auf die Kennzeichnung der Lern- und Arbeitsprozesse in Hochschullernwerkstätten. Der zweite Blickwinkel konzentriert sich auf die Rolle der Lernbegleitung in den verschiedenen Lernarrangements. Im Anschluss wird die Wahrnehmung der „räumlichen Botschaften" von Lernwerkstätten und die Nutzung des räumlichen Angebots thematisiert.

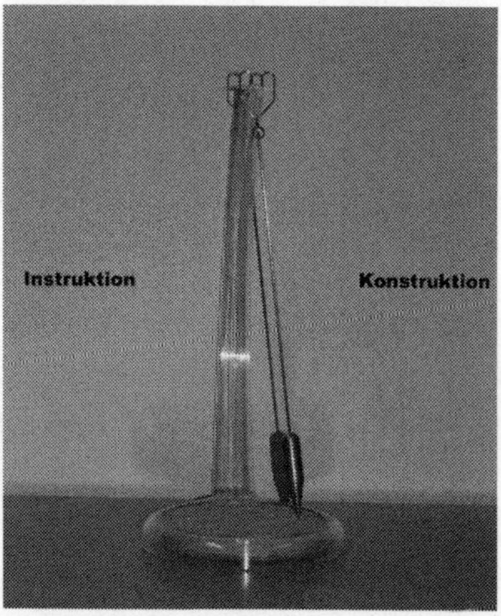

Abb. 1: Pendel zwischen Instruktion und Konstruktion

Abschließend soll die Bedeutung und Nachhaltigkeit des Studiums in Lernwerkstätten hinterfragt und perspektivisch diskutiert werden. Unsere Überlegungen

3 Winter benennt folgende zentrale Merkmale einer neuen Lernkultur: höhere Selbständigkeit, stärkere Orientierung auf die Lernprozesse, verstärkte Hinwendung zu komplexen, alltagsnahen Aufgaben; Demokratisierung (ebd. 6).

bewegen sich dabei wie ein Pendel zwischen den beiden Polen Instruktion und Konstruktion (s. Abb. 1), um das Spektrum der Chancen und Grenzen von Hochschullernwerkstätten aufzuzeigen.[4]

2 Kurzportraits der Siegener Hochschullernwerkstätten

Schon durch die Entstehungsgeschichte der beiden Siegener Hochschullernwerkstätten (Lernwerkstatt Lehrerbildung „LWL“ & OASE Werkstatt „OASE“) lassen sich die hier erkennbaren unterschiedlichen konzeptionellen Schwerpunkte gut begründen, wenngleich es auch zunehmend über gemeinsame Aktionen beider Lernwerkstätten Übereinstimmungen im Konzept gibt. Die OASE ist im Rahmen des Projekts „Offene Arbeits- und Sozialformen“ gegründet worden, und allein der Name deutet an, dass der Schwerpunkt des Konzepts auf konstruktiven Lern- und Arbeitssituationen liegt. Die LWL hat sich aus der früheren „Sekundarwerkstatt“ der Universität Siegen entwickelt und ist organisatorisch am Zentrum für Lehrerbildung und Bildungsforschung (ZLB) angesiedelt. Damit verbunden ist u.a. der Anspruch, bestimmte Dienst- und Serviceleistungen im Studienbetrieb für alle Lehrämter zu übernehmen. Viele der hier angesiedelten Angebote bewegen sich daher mehr im Feld der Instruktionen. In der OASE sollen offene Formen des Arbeitens und Lernens praktiziert, erforscht und dokumentiert werden, um deren Verbreitung sowohl in der Hochschule als auch in der Grundschulpraxis zu fördern. Die LWL versteht sich zentral als ein Ort für Studierende, an dem Austausch und Kommunikation zwischen den an der Lehrerbildung beteiligten Fächern, zwischen Theorie und Praxis sowie zwischen den unterschiedlichen Phasen der Lehrerbildung stattfindet. Beide Konzeptionen ermöglichen Angebote, die einerseits als „Service- und Beratungsangebote“ im Sinne von Instruktionen zu verstehen sind, andererseits auch eindeutig den Schwerpunkt auf freie, konstruktive Arbeits- und Handlungssituationen legen. Bei den meisten Aktivitäten wird allerdings das Spektrum des „Pendels“ (s. Abb. 1) bzw. das Spannungsfeld zwischen Instruktion und Konstruktion deutlich und in der Ausgestaltung genutzt. Folgende Übersicht bildet dies ab (s. Abb. 2):

4 Sie fußen unter anderem auf den Ergebnissen des Workshops auf der Tagung „Lernen zwischen freiem und instruiertem Tätigsein“ vom 17.-19.02.2013 in Brugg/Solothurn.

Instruktion	Mischformen	Konstruktion
Orientierungs-tutorium (LWL) Infoveranstaltungen (z.B. wie plane ich mein Hauptstudium) (LWL) Studienberatung (LWL)	Workshops (z.B. zum wiss. Arbeiten, Theaterpädagogik, LWL & OASE) Kaminabende (LWL) OASE FORUM (OASE) Exkursionen (OASE) Studienzeiten (OASE) Seminare (OASE) Pädagogisches Kino (LWL & OASE) LaNa (LWL & OASE) Portfoliowerkstatt (LWL & OASE)	Öffnungszeiten (Nutzung der offenen Lernumgebungen; LWL & OASE) Werkstatt für Kinder (OASE)

Abb. 2: Übersicht – Lernwerkstattangebote der Uni Siegen im Pendel zwischen Instruktion & Konstruktion

3 Hochschullernwerkstätten zwischen Angebot und Nachfrage

3.1 Lernen zwischen Instruktion & Selbststeuerung – „Do students need education?"

Die Gegenfrage zum Titel dieses Beitrags könnte lauten: „Do students need education?" Schon als Schüler, aber auch als Student oder Studentin, bewegen sich die Studierenden mehr im Setting traditioneller Lernkulturen, die durch frontale Lernsituationen mit vielen instruierenden Elementen und festen Strukturen gekennzeichnet sind. Viele der Studienangebote werden im Zuge der modularisierten Studiengänge verpflichtend oder höchstens mit geringer Auswahlmöglichkeit angeboten. Inhalte des Studiums orientieren sich straff an den Studien- und Prüfungsordnungen (Lehmann 2013, 55; Rumpf & Schöps 2013, 37). Demgegenüber steht das Angebot der Hochschullernwerkstätten, die sich vielfach eher noch als „Refugien" im Hochschulalltag (Coelen & Müller-Naendrup 2013, 9) verstehen und trotzdem zunehmend als innovative Lernorte in der Lehrerbildung wahrgenommen werden. Konzeptionell orientiert man sich, wie schon angedeutet, an den Kriterien sogenannter „Neuer Lernkulturen". In diesem Zusammenhang sind Lernwerkstattangebote eher additive Studienelemente, die die Lehramtsstudierenden häufig auf freiwilliger Basis wahrnehmen, wie z.B. die Öffnungszeiten, Workshops, Exkursionen, Diskussions-Foren etc.

Lernen zwischen Instruktion & Selbststeuerung	
• Traditionelle Lernkultur • Pflicht, Inhalte vorgegeben (gemäß Studien- und Prüfungsordnung • feste Strukturen • Hören und Sprechen über Praxis • Übernahme von Theorien und „Rezepten“ • ...	• „Neue Lernkultur“ • Wahlangebot • eigene Fragen finden lassen und inhaltliche Schwerpunkte selbst bestimmen • „kreatives Chaos“ • Praxisorientierte Angebote, Praxis erfahren und analysieren • Produktive Verwirrung • ...

Abb. 3: Kennzeichen unterschiedlicher Lernkulturen an Hochschulen

In diesem Zusammenhang wird in der Fachcommunity der Hochschullernwerkstätten auch zunehmend die Möglichkeit einer curricularen Verankerung der Studienangebote diskutiert. Einerseits möchten Lernwerkstätten ihre Besucher zu selbstgesteuertem Lernen auf freiwilliger Basis anregen – andererseits könnte eine Verankerung in den Studien- und Prüfungsordnungen gerade für Studienanfänger wichtige Möglichkeiten zur praktischen, konkreten Auseinandersetzung mit offenen Lernsituationen bieten (Lehmann 2013, 55ff.). Angebote wie z.B. die „Werkstatt für Kinder“ der OASE Werkstatt bieten eine Möglichkeit, beide Aspekte zu verbinden (Lehmann 2013, 59f.).
Die Siegener Hochschullernwerkstätten bieten neben offenen Angeboten, wie zum Beispiel den Öffnungs- und Studienzeiten, einige vorstrukturierte Aktivitäten im Sinne von Workshops oder Exkursionen (s. Abb. 2). In diesem Semester werden unter anderem Kooperationsprojekte wie die „Portfoliowerkstatt“, die „Lange Nacht der aufgeschobenen Hausarbeiten“ sowie das „Pädagogische Kino“ durchgeführt (s. Abb. 2). Alle drei Angebote haben gemeinsam, dass sie Impulse der Lernwerkstattmitarbeiter enthalten, die als Instruktionen gewertet werden können. So waren die Mitarbeiter maßgeblich an der Auswahl der zu bearbeitenden Inhalte und der Bereitstellung von Materialien oder Unterstützung im Sinne von Schreibberatung beteiligt.
Diesen Planungsüberlegungen beider Teams liegt der Eindruck zugrunde, dass viele ihrer Kommilitonen nicht mit offeneren Lernformen vertraut sind. Dies liegt vermutlich in der schulischen Sozialisation, aber auch im zunehmend verschult anmutenden Konstrukt des Bachelor-Studiums begründet (s.o.). Viele Studierende berichten darüber hinaus, dass auch die Dozenten selbst mit offenen Arbeitsformen überfordert zu sein scheinen, bzw. den Anspruch, den sie den angehenden Lehrkräften für ihr späteres pädagogisches Handeln vermitteln, selbst nicht adäquat umsetzen und somit vorleben können (Rumpf & Schöps 2013, 37). Der

sichere und vertraute Umgang mit selbstbestimmtem Lernen kann also bei einem Großteil der Studierenden kaum vorausgesetzt werden.
Die oben genannten Veranstaltungen der LWL und der OASE wurden sowohl von Studierenden, die diese Lernwerkstätten gerne und oft besuchen, als auch von solchen, die diese bislang noch nicht kannten, genutzt. Diese niedrigschwelligen Angebote ermöglichen den Studierenden einen ersten Kontakt mit den Räumlichkeiten, aber auch mit der Mentalität von Lernwerkstätten. So stellten sich zum Beispiel bei der diesjährigen „Langen Nacht der aufgeschobenen Hausarbeiten" alle 50 Teilnehmenden vor und gaben Auskunft über ihr aktuelles Projekt. Alleine durch dieses kleine kommunikative Element ergaben sich Kooperationen zwischen Teilnehmern und Teammitgliedern, interessante Diskussionen zu unterschiedlichsten wissenschaftlichen Fragestellungen und großes Interesse an den in den Lernwerkstätten vorhandenen Materialien und Medien.
Im Sommersemester 2013 wurde erstmals eine gemeinsam von beiden Lernwerkstätten vorbereitete „Portfoliowerkstatt" durchgeführt. In Nordrhein-Westfalen ist das Führen eines Portfolios während des Lehramtsstudiums und Vorbereitungsdienstes mittlerweile obligatorisch[1]. Es kann neben einer eher praktischen Funktion der Dokumentation abgeleisteter Praxisphasen vor allem die Reflexionskompetenz der Studierenden vertiefen (Häcker & Winter 2006). Über die eigenen anzubahnenden Lehrkompetenzen und das individuelle pädagogische Handeln nachzudenken und dies schriftlich zu fixieren, fällt vielen Studierenden nicht leicht, da sie bislang keine Erfahrungen mit Portfolioarbeit gemacht haben. Häcker und Winter betonen: „Portfolioarbeit verspricht, diese Reflexivität zu fördern […]", aber sie „[…] läuft nicht von allein. Sie muss von allen Beteiligten erlernt werden und bedarf vor allem in der Anfangsphase einer intensiven direkten Anleitung und Begleitung" (dies., 228). Einen Teil dieser Begleitung übernehmen die Teams der LWL und der OASE, indem sie themenbezogene Nachmittage für Studierende anbieten, unter anderem zu den Themen „Wie finde ich ein Thema für meinen Praktikumsbericht?"[2] und „Wofür brauche ich überhaupt ein Portfolio?". Neben kleinen Input-Einheiten, die von den studentischen Mitarbeitern der Lernwerkstätten vorbereitet werden, sollen vor allem die Studierenden selbst im Mittelpunkt stehen und sich im Austausch mit anderen darüber klar werden, welche Themen sie besonders interessieren und welchen Fragen sie nach ihren ersten Semestern an der Universität in der Schule nachgehen wollen. Das Angebot der Lernwerkstätten fördert also die häufig geforderte Verzahnung von Theorie und Praxis und begleitet die Studierenden auf ihrem Weg zu selbstgesteuertem Lernen sowie dem Befassen mit echten, eigenen Fragen. Im Portfolio sollen Vor-

1 http://www.schulministerium.nrw.de/BP/ELISETexte/Hinweise/portfolio/index.html, letzter Zugriff am 05.07.2013.

2 Der Praktikumsbericht wird nach dem Orientierungspraktikum geschrieben und soll sich auch auf einen der Standards des Portfolios beziehen.

lesungsinhalte und Schulpraxis gezielt zueinander in Beziehung gesetzt werden. Erste eigene Unterrichtsversuche sollen dokumentiert und reflektiert werden, um daraus möglichst konkrete Perspektiven für die weitere Entwicklung als Lehrkraft zu gewinnen.

Für das kommende Semester ist ein weiterer Termin geplant, dessen Schwerpunkt eine Ausstellung der individuellen Projekte und Fragestellungen aus Orientierungs- und Berufsfeldpraktika[3] der Studierenden sein soll. Da die Portfolios lediglich auf Vollständigkeit kontrolliert, aber seitens der Universität nicht kommentiert werden, geht ein wichtiges Element der Portfolioarbeit, der Dialog mit Anderen über das Geschriebene, verloren. Genau diesen Dialog wollen die Teams der beiden Lernwerkstätten anbieten und fördern, um die Lernprozesse ihrer Kommilitonen sichtbar und erfahrbar werden zu lassen. Dadurch entwickelt sich eine wertschätzende Haltung gegenüber den Fragen und Zielen, die Studierende in der ersten Phase ihrer Lehramtsausbildung beschäftigen.

Diese beiden oben skizzierten Angebote bieten den Studierenden eine Anregung, mit deren Hilfe sie sich mit individuell wichtigen Themen näher befassen können. Instruktive Elemente können Studierende vor Überforderung bewahren, die mit dem Konstruktions-Anspruch der Lernwerkstätten einhergehen könnte. Da vielen Studierenden, wie bereits weiter oben ausgeführt, die Erfahrungen mit offenen Lernsituationen fehlen, müssen sie erst (wieder) die Freude am selbsttätigen Lernen erfahren, bevor sie diese an Kinder und Jugendliche weitergeben und authentisch verkörpern können.

Holt betont bereits in den 1970er Jahren, dass Wissen aus Büchern alleine keine tragfähige Vorstellung der „neuen Pädagogik“ ermöglicht, sondern es vor allem auf die in reformpädagogisch orientierten Bildungseinrichtungen erlebten Erfahrungen ankommt (vgl. Holt 1999, 298).

Umso wichtiger erscheint es, dass sich Hochschullernwerkstätten an den tatsächlichen Bedürfnissen der Studierenden orientieren. „Je mehr wir über neue Arten des Lehrens und Lernens wissen, umso sicherer werden wir in dem sein, was wir selbst möchten, und umso besser werden wir begründen können, warum wir es möchten; umso eher werden wir auch in der Lage sein, mit anderen über unsere Vorstellungen zu sprechen, Fragen zu beantworten, Einwänden zu begegnen, Alternativen und Konsequenzen zu bedenken“ (ebd.).

3 Das Berufsfeldpraktikum ist die dritte verbindliche Praxisphase im Bachelor-Studium. Es kann sowohl schulisch, als auch außerschulisch absolviert werden und bietet den Studierenden daher größtmögliche Freiheit beim Planen ihres Vorhabens. Vor Beginn des Praktikums müssen die Studierenden ein Gespräch mit einem Academic Advisor führen und mit ihm ihr Entwicklungsziel oder ihre Fragestellung besprechen.

3.2 Die Rolle der Lernbegleitung – Was erwarten die Studierenden von Lehrenden in den Lernwerkstätten?

Lern- und Arbeitsprozesse, die in Lernwerkstätten stattfinden, zeichnen sich grundsätzlich durch eine Abkehr von den traditionellen „lehrerzentrierten Lernsituationen" innerhalb der Hochschulausbildung aus, wie sie z.B. von Rieck und Ritter klassifiziert werden (Rieck & Ritter 1983, 372). In den üblichen Seminaren, Vorlesungen und Übungen werden die didaktischen Elemente vom Hochschullehrer festgelegt. Es geht meist um eine kompakte Vermittlung wissenschaftlicher Fachinformationen, die aus zeit- und raumökonomischen Gründen häufig in Massenveranstaltungen bzw. überfüllten Seminarformen angeboten werden. Schon vor dreißig Jahren fordern die hier genannten Autoren, die „defizitäre Lernwirklichkeit" an Hochschulen zu überwinden, indem man sie durch eine Vielfalt von Lernsituationen anreichert. In ihrer hier ausführlich zitierten Forderung benennen sie wesentliche Elemente einer innovativen Lehr- und Lernkultur, die den Konzepten von Hochschullernwerkstätten entspricht: „Für die Zukunft wäre es wichtig unter Lehren auch offenere wenig determinierende, mehr an Lernanregungen, Beratung und Feedback für die Studenten orientierte Aktivitäten der Hochschullehrer zu verstehen. Didaktische Variabilität in der Gestaltung einzelner Lernsituationen, der Verbund von Lernsituationen zu einer abwechslungsreichen lebendigen „Lernlandschaft" in Semesterkursen und Studiengängen, Lehren als Moderieren des Lernens könnten ein Weg sein, den Studenten wieder mehr Selbstverantwortlichkeit für ihren Lernprozeß einzuräumen, ohne in den alten Fehler des Mangels an Strukturen und Rückmeldungen zurückzufallen" (ebd., 396).
Hochschullernwerkstätten unterscheiden sich auf mehreren Ebenen (z B. räumliche Gestaltung, Begegnungen auf Augenhöhe statt Hierarchien, individuelle Auswahl des Lerngegenstands) von herkömmlichen universitären Lernorten (Lehmann 2013, 57). Deutlich werden diese Unterschiede zu traditionellen Lehrkulturen vor allem im Rollenverständnis und dem Verhältnis von Lernendem und Lehrenden. Im Sinne der zugrundeliegenden „pädagogischen Werkstattkonzeption" werden die Arbeits- und Lernsituationen in Lernwerkstätten durch folgende vier Prinzipien getragen (Müller-Naendrup 2012, 278):

- Modellieren statt Dozieren
- Ernst statt Laborsituation
- Hilfe statt Vereinfachung
- Miteinander und voneinander lernen, statt belehrt zu werden

Damit erfolgt eine konsequente Umsetzung schulreform-bezogener Forderungen in Lehrerbildungskonzepten, und die Analogien zu schulischen Konzepten einer neuen Lernkultur werden deutlich. Es geht zum einen um grundlegende Ansprüche an eine "gute" Lernbegleitung in offenen Lernsituationen, wie *Respekt, Authentizität* und *pädagogische, fachliche* und *methodische* Kompetenz, zum anderen liegt das Potenzial von typischen Lernwerkstatt-Situationen insbesondere darin, dass die Beteiligten die "dynamischen" Merkmale einer "guten" Lernbegleitung in ganz unterschiedlichen Situationen erleben, diese artikulieren und ihre eigene Rolle reflektieren können (s. Abb. 4).[4]

Dynamische Merkmale einer „guten" Lernbegleitung: Respekt, Authentizität, pädagogische, fachliche und methodische Kompetenz	
• Reflexion	• Aktion
• Augenhöhe	• „Meister"
• Fordern	• Machen lassen
• Offenheit	• Geschlossenheit
• Geduld	• Eingreifen
• Teamarbeit	• Einzelarbeit
• Struktur	• Chaos
• Freude	• Ernst
•	• ...

Abb. 4: Dynamische Merkmale einer „guten" Lernbegleitung

Das hier skizzierte Verständnis einer „Lernbegleitung" können Lehramtsstudierende in Hochschullernwerkstätten in ganz unterschiedlichen Lern- und Arbeitssituationen erfahren. Folgende Abbildung verdeutlicht beispielsweise die unterschiedlichen Formen der Lernbegleitung in der OASE-Werkstatt (s. Abb. 5):

Abb. 5: Formen der Lernbegleitung in der OASE

4 Diese Kriterien für eine "gute" Lernbegleitung wurden im Rahmen eines Teamtages des OASE-Teams festgelegt.

Diese Dynamik der Rollenzuschreibungen und Erwartungen verweist allerdings auch auf ein Dilemma, in dem sich viele Lernwerkstattmitarbeiter, aber auch die Nutzer und Besucher befinden. So sehen sich z.B. studentische Hilfskräfte während der Öffnungszeiten immer wieder mit einer gewissen Anspruchshaltung seitens der Studierenden konfrontiert, da einige von ihnen Lernwerkstätten mehr als Service- und Dienstleistungseinrichtung wahrnehmen. In diesen Situationen geht es dann oft darum, die Botschaft „Studieren statt kopieren" in adäquater Weise zu vermitteln oder den Mehrwert des selbst Herausfindens und Entdeckens zu verdeutlichen. Dennoch ist der Wunsch nach schnellen „Rezepten" oder fertigen Konzepten und Materialien seitens der Studierenden für die Mitarbeiter durchaus nachvollziehbar, da sie selbst die Probleme der Studienbedingungen kennen. Zu wenig erscheint hier die „modulare Verankerung offener Lernformen" (Rumpf & Schöps 2013, 37) und damit auch das Rollenverständnis der Lehrenden und Lernenden in den Studienordnungen und tatsächlich anrechenbaren Veranstaltungen realisiert.

An dieser Stelle stellt sich außerdem die Frage, inwiefern es Lernwerkstätten gelingt, sich auf die Bedürfnisse und Wünsche ihrer Nutzer einzulassen, ohne die konzeptionelle Grundlegung dabei zu schwächen. Hier gilt es ausreichend Gelegenheiten und Platz für eigene und neue Ideen der Studierenden zu schaffen, die der reinen Konsumhaltung entgegenwirken, aber auch zu starre konzeptionelle Vorgaben seitens der Lernwerkstattteams aufzubrechen.

3.3 Bedeutung der Lernumgebung – Nehmen die Studierenden die „räumlichen Botschaften" überhaupt wahr?

Wie schon in der Einleitung dieses Beitrags angedeutet, sind es insbesondere die räumlichen Botschaften von Lernwerkstätten, die das konstruktive Potential dieser Hochschuleinrichtungen unterstützen und weiterentwickeln sollen. Innerhalb der Hochschul-Lernlandschaft handelt es sich hier um besondere Lernorte, die sich von den sonst üblichen Hörsaalszenarien unterscheiden (s. Abb. 6). Vielfach sind dies auf Dauer angelegte räumliche Strukturen im Audimax oder Seminarraum, die die darin stattfindenden, meist eher instruierenden Lehr- und Lernprozesse bestimmen. Hagstedt kritisiert in diesem Zusammenhang die Rückschritte einer vielleicht ursprünglich gedachten teilnehmerorientierten Seminarkultur in Richtung einer „Belehrungskultur", die auch durch räumliche Rahmenbedingungen zu erklären sind, wenn z.B. „...alte Seminarräume, in denen man früher noch Gruppentische finden konnte [...] inzwischen klammheimlich umfunktioniert worden (sind) zu Mini-Hör- und Schauräumen mit fest installierten Beamern und neuen Projektionsflächen" (Wedekind & Hagstedt 2011, 13).

Lernwerkstatt-Umgebungen zeichnen sich dagegen durch ihre „Organisation offener Systeme" mit räumlich flexiblen Strukturen und Rahmenbedingungen aus. Die konkrete Einbindung von vielfältigen Materialien und Medien in die

Raumgestaltung unterscheidet sie deutlich von den eher nüchtern gehaltenen und funktionell eingerichteten Seminarräumen. Auch von den anderen spezifischen Lernorten einer Hochschule, wie z.B. der Bibliothek oder verschiedenen Laboren, heben sich Hochschullernwerkstätten bewusst ab. Hier geht es weniger um Service- oder sogar Dienstleistungsfunktionen und auch nicht um künstlich geschaffene Laborsituationen (Brügelmann 2013, 52), sondern Lernwerkstätten verstehen sich als „Szenarien für Erfahrungen" (Müller-Naendrup 1997, 183ff.), in denen die Akteure sowohl ausreichend Spielraum als auch stützende Rahmenbedingungen und Strukturen für ihre eigenen Initiativen vorfinden. Allerdings reicht es nicht, nur einen Raum zur Verfügung zu stellen, ihn mit Material auszustatten und dabei die zentralen Prinzipien von Lernwerkstatt-Umgebungen umzusetzen (Müller-Naendrup 2012, 280ff.). Entscheidend ist die „pädagogische Atmosphäre" (Müller-Naendrup 2013, 202), die zwar auf der einen Seite von den räumlichen und medialen Rahmenbedingungen beeinflusst wird, auf der anderen Seite maßgeblich von der Umsetzung der zugrundeliegenden konzeptionellen Überlegungen und den in den Lernwerkstätten tätigen Personen abhängig ist. Sehr gut lässt sich dieser Anspruch mit den Prinzipien einer „Pädagogischen Architektur" vereinbaren (Müller-Naendrup 2012, 282)[5]:

- eine Architektur, die ihre Organisation und gestalterische Kraft aus einer pädagogischen Konzeption heraus entwickelt
- eine Pädagogik, die sich die Räume, in und mit denen sie arbeitet, zu Eigen macht und einbezieht
- einen Prozess, der die am Lernen und Lehren Beteiligten befähigt, die Formen des Lernens und Lehrens mitzugestalten

<table>
<tr><th colspan="2">Bedeutung der Lernumgebung: Nehmen die Studierenden die „räumlichen Botschaften" überhaupt wahr?</th></tr>
<tr><td>• auf Dauer angelegte räumliche Strukturen
• nüchtern gestaltete, aber funktionell eingerichtete Seminarräume
• Magazine & Labore
• …</td><td>• Organisation offener Systeme mit flexiblen räumlichen Strukturen & Rahmenbedingungen
• mit Material und Medien gestaltete Lernumgebung
• „Szenarien für Erfahrungen"
• …</td></tr>
</table>

Abb. 6: Räumliche Botschaften an Hochschulen: Traditionelle Lernorte & Lernwerkstätten

Mehr und mehr entdecken und nutzen Studierende das räumliche Angebot von Lernwerkstätten, vor allem um sich in den Räumen zunächst einfach aufzuhalten, Referate, auch fachfremde, vorzubereiten und die medialen Ressourcen, wie z.B.

5 Müller-Naendrup bezieht sich hier auf ein Begleitheft zur Ausstellung: Pädagogische Architektur, herausgegeben von Imhäuser & Burgdorff (2010).

PC-Arbeitsplätze, zu nutzen. Häufig reduziert sich allerdings die Materialnutzung auf eine mögliche Materialausleihe, seltener wird mit den Materialien in der Lernwerkstatt gearbeitet (Franz 2013, 48). Diese Wahrnehmung und Nutzung der räumlichen Botschaften von Lernwerkstätten stellt viele Lernwerkstatt-Teams nicht zufrieden, da hier zu sehr der Dienstleistungscharakter oder instruktive Elemente in den Vordergrund gestellt werden. Das konstruktive Potential von Lernwerkstatt-Umgebungen wird dadurch seltener genutzt.

4 Fazit: Bedeutung und Nachhaltigkeit des Studiums in Lernwerkstätten

Die drei unterschiedlichen Blickwinkel auf „Angebot und Nachfrage" von Hochschullernwerkstätten zeigen, dass sich sowohl die Lern- und Arbeitsprozesse in Lernwerkstätten als auch die Rolle der Lernbegleitung und die Wahrnehmung der räumlichen Botschaften wie ein Pendel zwischen den beiden Polen der „Instruktion" und „Konstruktion" bewegen. Zwar tendieren Hochschullernwerkstätten in ihren Konzeptvorstellungen und Angeboten deutlich mehr zum freien und konstruktiven Tätigsein, doch auch instruktive Elemente haben ihren Platz und ihre Berechtigung in der Arbeit der Hochschullernwerkstätten. Häufig ermöglichen ebensolche Angebote eine sichere Umgebung für erste Schritte auf dem Weg zur Selbsttätigkeit. Instruktive Elemente können im Umfeld der Hochschullernwerkstätten als Interessen erzeugende Impulse verstanden werden, die produktiv aufgenommen werden und eine Hinführung zum selbsttätigen Lernen darstellen können. Analog dazu unterstreicht Gudjons (2007, 6) die Rolle instruktiver Elemente für schulische Lernprozesse folgendermaßen: „Auch und gerade in einem Konzept von Unterricht, welches das Lehren des Lehrers als Zurverfügungstellen und Arrangieren von Lernsituationen begreift, ist das Element der Instruktion unverzichtbar. Aber Instruktion eben nur als Element, als untergeordnetes Merkmal der Lehrerrolle. So wird aus dem Horrorbegriff der Instruktion mit seinem leicht autoritären Beigeschmack ein sinnvoller, zu kultivierender Bestandteil des Unterrichts."

Die wissenschaftliche Evaluation hinsichtlich der Bedeutung und Nachhaltigkeit des Studiums in Lernwerkstätten bietet bislang mit Ausnahme der Studien von Müller-Naendrup (1997), Schubert (2003) und Franz (2012) nur wenige empirische Daten. Häufig beziehen sich Aussagen über mögliche Lernentwicklungen von Studierenden in Lernwerkstätten mehr auf eigene Erfahrungen und – provozierend formuliert – vielfach werden eher Wunschvorstellungen formuliert. Bislang wurden weder die Innovationsprozesse noch die Nachhaltigkeit der Hochschullernwerkstätten in Bezug auf Studierende systematisch erforscht. An der Universität Siegen ist daher ein Forschungsprojekt geplant, dass sich mit der Frage beschäftigen wird, wie Studierende ihr Handeln in ausgewählten Projekten der Hochschullernwerkstätten erleben:

- Verändert sich ihre Vorstellung vom (kindlichen) Lernen? Wie werden unterschiedliche Zugangsweisen und Lernwege zu einer Frage wahrgenommen?
- Wie prägend sind die Erfahrungen, die gemacht werden?
- Wie erleben sich die Studierenden selbst in ihrer Rolle als Lernende und Lernbegleiter?
- Gibt es Unterschiede zu Praxisphasen in herkömmlichen Schulen oder Bildungsinstitutionen?
- Können die gemachten Erfahrungen auf die Arbeit als Lehrer übertragen werden?

5 Literatur

Brügelmann [illegible] ichten aus 40 Jahren Lernen und Lehre [illegible] (Hrsg.), 41-54.

Brunner [illegible] Handbuch Portfolioarbeit. Konzep [illegible] Kallmeyer: Seelze.

Burgd [illegible] ft zur Ausstellung: Pädagogische Ar [illegible]

Coele [illegible] eren in Lernwerkstätten. Potentia [illegible] en.

Franz, [illegible] der gemeinsamen Qualifikation von [illegible] ichs und Lehrkräften der Primarstufe [illegible]

Franz, E [illegible] ngen einer hochschuldidaktischen Rahm [illegible] 1-150.

Gudjons, H [illegible] gik, 59. Jg., 11/2007, 6-11.

Häcker, Tho [illegible] m jeden Preis! In: Brunner; Häcker & Winter (201 [illegible]

Holt, John (1999): Kinder [illegible] nicht(s). Beltz: Weinheim/Basel.

Huber, Ludwig (1983) (Hrsg): Ausbildung und Sozialisation in der Hochschule. Enzyklopädie Erziehungswissenschaft. Bd. 10. Klett-Cotta: Stuttgart.

Lehmann, Annika (2013): Potentiale von Lernwerkstätten aus Sicht von Studierenden. In: Coelen & Müller-Naendrup (2013) (Hrsg.), 55-65.

Ministerium für Schule und Weiterbildung des Landes Nordrhein-Westfalen (2010) (Hrsg.): Portfolio, http://www.schulministerium.nrw.de/BP/ELISETexte/Hinweise/portfolio/ (letzter Zugriff am 05.07.2013).

Müller-Naendrup, Barbara (1997): Lernwerkstätten an Hochschulen. Ein Beitrag zur Reform der Lehrerbildung. Peter Lang: Frankfurt a. M.

Müller-Naendrup, Barbara (2012): Lernwerkstätten an Hochschulen. Räumliche Botschaften im Rahmen der Lehrerbildung. In: Schröteler von Brandt et al. (2012) (Hrsg.): Raum für Bildung. Ästhetik und Architektur von Lern- und Lebensorten. transcript: Bielefeld, 275-284.

Müller-Naendrup, Barbara (2013): Lernwerkstätten als Dritte Pädagogen. Räumliche Botschaften von Lernwerkstätten an Hochschulen. In: Coelen & Müller-Naendrup (2013), 193-206.

Rieck, Wolf & Ritter, Ulrich-Peter (1983): Lernsituationen in der Hochschulausbildung. In: Huber (1983) (Hrsg.), 367-400.

Rumpf, Dietlinde & Schöps, Miriam (2013): Hochschullernwerkstätten als Raum für Kooperation. In: Coelen & Müller-Naendrup (2013), 31-40.

Schubert, Elke (2003): Hochschul-Lernwerkstätten im Spannungsfeld von Wissenschaft, Praxis und Person. Werkstattkonzepte und ihr Beitrag zur Professionalisierung der Lehrerbildung. Projekt: Bochum.

Schröteler von Brandt, Hildegard et al. (2012) (Hrsg.): Raum für Bildung. Ästhetik und Architektur von Lern- und Lebensorten. transcript: Bielefeld.

Wedekind, Hartmut & Hagstedt, Herbert (2011): Refugien? Über die Bedeutung von Lernwerkstätten in Schule und Hochschule. In: Grundschule, 2011, Heft 6, 12-13.

Winter, Felix (2004): Leistungsbewertung. Eine neue Lernkultur braucht einen anderen Umgang mit den Schülerleistungen. Schneider: Hohengehren.

Teil 4:
Lernwerkstattarbeit – Praxis

Werner Hangartner

Interdisziplinäre Studienwoche als Praxiserfahrung

> „An der Vermittlung lebensrelevanter Informationen mangelt es bei uns im Fachunterricht sicherlich nicht. Woran es mangelt: An einer Vermittlungsart, die Informationen so erwerben und speichern lässt, dass davon lebenslang selbstständiger Gebrauch gemacht werden kann. [...] Und was Fachunterricht im Hinblick auf die Förderung von Handlungsfähigkeit strukturell nachteilig anhängt, ist die inhaltliche Begrenztheit von Fächern; in ihnen kann eben nur erlernt werden, was Fachbezug hat. [...] Lebensprobleme aber stellen sich nicht nach Fächern unterteilt, sondern sind komplex-ganzheitlicher Art. Wer sie mit in Fächern erworbenen Informationen lösen will, muss zuallererst eine Auswahl aus ihnen treffen und sie dann zusammenführen und auf die Problemsituation beziehen. Auf derartiges Denken und Handeln kann Fachunterricht nicht vorbereiten“ (Peterssen 2000, 54).

Wenn nach Peterssen Fachunterricht auf oben genanntes Denken und Handeln nicht vorbereiten kann, was dann? Wo soll dies geschehen, wenn es nicht dem Zufall überlassen werden will?

Im Verlaufe des Studiums an der Pädagogischen Hochschule St. Gallen können die Studierenden an drei interdisziplinären Wochen teilnehmen, verteilt über drei Jahre. Alle Studierenden wählen einen der vielen Workshops, in denen Studierende über alle Jahrgänge hinweg gemischt sind.

Im Workshop „Entdeckendes Lernen hautnah“ in der Lernwerkstatt ging es darum,

- das entdeckende Lernen in den Mittelpunkt zu stellen,
- eine eigene Frage im Kontext „Balance“ zu finden und zu bearbeiten,
- sich primär an der Sach- und weniger an der Fachebene zu orientieren und
- die reflektierten Erfahrungen auf die Ebene der Arbeit mit Kindern zu übertragen.

Struktur des Workshops

1. die eigene Frage suchen
2. Forschungsteam bilden
3. entdecken
4. Lernweg dokumentieren/reflektieren

5. Lernweg präsentieren
6. Transfer zur Primarschule
7. Methode reflektieren

Den roten Faden durch die Woche bildete ein leicht abgeänderter Forschungskreislauf nach Marquardt-Mau (Prima(r)forscher 2011, 38, vgl. Abb. 9).
Am Anfang des Lernprozesses einer jeden Studentin (es nahmen keine Männer an diesem Workshop teil) sollte eine echte Frage stehen. Diese ganz persönliche Frage ist das Herzstück der Arbeit in einer Lernwerkstatt.
2009 wurden folgende Qualitätsmerkmale (neben anderen) für die Rolle der Lernenden in der Lernwerkstatt festgehalten (VeLW 2009, 7):
„Fragen lernen

- Die Lernenden werden ermutigt, sich selbst Fragen zum Gegenstand/Thema zu stellen und ihre eigenen Fragen ernst zu nehmen.
- Sie nehmen Lernimpulse auf und entwickeln sie entsprechend ihrer Interessen weiter.
- Die Lernenden sind in ihren Fragen nicht an die Grenzen von Unterrichtsfächern oder wissenschaftlichen Disziplinen gebunden.
- Den Lernenden wird kein verpflichtender Fragenkatalog vorgegeben."

1 Die Vorbereitung des Workshops

Vorgängig kam die ganze Lerngruppe zusammen, um sich auf die Studienwoche vorzubereiten. Dabei wurde die Bandbreite des Themas ausgeleuchtet, um die Studierenden zu stimulieren, sich bis zum Start der Woche Gedanken über mögliche Fragestellungen zu machen. Hilfreich dabei war ein persönlich erstelltes Balance-ABC. Auch wurden die Studierenden aufgefordert, Material mitzubringen, das aus ihrer ganz persönlichen Sicht zum Thema passen würde.

2 Vorbereitung durch die Workshopleitung

Was an den internationalen Lernwerkstättentagungen Tradition hat, wurde auch hier übernommen: *Die Lernlandschaft*. In einem separaten Raum wurden verschiedenste Materialien ausgestellt, die etwas mit dem Thema „Balance" zu tun hatten. Diese Lernlandschaft wurde durch Materialien der Studierenden laufend ergänzt. Die Kriterien für die Auswahl der Materialien sind rein subjektiv und hängen stark davon ab, was an Material gerade zu finden ist und was man selber als gutes und taugliches Material taxiert.
Auffallend war, dass in der Lernlandschaft dem physikalischen Aspekt des Gleichgewichts sehr viel Raum gegeben wurde. Dies sicher auch deshalb, weil Material zum Gleichgewicht sehr attraktiv ist und man damit sofort experimentieren kann. Es wird sich zeigen, welche Aspekte des Begriffs „Balance" die Studierenden favorisieren werden.

3 Die interdisziplinäre Studienwoche

3.1 Die eigene Frage suchen

Abb. 1: Anhand von Materialien nach einer Frage suchen

Teils mit Ideen im Kopf, an welcher Frage man arbeiten könnte, schnupperten die Studierenden in der Lernlandschaft. Viele Materialien, die den interdisziplinären Aspekt des Themas repräsentierten, lagen zum Beschnuppern bereit. Es stand genügend Zeit zur Verfügung, um sich auf das Material einzulassen und vieles oberflächlich auszuprobieren. Dabei sollten bestehende Fragen bestätigt, hinterfragt oder ergänzt werden. Im Lernjournal wurden erste Gedanken zum Suchprozess festgehalten. Gespräche wurden mit Mitstudierenden geführt, Gedanken und Fragen ausgetauscht, erste Ideen möglicher Zusammenarbeit entwickelt. Dabei zeigte sich, dass einerseits die Wahl der Person und andererseits die Frage selber Ausschlag für das Interesse einer Zusammenarbeit war.

3.2 Forschungsteams bilden

Mögliche Fragestellungen wurden gesammelt und öffentlich gemacht. Es bildeten sich Interessengruppen. In einem moderierten Suchprozess wurden die definitiven Fragestellungen formuliert und aufgehängt. Dieser Prozess dauerte so lange, bis alle Studierenden sicher waren, an der richtigen Frage und in der richtigen Gruppe zu arbeiten. Es gab keine Studentin, die alleine arbeiten wollte. Schließlich konnten die Interessengruppen nach einem halben Tag endlich auf Entdeckungsreise gehen. An folgenden Fragestellungen wurde gearbeitet:

- Welche Mittel verhelfen mir zu innerer Ruhe?
- Wie funktioniert Meditation und was löst diese in mir aus?
- Wie finde ich Glück?
- Was machen Personen in verschiedenen Lebensphasen, um im inneren Gleichgewicht zu bleiben? Was hindert sie daran?

- Wie können wir uns das Jonglieren mit verschiedenen Materialien, alleine und zu zweit, selbst beibringen? Wie können wir unseren Lerngewinn jemandem beibringen?
- Was braucht unser eigenes Geschicklichkeitsspiel, damit es für uns attraktiv ist?
- Welche Spiele eignen sich für welche Situation?

3.3 Entdecken

Abb. 2: Anhand eigener Erfahrungen Entdeckungen machen

An insgesamt zwei Tagen beschäftigten sich die Interessengruppen intensiv mit ihren Fragestellungen. Material wurde gesucht, Interviews vereinbart, die Mediathek gestürmt, gelesen, im Internet gesurft, Meditationsworkshops besucht, jonglieren geübt, Umfragen bei Studierenden und Dozierenden gestartet, um nur einige der Aktivitäten zu nennen. Die Rolle der Workshopleitung beschränkte sich auf die individuelle Begleitung der Studierenden. Dabei zeigte sich, dass sich die Fragestellung im Laufe der Entwicklung auch verschieben konnte. Eine wichtige Rolle spielte dabei die Zeit. Die Gruppe auf der Suche nach dem Glück wurde richtig ins Thema hineingesogen. Dabei entdeckten sie immer mehr Aspekte, die sie als ungemein spannend erlebten und noch weiter erforschen wollten.
Jeder Tag begann mit einer Rückblende anhand von Fotos des Vortages. Diese Einstimmung öffnete die Sinne für die Weiterarbeit und das schnelle Wiedereintauchen ins eigene Thema. Gleichzeitig bekam man einen kurzen Einblick in die Arbeit der Mitstudierenden, waren doch einige Gruppen lange außer Haus.
Den Tagesabschluss bildete eine Tagesbilanz. Der persönliche Lernweg wurde bewusst gemacht und wichtige Erkenntnisse wurden festgehalten. Auch wurde im Lernjournal nachgelesen, was während des Tages festgehalten wurde.

3.4 Lernweg dokumentieren und reflektieren

Der Lernweg wurde laufend im Lernjournal festgehalten. Mögliche Leitfragen (Haag 2006), die bereits an der Vorbereitungstagung besprochen wurden, unterstützten den Dokumentations- und Reflexionsteil.

Die Art des Lerntagebuchs war frei wählbar. Es konnten digitale oder verschiedene Papierformen gewählt werden. Das Lerntagebuch war persönlich und wurde nur durch den persönlichen Entscheid der Studierenden bei der Präsentation auch für die Lernbegleitung und die Mitstudierenden öffentlich.

3.5 Den Lernweg präsentieren

Abb. 3 und 4: Präsentationen

Wann ist eigentlich eine Frage befriedigend beantwortet? Dies hängt stark von der Art der Frage ab. So war die Gruppe, die sich auf die Suche nach dem Glück gemacht hatte, nicht am Wunschziel angelangt. Dennoch fanden sie in der Gruppe verschiedene Kriterien, die sie als wichtig anschauten. Auch wurden diese Kriterien mit den eigenen Erfahrungen und den eigenen Wünschen in Verbindung gesetzt. Dabei diskutierten sie mit ihren Mitstudierenden, lernten andere Ansichten kennen und versuchten ein gemeinsames „Produkt" zu gestalten. Andere Gruppen hatten ihre Frage zur vollsten Zufriedenheit beantwortet. So war die Gruppe, die ein Geschicklichkeitsspiel herstellen wollte, das für sie attraktiv sein solle, sehr zufrieden. Eine andere Gruppe stellte den Lernweg ihrer Frage „Wie funktioniert Meditation und was löst diese in mir aus?" anhand eines Kamishibai-Theaters dar. Ein spannender Teil der Arbeit in der Lernwerkstatt ist die Präsentationsphase. Die Studierenden wählen eine für ihre Fragestellung passende Präsentationsform. Diese ist einerseits lehrreich für die präsentierende Gruppe selber, da sie auf meist sehr kreative Art sich rückblickend nochmals mit dem Lernweg auseinandersetzt und anderseits die Mitlernenden eine tolle Palette an Präsentationsmöglichkeiten konkret vorgestellt bekommen. Gleichzeitig bekommen sie auch etwas über den Inhalt und den speziellen Lernweg der anderen Studierenden mit. Dies erweitert und bereichert den Blick auf das gewählte Thema, im konkreten Fall das Thema „Balance".

3.6 Transfer zur Primarschule

Studierende schätzen es sehr, wenn sie anhand selbst gemachter Erfahrungen konkret daran weiter arbeiten können, wie solche Konzepte in der Primarschule und im Kindergarten, also in ihrem künftigen Arbeitsfeld, umgesetzt werden können.

Es ist wahrscheinlich etwas blauäugig zu glauben, gemachte Erfahrungen würden allein aufgrund der Eigenerfahrung umgesetzt. Wenn dem so wäre, würde die Schule heute in verschiedenen Bereichen anders aussehen. Vielmehr ist es ein Kraftakt, der im Praxisfeld mit einer Gruppe von unterschiedlichsten Kindern geleistet werden muss.

Als Anlass zu diesem Transfer wurde ein Film aus der Praxis zum entdeckenden Lernen angeschaut. Die Studierenden versuchten nun anhand folgender Leitfragen die Brücke zur Unterrichtspraxis zu schlagen:

- Was erkenne ich an Gemeinsamkeiten?
- Was erkenne ich an Unterschieden?
- Was hat mir an dem Film gefallen?
- Was sind meine Fragen, auf die ich noch keine Antwort weiß?

Abb. 5: Diskussion zum Transfer in die Primarschule

In Kleingruppen wurde entlang dieser Fragen diskutiert. Eigene Erfahrungen wurden bewusst gemacht, mit Erfahrungen anderer verglichen, auf ihre Allgemeingültigkeit überprüft, an der Realitätstauglichkeit gemessen. Auffallend dabei war immer die Bedeutung der Emotionen. Die eigene Neugierde, Begeisterung und Freude am Lernen wurde für sich selbst zwar sehr positiv und wichtig empfunden, bei der Übertragung auf die Arbeit mit den Kindern wurde aber oft der Zweifel am Nutzen und der Effizienz ins Felde geführt. Diese und ähnliche Fragen wurden intensiv diskutiert. Es gab keine eindeutigen Antworten. Die Antworten darauf müssen die Studierenden in ihrem späteren Berufsalltag selbst geben. Rüstzeug dazu haben sie bekommen. Wie stark sie davon Gebrauch machen und wie viel sie sich selbst zutrauen, wird die Zukunft weisen.

3.7 Methode reflektieren

Für einige der Studierenden war es schwierig einzuordnen, wie relevant solche Arbeit im Alltag der Schule ist. Welchen Stellenwert und Umfang nimmt das entdeckende Lernen ein? Wie oft sollen Kinder ihren eigenen Fragen nachgehen dürfen?

Zur Klärung solcher und ähnlicher Fragen wurde das Modell der „Meditativen Didaktik" nach Paul Michael Meyer (Meyer 1994, 46) beigezogen. Es stellt das lernende Kind in den Mittelpunkt und nicht den Lerngegenstand.
„Wichtig! Mit dieser Darstellung will ich nicht Gegensätze aufzeigen, die es im Sinne von richtig und falsch, gut und böse, wichtig und unwichtig, gut und besser abzuwägen gilt; ich zeige polare Spannungsfelder auf, in denen wir uns zeitlebens bewegen und uns mit jedem inneren und äußeren Schritt täglich um das Gleichgewicht bemühen" (Meyer 1994, 48).

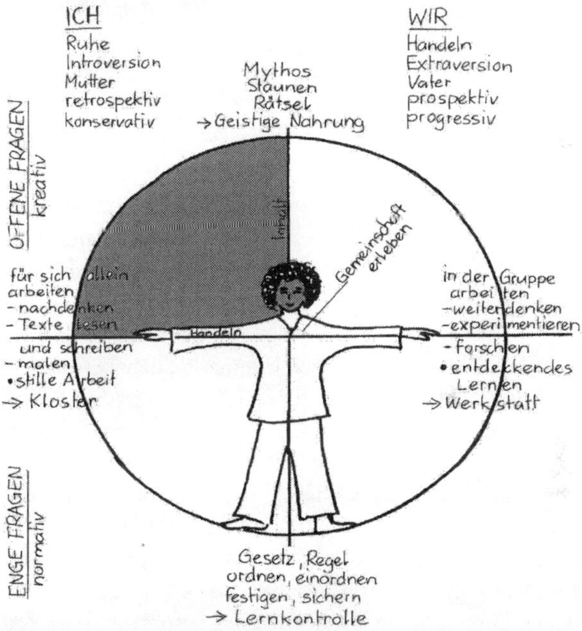

Abb. 6: Beispiel für eine Reflexion

Übertragen auf die oben beschriebene Fragestellung, wie oft Kinder ihren eigenen Fragen nachgehen dürfen, schlägt dieses Modell vor, etwa einen Viertel der Schulzeit den offenen Fragen eines jeden Lernenden zur Verfügung zu stellen. Welche Gefäße dafür verwendet werden, ist der einzelnen Lehrkraft überlassen. Die einen nennen sie Freiarbeit, Wochenplanunterricht, andere Freies Thema oder Projektarbeit. Gemeinsam haben alle Lernformen, dass das Individuum Gelegenheit bekommt, seinen ganz eigenen Fragen nachzugehen. Ebenfalls ist dieses Gefäß nicht auf ein bestimmtes Fach bezogen. Im oben beschriebenen Beispiel steht die Interdisziplinarität im Vordergrund. Es kann sich aber auch auf einzelne Fächer beziehen. In Mathematik würde man dazu vielleicht mathematische Erfindungen sagen, in Deutsch freier Text.

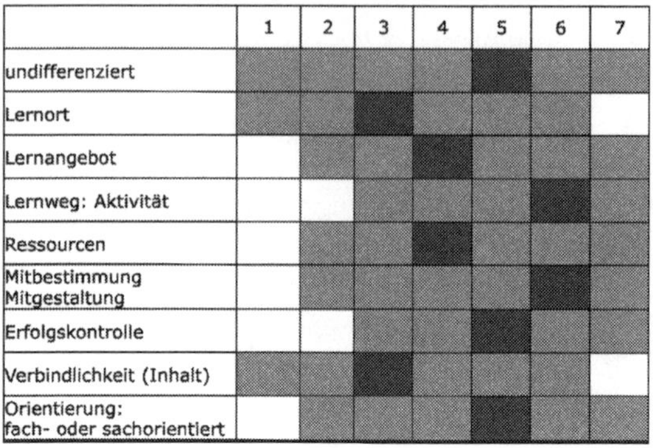

Abb. 7: Einschätzung von Öffnungsgraden

Ein anderer Zugang zu diesem Thema wurde über den Begriff Öffnung von Unterricht oder offener Unterricht gemacht. Dieser Begriff wird in Literatur und Diskussionen über Unterricht stark strapaziert und es ist oft schwierig zu beurteilen, was darunter genau verstanden wird. Eine differenzierte Ausdrucksweise wäre oft hilfreich.

Der oben erwähnte Film wurde an der Internationalen Lernwerkstättentagung 2010 in Rorschach (CH) (Hangartner 2010, 20) einem großen Publikum gezeigt. Anschließend wurden die Teilnehmenden nach einer persönlichen Einschätzung des Öffnungsgrades der gezeigten Filmsequenz gefragt. In einer 7er-Skala von 1 (keine Öffnung) bis 7 (sehr große Öffnung) wurde zu Beginn eine undifferenzierte Einschätzung zum Film gemacht. Der Durchschnitt lag bei 5, also einer doch relativ großen Öffnung. Die Streuung der Einschätzungen lag zwischen 1 und 7. Interessanter und aussagekräftiger ist das Bild, das sich zeigt bei der Einschätzung der verschiedenen Dimensionen. So wurden der Lernort und die Verbindlichkeit des Inhalts als am wenigsten geöffnet eingeschätzt. Die Streuung lag hier zwischen 1 und 6, was doch erstaunlich ist – spielte sich doch die Lernsequenz ausschließlich im Schulzimmer ab, was doch eher auf wenig Öffnung hindeutet, und der Inhalt war auf den Begriff „Volumen" reduziert, der für einige als sehr offen und für andere als absolut geschlossen interpretiert wurde. Der Durchschnitt lag hier bei 3, was einer eher geringen Öffnung entspricht.

Die gleiche Einschätzung zum Film machten die Studierenden in der Interdisziplinären Woche. Nach Vergleichen mit den Resultaten der Tagung wurden die verschiedenen Ebenen betrachtet.

- Erstens ging es um die Feststellung, dass Öffnung von Unterricht unterschiedlich bewertet wird.
- Zweitens sollte der Fokus auf einzelne Dimensionen gerichtet werden, die je nach Unterrichtssequenz mehr oder weniger geöffnet werden. Wegleitend für

jeglichen Unterricht sind die Ziele, die verfolgt werden. Wenn wie im Beispiel „Balance“ die Öffnung des Lernwegs und der Mitbestimmung/Mitgestaltung im Vordergrund steht, ist es auch nachvollziehbar, dass der Inhalt eher verbindlich sein kann, also eher exemplarischen Charakter hat, und somit auf der Skala einen tieferen Wert erzielt.

Unreflektierte Öffnung macht nur in den wenigsten Fällen Sinn und ist oft auch kaum realisierbar. Was also in der Interdisziplinären Woche am eigenen Leibe erfahren wurde, wurde am Schluss mit relevanten Themen aus der Didaktik verbunden. Wichtig dabei war der Bezug zur Unterrichtspraxis, da die Studierenden sofort danach fragen, wie solche Modelle in der Unterrichtspraxis umgesetzt werden können und welchen Stellenwert sie dort einnehmen. In Verbindung mit dem Modell der Meditativen Didaktik wurde darauf eine mögliche Antwort gegeben. In der Evaluationsrunde wurde deutlich, dass die Eigenerfahrung ein ganz wichtiger Bestandteil war, ohne Bezug zur Berufspraxis aber an Wert verloren hätte. Es wurde davon gesprochen, dass viel gelernt wurde, speziell durch die Verbindung von Eigenerfahrung und Theorieanbindung. Die Woche wurde auch als harte Arbeit an der eigenen Person empfunden. „... Als angehende Kindergärtnerin wünsche ich mir diese Lernform („Entdeckendes Lernen“) vermehrt einzusetzen. Ich persönlich habe festgestellt, dass Lernen ein komplexer, individueller Prozess ist. Die Lernwerkstatt ist ein Ort, an dem es möglich ist, selbständig und neugierig auf Entdeckungsreise zu gehen und wertvolle Erfahrungen zu sammeln.“

4 Zusammenfassung

> „... Es war ein ständiger Kreislauf von Frage und Antwort. Dieser Freiraum gab mir die Möglichkeit, mich intensiv mit meiner Frage zu befassen, wodurch ich in einen richtigen Flow-Zustand kam.
>
> Diese Selbsterfahrung hat mir gezeigt, dass selbstbestimmtes Lernen in einer offenen Umgebung sehr effektiv ist, weil man motiviert und von sich aus Neues entdeckt und lernt.“

Studierende schätzen es sehr, wenn sie Gestaltende ihres Lernens sind. Die Interdisziplinäre Woche zum Entdeckenden Lernen ist ein Angebot im Laufe des Studiums, das diesem Anliegen gerecht wird. Motivation und Engagement sind sehr groß, was grundsätzlich für das Lernen eine wichtige Voraussetzung ist. In einer völlig neuen Gruppenzusammensetzung erfahren sie, wie individuelles und kooperatives Lernen gestaltet werden kann. Ausgehend von einer eigenen Frage sich intensiv mit einer Sache auseinandersetzen, im Austausch mit anderen zu tragfähigen und für sich wichtigen Aussagen kommen, sich anderen mitteilen und sich auf kritische Fragen und würdigende Aussagen einlassen, gemeinsam Neues ausprobieren, eigene und fremde Erfahrungen mit theoretischem Wissen verknüpfen, all dies ermöglicht Lernerfahrungen, die Neugierde und selbstbestimmtes Lernen fördern.

Abb. 8: Dokumentation von Lernerfahrungen

Studierende wären aber unzufrieden, wenn diese Erfahrungen nicht auf die Ebene des Unterrichtens in einer Primarschule und Kindergarten übertragen würden. Oft werden bekanntlich Unterrichtsmodelle im Studium vorgestellt, die nicht an eigene Erfahrungen angebunden werden können. Diese Anbindung delegiert man an die spätere Berufspraxis oder an berufspraktische Studien, falls die Praxislehrperson dies zulässt. Wenn dies in der Ausbildung mehr zur Selbstverständlichkeit wird, gelingt es vielleicht vermehrt, ähnliche Lernsequenzen kompetent mit Kindern in der späteren Berufspraxis durchzuführen.

5 Literatur

Deutsche Telekom Stiftung & Deutsche Kinder- und Jugendstiftung (2011) (Hrsg.): Wie gute naturwissenschaftliche Bildung an Grundschulen gelingt. Ergebnisse und Erfahrungen aus prima(r) forscher, http://www.telekom-stiftung.de/dtag/cms/contentblob/Telekom-Stiftung/de/1546868/blobBinary/Publikation.pdf (letzter Zugriff am 4.09.2013).

Haag, Michael (2006): In: Gabriel & Wedekind (2006) (Hrsg.): Dokumentation der Bundestagung der Lernwerkstätten 2006. Berlin (unveröffentlicht).

Hangartner, Werner (2010): Offenes Lernen – Lernwerkstatt unter dem Fokus „Offenes Lernen". In: Die Dokumentation zur Internationalen Lernwerkstättentagung in Rorschach 2010 – Lernen in Lernwerkstätten und Lerngärten im Spannungsfeld zwischen Fremd- und Selbststeuerung. Rorschach.

Meyer, Paul M. (1994): Die biografische Schule. Zytglogge: Bern.

Ramseger, Jörg (1992): Offener Unterricht in der Erprobung: Erfahrungen mit einem didaktischen Modell. Juventa Verlag: München.

Reischmann, Jost (1988): Offenes Lernen von Erwachsenen. Grundlagen und Erprobung im Zeitungskolleg (Habilitationsschrift). Bad Heilbrunn: Klinkhardt.

Peterßen, Wilhelm H. (2000): Fächerverbindender Unterricht. Begriff, Konzept, Planung, Beispiele. Oldenbourg Schulbuchverlag: München.

Verbund europäischer Lernwerkstätten (VeLW) e.V. (2009) (Hrsg.): Positionspapier des Verbundes europäischer Lernwerkstätten (VeLW) e.V. zu Qualitätsmerkmalen von Lernwerkstätten und Lernwerkstattarbeit, http://www.forschendes-lernen.net/files/eightytwenty/materialien/VeLW-Broschuere.pdf (letzter Zugriff am 4.09.2013).

Wallrabenstein, Wulf (1993): Offene Schule – offener Unterricht: Ratgeber für Eltern und Lehrer. Rowohlt: Reinbek bei Hamburg.

Abb. 9: Forschungskreislauf nach Marquardt-Mau (2011)

Sandra Kamm Jehli und Johannes Jaumann

Auf den Lernspuren eines europäischen Lernwerkstätten-Treffens – Hintergründe, konzeptionelle Überlegungen, Grenzen, Irritationen

Im Oktober 2012 fand die europäische Lernwerkstätten-Tagung in Waldmünchen im Bayerischen Wald zum Thema „Grenzen“ statt. Dieser Beitrag befasst sich mit den konzeptionellen Überlegungen dieses Treffens und möchte eine Verbindung schaffen zwischen dem Treffen der Lernwerkstätten an Hochschulen und dem alljährlichen europäischen Lernwerkstätten-Treffen.
Die Tagung bot viel Raum für neue und ungewöhnliche Wege, wie beispielsweise die Gestaltung einer Lernumgebung ohne Textelemente. Ziel der Organisatoren war es, mit möglichst wenig Instruktion motivierende Denkanstöße zu liefern. Bei den Vorüberlegungen kamen einige Fragen auf, die man unter folgendem Gedanken subsumieren kann: „Wie können wir uns frei machen von unserer starren Haltung zu den Dingen, um eine Lernumgebung zu arrangieren, die der Heterogenität des menschlichen Denkens gerecht wird und den Zugang zum Thema nicht im Vorhinein eingrenzt?“.

> „Es ist die wichtigste Kunst des Lehrers, die Freude am Schaffen und am Erkennen zu erwecken.“ (Einstein 1986, 25).

1 Gedanken zu Beginn

Blickt man auf die Anfänge der Lernwerkstatt-Entwicklung zurück, waren Lernwerkstätten Orte, an denen „Lehrerinnen und Lehrer aktiv, forschend entdeckend kreativ und offen lernen sollten, um mit Kindern auf andere neue Weise Schule machen zu können“ (Wedekind 2006). Durch sein Setting besinnt sich die Tagung auf ihre Wurzeln, wie sie schon 1988 von Karin Ernst (1988) beschrieben wurden und schenkt dadurch den Lernenden einen Raum, in dem sie sich „Raum und Zeit nehmen können, für ein beziehungsvolles Lernen zwischen Sachauseinandersetzung und Selbstfindung“ (Hagstedt 2008, 1).

Durch die Zusammenkunft von Pädagogen aus dem deutschsprachigen Raum entsteht ein Ort der Reflexion des eigenen Tuns in der eigenen Lernwerkstattarbeit und der wechselseitigen Inspiration. Die Teilnehmer des europäischen Lernwerkstätten-Treffens waren alle Experten, die selbst Lernwerkstätten leiten und in ihnen arbeiten. An der Tagung wurden sie wieder zu Lernenden, die sich aufmachten neue Lernwege einzuschlagen und abschließend ihre Erfahrungen und die daraus folgenden Erkenntnisse für die Praxis im Plenum zu diskutieren. Für viele Teilnehmer ist die Tagung auch Impulsgeber und Auftankstelle für die Umsetzung in der eigenen Arbeit. Die Teilnehmer erhalten durch die Tagung somit die Chance ihre eigene konstruktivistische Sicht des Lernens zu hinterfragen und können dadurch den möglicherweise starren alltäglichen Auffassungen von Lehren und Lernen im schulischen Kontext entkommen. Es gilt sich also immer wieder auf seine Wurzeln zu besinnen und sich unvoreingenommen auf eine neue Lernumgebung einzulassen.
Während der Lehrerbildung erfahren die Studierenden in den Lernwerkstätten der Hochschulen eine offene, konstruktivistische Form des Lernens als Lernende. In ihrer späteren Rolle als Lehrperson befinden sie sich oft in einer Alltagsumgebung, in der die Instruktion eine große Rolle spielt. Oft ergeben sich diverse Hindernisse beim Transfer der erlebten Erfahrungen in den Schulalltag. Während die Tagungen der Lernwerkstätten an Hochschulen besonders einen forschenden Blick auf die Entwicklung der Hochschullernwerkstätten legen, werfen die internationalen Lernwerkstätten-Tagungen ihren Blick mehr auf die alltägliche Praxis von Lernwerkstätten an Schulen. Hierzu begeben sich die Teilnehmer wieder in die Rolle der Lernenden um nachvollziehen zu können, welche Entwicklung die Schüler auf ihren Lernwegen durchschreiten, um dies für sich zu analysieren und später in ihre Praxis zu integrieren.

2 Struktur der Lernwerkstätten-Tagung in Waldmünchen

2.1 Organisation

Für die Organisation der Tagung bekam eine Gruppe von jungen Lernwerkstättlern aus der Lernwerkstätten-Community, darunter auch die Autoren dieses Artikels, die Chance und das Vertrauen der Erfahrenen, die Tagung zu organisieren und für sie Neues auszuprobieren. Durch die spezielle geografische Zusammensetzung des Teams, deren Mitglieder sich über ganz Deutschland und die Schweiz verteilen, mussten neue Wege der Kommunikation während den Vorbereitungen zur Tagung gegangen werden. Es wurden Skype-Konferenzen abgehalten, der Datenaustausch fand über Cloud-Software statt. Begleitend dazu wurde der Prozess mit einem webbasierten Editor zur kollaborativen Bearbeitung von Texten festgehalten. Dies ermöglichte den zeit- und ortsunabhängigen Zugriff auf die Daten und Einsicht in die Arbeitsprozesse der Anderen. Die interessanten Erfahrungen

im Hinblick auf die neuen Medien wurden in die Tagung mit einbezogen. Zum Beispiel wurden für die Tagungsdokumentation hauptsächlich Tablet-PCs verwendet, mit denen die Teilnehmer die Möglichkeit hatten, ihre Stimmungen in einer Audio-Datei festzuhalten oder ein kurzes Video zu drehen. Des Weiteren bestand die Möglichkeit sich über PiratePad auszutauschen und Statements über die Tagung abzugeben. Der Einsatz neuer Medien stellte einen Versuch dar, sich diesen anzunähern und die Eignung für die Lernwerkstattarbeit auszutesten.
Das Barcamp als Abendveranstaltung machte es sich zum Ziel, Erfahrungen untereinander auszutauschen. Ein Barcamp ist eine offene Veranstaltung mit Vorträgen und Workshops. Die Inhalte und Themen werden von den Teilnehmern zu Beginn des Barcamps entwickelt und vorgestellt. Die Teilnehmer profitieren von dem großen Erfahrungsschatz der anderen Teilnehmer. Während der Workshop-Phase können beispielsweise Projekte, Konzepte oder Ideen vorgestellt werden und im Anschluss zur Diskussion gebracht werden. So wurde beispielsweise ein Workshop zum Thema Lernwerkstattarbeit für Neulinge angeboten, ebenso wie ein Vortrag zum Thema Lernwerkstatt-Erfahrungen über 20 Jahre. Gleichfalls gut besucht wurden der Vortrag eines Schweizer Grenzgedichtes in Mundart und ein Workshop über geführtes Malen. Bei dieser Form der Veranstaltung wird deutlich, welche vielfältigen Ressourcen die einzelnen Teilnehmer zur jährlichen Lernwerkstätten-Tagung mitbringen und wie man diese gewinnbringend in einer Tagung zur Geltung bringen kann.

2.2 Ort – Thema

„Toll: An den Grenzsteinen und Grenzpfosten (ohne Stacheldraht) hin- und herzugehen – Inland- Ausland in Sekundensprüngen"

„[…], der Blick hat sich nach allen Seiten geweitet."

„Die Gedanken konnten hier gut „geerdet" werden – handfeste und körperlich spürbare Erfahrungen"

Abb. 1: Grenzen

Als Veranstaltungsort wurde Waldmünchen im bayerischen Wald gewählt. Die Tagung und die Unterbringung erfolgten vorwiegend in der Jugendbildungsstätte Waldmünchen, wodurch auch nach den offiziellen Arbeitsphasen ein reger Austausch stattfand. Der Ort Waldmünchen inspirierte zum Thema „Grenzen" unter anderem durch die nahegelegene Grenzlinie zwischen Deutschland und Tschechien, die 1990 nach dem Fall des Eisernen Vorhangs wieder geöffnet wurde, die Zeitzeugnisse und seine Zeitzeugen. Weitere Grenzerfahrungen in der Nähe (Hochseilgarten, Wünschelrutengänger, Eisvogelsteig) wurden als Wahlangebote ausfindig gemacht und weckten unter den Teilnehmern reges Interesse. Weitere Impulse zum Thema „Grenze" bekamen die Teilnehmer durch täglich wechselnde Zitate und Sprüche an den Zimmertüren.

> „Es geht nicht darum, Grenzen zu verschieben, sondern ihnen den trennenden Charakter für die Menschen zu nehmen." (Weizsäcker 2001, 51).

Ob es die eigenen Grenzen, das Überwinden mathematischer Grenzen, Ländergrenzen, Eingrenzung, Ausgrenzung oder andere Grenzen sein würden, die während den selbstbestimmten und meist selbstorganisierten Phasen zum Lernen anregen, blieb völlig offen. Natürlich brachte die internationale Teilnehmerschar auch ihre ganz eigenen Erfahrungen zum Thema Grenze mit. So entstand beispielsweise eine sehr beeindruckende Collage zur Sichtweise auf die deutsch-deutsche Grenze aus der Perspektive von Ost- und Westdeutschland. Eine Gruppe Studentinnen machte Erfahrungen mit den Sprachbarrieren eines Schweizer Kindergartenkindes, seiner Mundart und ihrem süddeutschen Dialekt. Daraus entwickelten sich interessante Gespräche über die schweizerisch-deutsche Grenzregion, ihre Grenzgänger im Bildungswesen und die Unterschiede der vermeintlich gleichen Kulturen.

2.3 Einstieg: Ideen sammeln, Fragen finden und faszinieren

2.3.1 Schreibgespräch

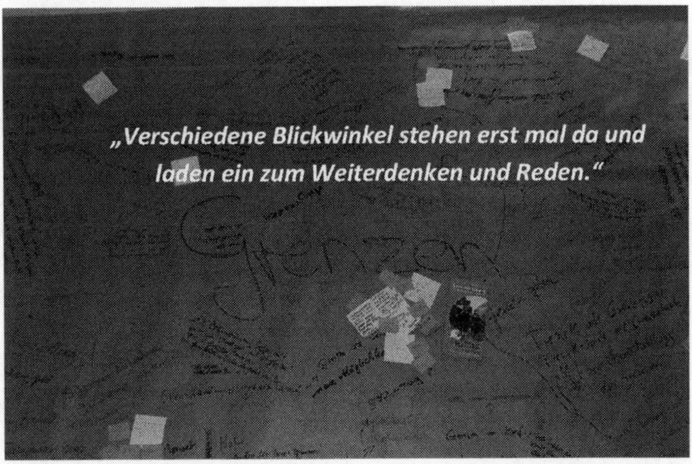

Abb. 2: Schreibgespräch „Grenzen"

Nach der allgemeinen Vorstellung der Tagung, des Ablaufs und der Organisatoren bekamen die Teilnehmer die erste Möglichkeit sich mit dem Thema „Grenze“ auseinanderzusetzen. Durch ein Schreibgespräch schafft man eine besonders konzentrierte Arbeitsatmosphäre, da die Teilnehmer ihre Gedanken schriftlich formulieren, was häufig präziser ist als der mündliche Austausch (Reich 2002). Zudem sind die Ergebnisse auch zu einem späteren Zeitpunkt einsehbar und können bei der Reflexion wertvolle Anhaltspunkte geben. Beim Schreibgespräch kamen erste eigene und gemeinsame Ideen zu Tage, die ohne eine bewusst von außen angeleitete Inspiration an das Präkonzept der jeweiligen Teilnehmer anknüpften. Während des Schreibgesprächs kommunizierten die Teilnehmer ausschließlich schriftlich miteinander und konnten dabei auf das Geschriebene Bezug nehmen. So zeigten sich erste gemeinsame Interessen, die oftmals zur Bildung von Forschergruppen führten. Zum Schluss entstand eine Art Mindmap, auf der sich jeder Teilnehmer wiederfinden konnte und erste thematische Fragen entstanden. Mit diesen Gedanken im Kopf hatten die Teilnehmer die Möglichkeit das Museum zu besichtigen, welches diverse Objekte und Ausstellungsstücke zum Thema Grenze zeigte.

Das Konzept des Museums sah die Reduktion auf wenige, sich vermeintlich widersprechende Objekte vor. Die Schwierigkeit bestand darin, in der Auswahl und Kombination der Objekte, den Installationen noch genügend Raum für freie Interpretationen zu lassen und somit Lernwege noch nicht vorweg zu nehmen. Worte und Textbausteine wurden aber aus oben genanntem Grund nicht verwendet, im Zusammenspiel mit den Objekten ergaben sich die Irritationen. Das Museum entstand mit der Absicht die Teilnehmer zum Staunen einzuladen, zum Denken anzuregen und den gegenseitigen Austausch über einzelne Exponate zu ermöglichen. Durch die Irritationen sollten die gängigen Vorstellungen zum Thema Grenze aufgebrochen und neue Zugänge sowie Herangehensweisen an die Thematik ermöglicht werden (vgl. Hameyer 2011).

2.4 Museum – Raum für Interpretation

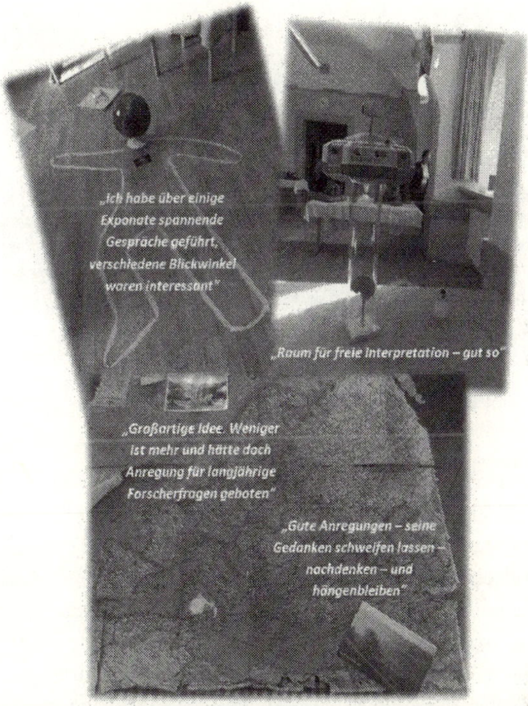

Abb. 3: Exponate im Museum

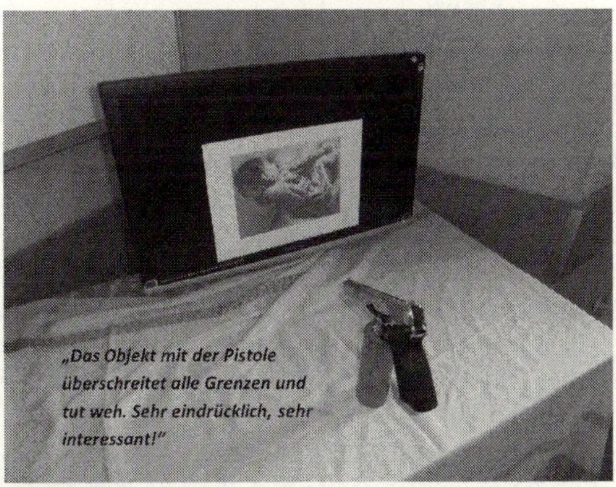

Abb. 4: Irritation im Museum

2.5 Die eigene Frage suchen

Abb. 5: Die Suche nach der eigenen Frage

Nach den Impulsen aus dem Schreibgespräch und dem Museum konnten sich die Teilnehmer ihren eigenen Fragestellungen zuwenden und diese entwickeln. Die Bibliothek, eine lose Sammlung von Büchern und Medien, ermöglichte eine erste Recherche zu verschiedenen Themen und fungierte darüber hinaus als Impulsgeber für die eigenen Fragen. Sie war in einem separaten Raum untergebracht. Sie wurde erst nach einer gewissen Zeit geöffnet, nachdem alle Teilnehmer im Museum gewesen waren, um die primäre Themenfindung durch die Medien nicht zu stark zu beeinflussen. Die Bibliothek hatte die Aufgabe, weitere Impulse zu bisherigen Fragen oder Fachwissen zum Thema bereit zu stellen. Wichtig erschien es den Organisatoren, deutlich zu machen, dass es nicht eine explizite Frage sein musste, die entstehen sollte, es konnte auch an einer eigenen Thematik gearbeitet werden. So stand im geleiteten Lerntagebuch der Tagung bewusst auch nicht alleinig der Titel „meine Forscherfrage" sondern „meine Projektidee". Dies wurde vor allem gewählt, um den Stress, eine gute Forscherfrage zu finden, besonders für die Neuen zu mindern und individuelle Herangehensweisen an ein Thema zuzulassen (vgl. DKJS 2013). Das Thema Grenze erschien zu Beginn sehr vielschichtig und philosophisch. Dies und unter anderem die Tatsache, dass nicht vorgegeben wurde, wie die Präsentation der Ergebnisse am Ende der Tagung aussehen sollte, stellten einige Teilnehmer vor eine Herausforderung. Gerade zu Beginn der Arbeitsphase wirkten einige Teilnehmer erschlagen von der Vielzahl der Möglichkeiten, die ihnen offen standen.

Als dritter Inspirations- und Arbeitsraum wurde die Werkstatt mit diversen Werk-, Bastel- und Verbrauchsmaterialien geöffnet. Während der gesamten Erarbeitungsphase standen die Bibliothek und die Werkstatt den Teilnehmern zur Verfügung. Auf Anfrage wurde zusätzlich benötigtes Material von den Organisatoren besorgt.

Abb. 6: Werkstatt der Möglichkeiten

2.6 Lernbegleitung

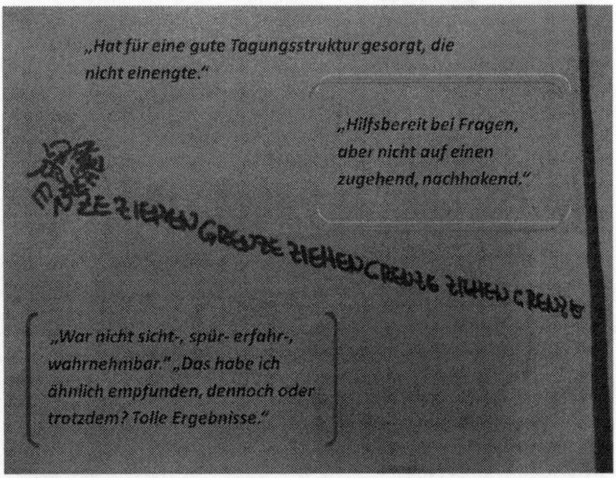

Abb. 7: Wahrnehmung der Lernbegleitung

Eine wichtige Rolle in jedem Lernprozess in einer Lernwerkstatt spielt die Lernbegleitung, über die im Verlauf der Tagung hitzig und produktiv diskutiert wurde. Für die Organisatoren, die in diesem Setting auch die Lernbegleiter waren, sollte die Lernbegleitung nicht aufdringlich sein. Ziel war, die Lernenden in erster Linie selbstständig arbeiten lassen. Es bestand die Möglichkeit für regelmäßige Treffen mit dem Lernbegleiter-Team, was vor allem von den teilnehmenden Studierenden angenommen wurde. In diesen Treffen wurden Fragen rund um die allgemeine Lernwerkstattarbeit gestellt, die Unsicherheit thematisiert, sich auf sein eigenes Thema einzulassen, ohne dass etwas von außen vorgegeben wurde. Zur Lernbegleitung gehörte auch eine große Pinnwand, auf der die Teilnehmer die Möglichkeit hatten, ihre Stimmungen auszudrücken, zum Beispiel durch die Auswahl von bereitgestellten Postkarten, die zum momentanen Stimmungsbild der Teilnehmer passten oder einfach durch das Aufschreiben des bisherigen Lernverlaufs. Ein regelmäßiger Austausch der Lernbegleiter über die Prozesse der Teilnehmer fand in kleiner Runde jeden Tag statt. In Kombination mit informellen Gesprächen, zum Beispiel während des gemeinsamen Abendessens, wussten die Lernbegleiter, auf wen sie zugehen konnten. Der Frage, ob eine Lernbegleitung, die nicht spürbar ist, auch bedeutet, dass sie nicht anwesend ist, mussten sich die Lernbegleiter im Verlauf der Tagung stellen. Dies kam besonders in der abschließenden Tagungsreflexion zum Ausdruck. Offensichtlich wurde die Lernbegleitung von den Teilnehmenden sehr unterschiedlich wahrgenommen. Von den einen Teilnehmern geschätzt und als Begleitung nach Bedarf wahrgenommen, wünschten sich andere mehr spürbare und öffentliche Begleitung z.B. in Form eines regelmäßigen Plenums mit kollegialer Lernbegleitung. Das wirft die Frage auf, inwieweit eine Pinnwandreflexion die allabendliche Plenumsrunde ersetzen oder ergänzen kann, damit sich jeder Lernende beteiligt und wahrgenommen fühlt, aber im Gegenzug derjenige, der sich lieber nicht äußern will und diese Zeit anders nutzen möchte, nicht auf seinem Lernweg gestört wird. „Gute Idee, da nicht jeder am Ende des Tages gezwungen wird, künstlich ein Statement abzugeben!“ kontra „Wäre schön gewesen, auch darüber zu sprechen“. Wie kann hier auf die unterschiedlichen Bedürfnisse zwischen den Teilnehmern in Zukunft eingegangen werden? Wie komme ich diesen unterschiedlichen Bedürfnissen bei meinen Schülern oder Studenten nach? Was lege ich als Lernbegleiter als Methode in diesem Setting fest, und welche Überlegungen dazu kommuniziere ich im Voraus? Diese in dieser Tagung ausprobierte zurückhaltende, beobachtende Art der Lernbegleitung zeigte eindrücklich, wie unterschiedlich die Bedürfnisse auch bei Erwachsenen sind und dass es so viele Lernwege wie Lernende gibt.

2.7 Prozessdokumentation, Lerntagebuch

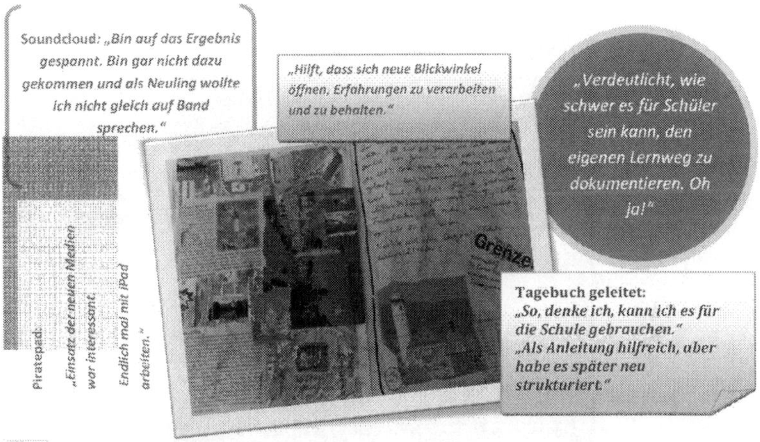

Abb. 8: Das Lernen dokumentieren

Wie bereits angedeutet, wurden bei der Lernwegdokumentation vielfältige und vorzugsweise neue Medien eingesetzt. Auf der Tagung wurde zwischen öffentlicher und privater Dokumentation des Lernwegs unterschieden. Die öffentlichen Dokumentationen beinhalteten die eben beschriebenen Pinnwände mit einem Stimmungsbarometer, die Anwendung einer Sprachaufzeichnung und des PiratePads als Austauschplattform, bei dem mehrere Akteure gleichzeitig an einer Aufzeichnung arbeiten können, beispielsweise als Projektdokumentation einer Arbeitsgruppe. Die Soundcloud wurde als mögliches akustisches Medium im Rahmen der Projektidee „Sprache und Kultur verbinden" eingesetzt, indem mit ihr Interviews von Grundschulkindern aus Waldmünchen aufgenommen und bearbeitet wurden. Wer Interesse hatte, konnte sich die auf die Soundcloud aufgenommenen Statements der anderen Teilnehmer anschauen und -hören sowie diese kommentieren.

Die private Dokumentation des Lernwegs war ausschließlich den Lernenden zugänglich und wurde sowohl in einer instruierten als auch in einer offenen Form in DIN A4 und DIN A5 bereitgestellt. Dabei war das offene Lerntagebuch einzig eine Sammlung einheitlich gestalteter Blätter, ohne explizite Aufforderung zum Schreiben, während das instruierte, geführte Tagebuch seinem Besitzer Fragen stellte, die diesen zum Nachdenken über seinen eigenen Lernprozess anregen sollten. So wurden zum Beispiel die Fragen „Wann und wo tauchten Schwierigkeiten auf? Wie kam es dazu? Was mache ich damit? Was nehme ich mit?" gestellt. Das geführte Lerntagebuch wurde vermehrt als Anregung für den eigenen Unterricht bezeichnet und die meisten wichen, laut ihren Äußerungen, von der vorgegebenen Linie ab. Auch hier stellt sich die Frage, wie viel Instruktion nötig ist. Wo engt sie ein und wo schafft sie Wegweiser oder vom Lernenden gewünschte Grenzen im Lernprozess?

2.8 Angebote zum Entdecken

Abb. 9: Grenzerfahrung?

Während der Tagung hatten die Teilnehmer die Möglichkeit, ihren Horizont durch diverse Angebote in der Umgebung zu erweitern, die von den Organisatoren ausgesucht und organisiert wurden. So konnte zum Beispiel ein Hochseilgarten und ein Niederseilgarten besucht werden, in denen die Teilnehmer ihre persönlichen psychischen und physischen Grenzen austesten konnten. Außerdem hatten sie die Möglichkeit an einem Wünschelruten-Lehrpfad ihr übersinnliches Gespür unter Beweis zu stellen oder beim Eisvogelsteig, eingekleidet in eine Wathose und Sicherheitsgurt, einen Klettersteig im Fluss zu bewältigen. Letztendlich ging es bei den Angeboten immer wieder um das Thema Selbsterfahrung, die eigene Grenze auszuloten, um schließlich in der Reflexion das Erlebte einzugliedern in die eigene Vorstellungswelt und das eigene Projekt. Einige Teilnehmer bezeichneten diese Erfahrungen auch als ihren sehr persönlichen Lernweg, den sie im Vergleich zu ihrer Forscheridee nicht der Gruppe präsentierten, wohl aber die persönlich gemachten Erfahrungen in ihr Projekt einfließen ließen. Außer den bestehenden Angeboten organisierten die Teilnehmer selber einige

Unternehmungen in der Nähe der Jugendbildungsstätte, wie zum Beispiel einen Grenzspaziergang entlang der deutsch-tschechischen Grenze.

2.9 Lernwege und Produkte präsentieren

Nach zwei Tagen intensiver Arbeitsphase hatten die Teilnehmer die Möglichkeit ihre Arbeitsergebnisse vorzustellen. Die Art und Weise, wie der Arbeitsprozess präsentiert werden sollte, blieb den Teilnehmern dabei frei überlassen, was unter den Teilnehmenden zu einiger Skepsis führte, inwiefern sinnvolle Ergebnisse entstehen würden. Um den Druck vom Lernprozess zu nehmen, wurde immer wieder betont, dass kein Endprodukt präsentiert werden müsse, es durften begonnene Forschungsideen ebenso wie entstandene Produkte und Ideen vorgestellt werden. Letztendlich wurde zum Ende der Freiarbeitsphase dennoch wieder von einem fest geplanten Präsentationsrahmen gesprochen, um allen Projekten gleichsam Anerkennung zu geben und auch wieder den Druck, der im Nachhinein oftmals als zu gering empfunden wurde, zu erhöhen, um alle Teilnehmenden zu motivieren etwas von ihrem Forschungsprojekt zu präsentieren. Vergleichbar mit der Entstehung des Museums zu Beginn der Tagung entstand eine Ausstellung, die von den Teilnehmern arrangiert wurde und zum Verweilen an den verschiedenen Objekten und zum gemeinsamen Austausch einlud. Dabei waren es die unterschiedlichen Zugänge und Themen der Teilnehmer, die dieser Ausstellung ihren Charakter verliehen. Man konnte deutlich erkennen, wie vielfältig die Vorstellungen zum Thema Grenze sein können und welche kreativen Ausstellungsstücke hervorgebracht wurden.

2.10 Reflexion

Was bleibt von der Lernwerkstätten-Tagung in Waldmünchen? Das Experiment einer jüngeren Gruppe von Organisatoren in der Lernwerkstätten-Community, eine Tagung zu gestalten, kann als gelungen gelten. Auch die Organisatoren gingen immer einen Weg an der Grenze zwischen einer wahrnehmbaren und einer versteckten Instruktion. Die neuen Methoden wurden zumeist positiv angenommen und wohlwollend in Diskussionen eingebracht. So stellt sich bei dem „tollen Versuch ein neues Medium nutzbar zu machen“ (schriftlicher Kommentar einer Teilnehmerin im PiratePad), also bei der Verwendung von Soundcloud, PiratePad und co. dennoch die Frage: Muss alles konserviert werden? Und was fängt man danach mit der Fülle an Material an? Auch bei der Präsentationsform gab es durchaus unterschiedliche Wahrnehmungen, ebenso verschieden wie das heterogene Teilnehmerfeld. Beispielsweise sind einige Darstellungsformen wie etwa ein Theaterstück, Tanz oder Gedicht weggefallen, was die Frage aufwirft, ob das entstandene Museumsformat bei der Präsentation der Arbeiten der Teilnehmer dadurch entstand, dass schon der Einstieg in das Thema damit begonnen wurde, ob es von den Teilnehmern selbst kam oder ob die Thematik zu dieser Darstellungsform beitrug. Hätte die abschließende Vorstellung der Forschungsprojekte in einer Vorstellungsrunde gemündet, wäre den oben genannten Darstellungsformen möglicherweise mehr Raum zugekommen als bei der Präsentation nach dem Museumscharakter, der seinerseits bestimmte Präsentationsformen bevorzugt. Nach einem abschließenden Schreibgespräch zu den oben vorgestellten Themen fand im Anschluss ein Plenum statt, indem jede und jeder noch einmal die Möglichkeit hatte, Wichtiges anzusprechen. Besonders angeregt wurde die Thematik rund um die Lernbegleitung, vor allem in Bezug auf die Wahrnehmbarkeit der Lernbegleitung diskutiert. Die Organisatoren wagten sich an die schmale Grenze der Lernbegleitung zwischen einer sehr engen, wahrnehmbaren Begleitung der Lernenden und einer in dieser Tagung eher unmerklichen und im Hintergrund ablaufenden Lernbegleitung. Es wurde deutlich, dass die Rolle der Organisatoren von den Teilnehmern nicht gleich gesetzt wurde mit der der Lernbegleitung. Daher muss man sich für künftige Treffen überlegen, ob eine Trennung von Organisation und Lernbegleitung sinnvoll ist oder wie man die Lernbegleiter kennzeichnen kann. Bei einer Lernbegleitung, die die TeilnehmerInnen auch als solche wahrnehmen, würden sich die meisten mehr als Lernende gewürdigt fühlen als es bei der Tagung der Fall war. Der Austausch der Lernbegleiter über die Lernprozesse der Lernenden, ohne konkrete Äußerungen derer, wirft die Frage auf, inwieweit dies vor dem Hintergrund einer Lernwerkstätten-Tagung von Erwachsenen ethisch vertretbar ist. Wo legt man also die Grenze der Lernbegleitung auf der Achse merkliche versus unmerkliche Instruktion? Wie viel Raum man in Zukunft der Rolle des Lernbegleiters geben möchte, und zwar nicht nur im Lernprozess selbst, sondern vielmehr auf der Metaebene, ist eine der Fragen, die es bei zukünftigen Tagungen zu diskutieren gilt. Eine tägliche Zusammenkunft der Lernenden und der Lernbegleitenden bietet sich an, in der jeder äußern kann, an was er gerade arbeitet, wo er möglicherweise feststeckt und insbesondere, wie er die Lernbegleitung erlebt hat, was er sich von ihr wünscht. Durch diese kontinuierliche Reflexion kann es gelingen ein gemeinsames Verständnis zu entwickeln, wie präsent eine Lernbegleitung sein kann, ohne dass sie als störend empfunden wird.

3 Abschluss

Blickt man auf die Tagung mit etwas Abstand zurück, wurde versucht eine Lernlandschaft zu kreieren, die über alle Disziplingrenzen hinaus wächst und eine Atmosphäre schafft, die ein möglichst freies Tätigsein ermöglicht. Der Wunsch mehr instruiert zu werden, auch in offenen Lernumgebungen, muss aufgegriffen werden und besonders im Schulalltag bedacht werden. So könnte es durch eine zu wenig greifbare Lernbegleitung und eine zu geringe Instruktion der Lernenden schnell zu einer Verunsicherung oder gar einer Überforderung kommen, was den Entdeckergeist und Tatendrang eines intrinsisch motivierten Lerners vehement einschränkt. Der Raum, in welchem man sich zwischen freiem und instruiertem Tätigsein und Fächerdisziplinen bewegt, kann letztendlich nur in gemeinsamer Reflexion abgesteckt werden. Denn gerade erst die Reflexion des Erfahrenen macht die Lernwerkstattarbeit sowohl für den Lernenden als auch die Lernbegleiter so wertvoll.

4 Literatur

Deutsche Kinder- und Jugendstiftung (DKJS) (2013): Thema finden, Fragen entwickeln. www.forschendes-lernen.net → Forschendes Lernen → Forschungsphasen (letzter Zugriff am 30.09.2013).

Deutsche Kinder- und Jugendstiftung (DKJS) (2011) (Hrsg.): Auf neuen Wegen. Die Lernkultur an Ganztagesschulen verändern. http://www.ganztaegig-lernen.de → Publikationen (letzter Zugriff am 30.09.2013).

Einstein, Albert (1986): Mein Weltbild. Ullstein: Frankfurt am Main.

Ernst, Karin (1988): Wie lernt man Offenen Unterricht. Erfahrungen aus der Lernwerkstatt der TU Berlin. In: Pädagogik, 40. Jg., Heft 6, 14-18.

Hagstedt, Herbert (2008): In Werkstätten lernen – wie Forscher arbeiten. http://www.forschendes-lernen.net/files/eightytwenty/materialien/Hagstedt_In-Werkstaetten-lernen_14.pdf (letzter Zugriff am 30.09.2013).

Hameyer, Uwe (2011): Die Irritation der Gewohnheit. Wie Schulen und Schüler lernen und warum Umwege schneller sind. In: Deutsche Kinder- und Jugendstiftung (Hrsg.), 13-17.

Reich, Kersten (Hrsg.): Techniken. http://methodenpool.uni-koeln.de → Downloadcenter → Techniken (letzter Zugriff am 30.09.2013).

Wedekind, Hartmut (2006): Didaktische Räume – Lernwerkstätten – Orte einer basisorientierten Bildungsinnovation. In: Gruppe&Spiel, 6.Jg., Heft 6, 9-12. http://www.wl-lang.de/Paedagogigsche%20Leistungskultur/Lernbereich%20Leist%20Lernwerkstaetten%20-%20Didaktische%20 Raeume.pdf (letzter Zugriff am 30.09.2013).

Weizsäcker, Richard von (2001): Polnisch-deutsche Verständigung nach dem Zweiten Weltkrieg. Mohr Siebeck: Tübingen.

Beatrix Wildt

Drama in Higher Education – Zur didaktischen Gestaltung und Reflexion von Lehren und Lernen in der Hochschule

1 Drama in Higher Education im Kontext lernerorientierter Lehrkonzepte (Vorbemerkung)

Die Dominanz des „instruktionalen Paradigmas" in der hochschulischen Lehre mit seiner Orientierung am Lehrstoff und der Darbietung durch die Lehrenden ist in den letzten Jahrzehnten deutlich geringer geworden und hat einer Orientierung am Lernen und den Lernenden Platz gemacht (Wildt 2004; Welbers & Gaus 2005). Damit rücken auch Ansätze eines aktiven und kooperativen, reflexiven und forschenden Lernens (Wildt 2003; Obolenski & Meyer 2003; Schneider & Wildt 2004) in den Fokus der Aufmerksamkeit. Auch ist das gesellschaftliche Interesse an „Kreativität" und in der Lehre an kreativitätsförderlichen Methoden gewachsen. Hier werden oftmals Aspekte des Aisthetischen als Lernen mit allen Sinnen und des Ästhetischen als eine Form des Bewusstseins davon (Mollenhauer & Wulf 1996) betont und mit aktivierenden – Spontaneität und Kreativität fördernden – Methoden und Elementen des reflexiven Lernens verknüpft. Die darauf gerichtete Aufmerksamkeit entspricht durchaus der zunehmenden Bedeutung des Ästhetischen in verschiedenen gesellschaftlichen Teilbereichen. Offenbar wirkt dabei ein „Kreativitätsdispositiv" (Reckwitz 2012), das auch einen neuen Blick auf Bildungsprozesse an der Hochschule ermöglicht. Dieses hat in Konzepten und Verfahren von „Theater in der Lehre" (Wildt; Hentschel & Wildt 2008) wohl ebenfalls seinen Niederschlag gefunden. Diese Neuorientierung und konkreten Veränderungen in der Lehre brauchen bestimmte curriculare und organisationale Rahmenbedingungen. Zu nennen sind hier Organisationsformen und Veranstaltungstypen wie das Projekt oder Projektseminar, das (Block)Seminar, das Lern-Labor (nach Dewey), sogenannte Praxisstudien mit Möglichkeiten des Lernens an verschiedenen Orten (beispielsweise Hochschule, Schule, Museum, Theater) oder auch die Lernwerkstatt als didaktische Produktionsstätte und Bereich für forschendes und reflexives Lernen (siehe auch Hildebrandt u.a. in diesem Band) sowie Möglichkeiten der Verknüpfung solcher Elemente. Grundsätzlich besteht die Möglichkeit, (hochschul-)didaktische Konzepte des Lehrens und Lernens mit verschiedenen Drama-Ansätzen zu verknüpfen.

Im Folgenden geht es um Beispiele des „Drama in Higher Education“ in der hochschulischen Lehre. Zunächst wird dargelegt, was Drama in Higher Education beabsichtigt, welche Verfahren, Methoden und Techniken in diesem Rahmen eingesetzt werden können und was den Charakter des Ortes für Drama-Arbeit bestimmt bzw. welche Voraussetzungen hier zu berücksichtigen sind. Dabei geht es um improvisierende und reflexive Elemente des Theatralen (Koch 2003; Vaßen 2003) und des (szenischen) Spiels (Herzog 2002) im Kontext verschiedener Projekte, die durchaus im Rahmen einer Lernwerkstatt entwickelt werden können (vgl. Beiträge zur Lernwerkstatt in diesem Band). Die hier zu beschreibende Drama-Arbeit findet gleichwohl an unterschiedlichen physischen Orten statt, die mit ihrer jeweiligen Ausstattung als Spielort und Lernort, Schauraum und Bühne zugleich fungieren und „Raum“ bieten für Imaginationen und Ideen, spielerische Aktionen und praktische Realisierungen, für Sich-, Einander- und Weltverstehen. Wichtig sind in diesem Zusammenhang Unterscheidungen nicht nur zwischen Raum und Zeit, sondern auch zwischen (theatralen) Räumen und Orten für Bildung und Lernen. Es geht dabei um Lehr-Lernexperimente, die ihrerseits mit Vorstellungen eines Lern-Labors kompatibel sind (vgl. dazu Oelkers 2009, 2010 über die Konzeption John Deweys) und praktische Realisierungen in und zwischen Workshop und Werkstatt in Projekten, die ein selbstbestimmtes und erfahrungsbasiertes, praktisches und theoriebezogenes Lernen in längeren Arbeitseinheiten beinhalten und die in geeigneten sozialen Arrangements und an passenden Orten bzw. passend gemachten Räumen (vgl. Giddens 1988; Matzke 2005) stattfinden.

An den Beispielen hier soll deutlich gemacht werden, wie in verschiedenen (Lern-)Experimenten mit theatralen und szenischen Elementen gearbeitet werden kann, wie Themen und Lerngegenstände, szenische Improvisationen und Spiel mit verschiedenen Formen der Selbstthematisierung verknüpft werden können. Die skizzierten Beispiele stammen aus Lehr-Projekten an der Universität, die die Autorin im Schwerpunkt „Gesundheitsförderung“, „Theater in Bildung und Kulturarbeit“, im Bereich der „Ästhetischen Bildung“ und im Professionalisierungsbereich Lehrerbildung/Didaktik durchgeführt hat (B. Wildt 2006c, 2007, 2008b). Im Rahmen dieser Projekte wurden bzw. werden die Studierenden unter verschiedenen, fachbezogenen und fachübergreifenden Themen theoretisch wie methodisch-praktisch in die Konzepte und Verfahren des „Drama in Education“ (DiE) eingeführt. Dabei konnten und können die Studierenden ihre eigenen Vorstellungen und Erfahrungen einbringen, in der Gruppe abstimmen und miteinander Neues erproben und die Ergebnisse gemeinsam analysieren, wechselseitig Feedback geben und im Diskurs vertiefen. Dazu wird auch das spezifische Rollenhandeln von Lehrenden und Lernenden in Unterricht und Bildungsarbeit zum

Inhalt gemacht und mit verschiedenen Methoden der Drama-Arbeit erkundet, reflektiert und theoretisch vertieft.

2 Drama in (Higher)Education – Herkunft und Besonderheiten

„Drama in Education" (kurz: DiE) als eine Variante des Educational Drama ist in den fünfziger und sechziger Jahren des letzten Jahrhunderts in Großbritannien entstanden und durch seine Begründer (Heathcoat 1984; Bolton 1984) schon früh auch in anderen Ländern des englischsprachigen Raums (speziell in den USA), Australien, den skandinavischen Ländern und den Niederlanden bekannt gemacht worden. DiE zielte zunächst auf Schule und Unterricht, war aber auch Gegenstand der Lehrerausbildung. In Deutschland ist Drama in Education, obwohl es unverkennbar Wurzeln auch in der deutschen Reformpädagogik und dem Brecht'schen Lehrstücktheater hat, erst in den achtziger Jahren in Deutschland über einen engen Kreis von Spezialisten hinaus bekannt geworden (Klebl 1997). Der Ansatz des „Drama in Education" ist zu unterscheiden von „Education in Drama". Education in Drama meint die Produktion von Theater-Stücken in der Zusammenarbeit von (Theater-)Pädagogen und professionellen Theaterleuten (Regisseuren und Schauspielern) mit Laien bzw. Amateuren. Die Aufführung selbst ist wichtiger Bestandteil des Lernens. Anliegen ist die Herstellung einer Synthese von ansprechenden künstlerischen Ausdrucksformen für Themen, die bei den Mitwirkenden ästhetische, soziale und politische Lernprozesse auslösen (sollen). Die Lernenden wirken nicht nur in der Aufführung, sondern in allen Bereichen und Phasen der Produktion mit und werden als Impulsgeber im Prozess ernst genommen. Für Drama in Education ist die Erstellung eines Stückes und dessen Aufführung vor einem Publikum dagegen sekundär. Als didaktischer Ansatz für Schule und außerschulische Bildung nutzt Drama in Education (Göhmann 2003; Renk 1999a) Interaktionsübungen, Kooperationsspiele und oftmals theatrale Kleinformen wie Rollenspiele, Standbilder oder Skulpturen (vgl. Belgrad 1997), um tiefer gehende Lernprozesse zu ermöglichen. Damit soll das Wahrnehmen und Lernen mit allen Sinnen (aisthesis), ein ästhetisches Erleben des spontan und spielerisch Hervorgebrachten (nicht nur des im engeren Sinne Theatralen) sowie ein Bewusstsein davon ermöglicht und verbessert werden. Das aisthetisch-ästhetische Wahrnehmen von alltäglichen Praktiken und wiederholten Handlungen in bestimmten Rollen, die nicht nur vorgestellt (Imagination) oder in Erzählungen (Narrationen) beschrieben, sondern zudem im „Als-Ob" des Bühnenhandelns in Verbindung mit dem Gestus des Zeigens (Spolin 2005) dargestellt und darüber der reflektierenden Bearbeitung zugänglich gemacht werden, ist grundlegend für ein praxisbezogenes und erfahrungsbasiertes Lernen und Bestandteil einer auf Professionalität zielenden Selbstthematisierung (vgl. Wildt 2004). Fachliche oder auch überfachliche Inhalte und Themen werden dazu vorgegeben bzw. auch – im

Sinne eines kooperativen Ansatzes – von den Beteiligten gemeinsam ausgewählt und mit individuellen Themen aus dem Leben und (zukünftigen) beruflichen Alltag der Beteiligten verknüpft. Die individuellen Zugänge und Perspektiven (Fichten 2003) der Beteiligten werden anhand verschiedener Ereignisse (Schlüsselszenen) szenisch erkundet, Beobachtungen, Wahrnehmungen und wichtige Erfahrungen können einander mitgeteilt werden, Fragen nach Sinn und Bedeutung werden konkret, Konflikte und Widersprüche sichtbar gemacht und alles dieses wird der diskursiven Bearbeitung zugänglich. Mit der Belebung von Spontaneität und Kreativität werden auch individuelle Ressourcen zur Bearbeitung von Problemen und (alternative Formen) von Problemlösungen zugänglich.

„Drama in (Higher) Education" (DiE) beabsichtigt also nicht die schauspielerische Gestaltung einer Rolle im Sinne einer professionellen künstlerischen (Theater-)Praxis (Renk 1997), vielmehr geht es hier um das Verstehen des Anderen und des Eigenen sowie um die Handlungsmöglichkeiten der Akteure unter bestimmten (Praxis-)Bedingungen. Die Spielenden nutzen das eigene Erfahrungspotential nicht wie der (semi-)professionelle Schauspieler, der damit eine Rolle gestaltet, zu der er als Person gleichwohl Distanz hält bzw. auch halten muss. Im „Als-Ob" des spontanen und improvisierenden Spiels bleiben die Spielenden (die keine professionellen Schauspieler sind) immer auch (mehr oder weniger authentisch) sie selbst. Die Rolle ermöglicht ihnen den Ausdruck von Phantasien, Gefühlen und Wünschen („Wie es ist, wenn... wäre!", „Ich tue so, als ob ich ...bin!"), wie es in der „Realität" außerhalb des Spiels nicht oder noch nicht möglich ist. Insofern finden die Spielenden in der Rolle Ausdrucks- und Handlungsmöglichkeiten und zugleich Schutz vor realen Konsequenzen, die sie „im wahren Leben" befürchten müssten bzw. glauben befürchten zu müssen. Die Rolle bietet auch Schutz vor Beschämung (vgl. Wildt 2011), wenn Verhalten und Handeln nicht zu sehr als das eigene erscheint. So können beispielsweise im Wechsel(spiel) von Rolle und Gegenrolle (Protagonist und Antagonist) Spielende (wie auch die Zuschauenden) die Wirkungen der verschiedenen Aktionen spüren und wahrnehmen, sie können in den Rollen Spielräume und Begrenzungen erkennen, Handlungsalternativen erkunden und nach Möglichkeiten zur Lösung von Konflikten sowie nach einer besseren Balance von Gegensätzen und Widersprüchen suchen. Weil die Rolle einerseits Schutz bietet, andererseits der Einzelne im Rollenhandeln auch (authentisch) in Erscheinung treten kann (Kern 1995), braucht es zwischen den Beteiligten ein wechselseitiges Vertrauen, ehrliches und zugleich einfühlsames Feedback durch Gruppe und Leitung, vor allem aber eine Leitung, die methodensicher Grenzen wahrt und auch den Spielenden hilft, Grenzen zu wahren und Überschreitungen nicht leichtfertig vorzunehmen. Das heißt beispielsweise, dass ein Leiter auch Spiele zum Schutz von Personen unterbrechen oder abbrechen darf oder dem Spiel eine neue Wendung geben kann, indem er Spieler kurzfristig zur Seite stellt, neue Rollen einführt oder Hilfen durch eigenes Spiel (‚Teacher in

Role') gibt. Bei einer (teil-)öffentlichen Präsentation von Ergebnissen der Drama-Arbeit (die keineswegs grundsätzlich ausgeschlossen ist), ist aus Gründen eines Personenschutzes auch eine Bearbeitung des spielerisch entwickelten Rollenmaterials und gegebenenfalls auch der Austausch von Spielern notwendig.
Als Medium der szenischen Erkundung und der (Selbst-)Thematisierung in der spielerischen Auseinandersetzung mit verschiedenen Rollenkreationen entsteht der „Stoff" für verschiedene Wirklichkeitskonstruktionen. Drama in (Higher) Education versteht sich in dieser Hinsicht als (sozial-)konstruktivistischer Ansatz des Lehrens und forschenden Lernens (vgl. Reich 1998) und ist in der radikalen Betonung der sozialen Beziehungen dem sozialkonstruktionistischen Ansatz von Gergen (2002) nahe. Zugleich geht es um eine reflexive (Selbst-)Vergewisserung und Vertiefung im transformierenden Dialog, die Initiierung eines interpersonellen Verstehens (Selman 1984; Edelstein & Nunner-Winkler 1996) und die Verständigung im wissenschaftlichen Diskurs.

3 Die didaktischen Elemente und Aspekte im Ansatz des „Drama in Higher Education"

Im Unterricht, wie auch in der hochschulischen Lehre bzw. im Rahmen von „Higher Education", braucht es eine (hochschul-)didaktische (Lehr-)Kunst, die es ermöglicht, eine Vielzahl von Themen, Inhalten, Kommunikationsmodi, Medien, Sozialformen, Methoden der Präsentation und Visualisierung in Verbindung mit den Drama-Methoden in einem entsprechend offenen Lehr- bzw. Unterrichtsprozess einzusetzen. Offenheit will das Ungeplante und Überraschende, das Ungewohnte und Ungewisse, das Spontane und Kreative, das Bewegende und Bewegte in einem Möglichkeitsraum sowie Neu-Schöpfungen (Kreationen) zulassen (Wildt 2007).
Unter (hochschul)didaktischen Vorzeichen verlangt die ohnehin vorhandene Theatralität von Lehr-Lern-Prozessen zudem einen dramaturgischen Blick auf Unterricht bzw. auf das Lern-Lehrgeschehen und die Fähigkeit des/der Lehrenden, den Unterrichtsverlauf dramatisierend zu gestalten bzw. entsprechende Gestaltungsmöglichkeiten zu nutzen. Dabei geht es nicht allein um szenisch-theatrale Aktionen bzw. Interaktionen, sondern es geht grundsätzlich um die offene Gestaltung eines ganzheitlichen Lern-Prozesses im Wechselspiel sozialer Beziehungen (Gergen 2002, 147ff, 235ff; Wildt 2007, 133ff). Die dramaturgische Betrachtung von Unterricht, auch ohne Drama-Methoden, hat durchaus Vorläufer (vgl. Hausmann 1959, 1991). Sie ist allerdings als Traditionslinie deutscher Pädagogik in den letzten Jahrzehnten kaum thematisiert worden (Kaufmann et al. 1991). Mit der zunehmenden Bedeutung aktivierender und ästhetischer Praktiken sind diese Vorläufer anschlussfähig geworden.
Die Klassifikation des schulischen wie hochschulischen Unterrichts nach Zielen, Phasen, Zeiten, Themen und Inhalten, zentralen Fragen, Verfahren und Metho-

den, Sozialformen und den zentralen Medien (Peterßen 1998) verweist zwar auf wichtige Elemente des Lehr-Lernprozesses, allerdings bleiben die Kreativität und Selbstorganisation der Lernprozesse auf der Strecke, wenn in Planungsvorgaben kein Platz mehr bleibt für Unvorhergesehenes, für spontane Einfälle und produktive Umwege der Lernenden, weil Lehrende befürchten die Zügel aus der Hand zu geben, wenn sie spontanen Impulsen, Gefühlen oder „Strebungen" der Lernenden nachgeben. Oftmals geraten diese gar zum Störfaktor, der durch besonders striktes und kontrollierendes Lehr(er)handeln auszuschalten ist. Und dennoch, das Nicht-Planbare im Geplanten und das Unvorhergesehene im Vorhergesehenen kann oft das Wichtigere im Lernprozess sein. Dem Zufall und der Überraschung in Lern-Lehr-Prozessen mehr Raum zu geben, Spontaneität und Abweichungen vom Geplanten zuzulassen, Ungewissheit auszuhalten, kreative (Um-)Wege zu ermöglichen, dazu braucht es nicht nur eine professionelle Lernhaltung (vgl. Wildt 2004), sondern auch eine besondere didaktische „Lehr-Kunst". Um entsprechende Prozesse des Lernens lehrend zu gestalten (vgl. Wildt 2005) brauchen Lehrende nicht nur Kenntnisse, sondern auch ganz praktische Erfahrungen mit alternativen Lern-Lehr-Methoden und Arrangements, vor allem aber eine entsprechende Lernhaltung und die Bereitschaft selbst dazuzulernen. Um die Dynamik einer Gruppe in solchen Prozessen besser verstehen und didaktisch angemessen handeln zu können, braucht es einen reflektierenden Umgang mit offenen Gruppenprozessen, mit Improvisationstechniken und kreativen Verfahren, mit Methoden und Techniken. Denn es kommt darauf an, im Prozess des Lehrens schnell und angemessen auf Ungeplantes und Überraschendes einzugehen, den Ablauf zielführend und flexibel anzupassen, ohne selbst Störungen im Ablauf zu produzieren. Mit anderen Worten, theoretisches Wissen und methodische Kenntnisse allein reichen nicht, sondern es braucht vor allem ein erfahrungsbasiertes Können und eine professionelle Haltung, die nur in der Praxis bzw. durch entsprechende Erfahrungen in Schule und Hochschule in einem längeren individuellen Entwicklungsprozess erworben werden können (Schneider & Wildt 2004; Schubert 2004; Wildt 2004). Vor diesem Hintergrund erscheint ein Konzept und Rahmen wie das Lern-Labor oder die Theaterwerkstatt, die es den Einzelnen erlauben kooperativ und selbstbestimmt, erfahrungsbezogen und methodisch, theoretisch und praktisch über einen längeren Zeitraum an den Dingen und sich selbst, am Ernstfall im Schonraum zu arbeiten, besonders geeignet.

Es geht im Unterricht (wie in der Lehre) aber nicht allein darum, einen besonders gelungenen methodischen Weg zu finden, der Spielräume für Kreativität und selbstbestimmtes Lernen lässt, sondern auch darum, einen didaktischen „Spannungsbogen" für Lernen zu entwickeln bzw. aufzubauen. Das verlangt mehr als eine strukturierte Abfolge bestimmter Schritte einzuhalten und ein Zeitmanagement, das auch Unvorhergesehenes einplant. Es geht vielmehr darum, eine bestimmte Fokussierung und Gerichtetheit im Prozess zu erreichen, eine Bewegung aller auf ein bestimmtes Ziel hin mit einer neugierigen Gespanntheit auf Ergebnisse, auf den nächsten Schritt, auf Lösungen, Neues und Überraschendes. Dabei geht es schließlich um einen „Flow“, der nicht nur alle einschließt und mitnimmt, sondern auch die Zeit vergessen lässt. Darüber kann man nicht reden, das muss man erfahren. Anders gesagt, erst in der Praxis ist zu erfahren, wie ein solcher Spannungsbogen entsteht und wirkt. Zwar wird er in einem problemorientierten Unterricht anders verlaufen als bei einer Inszenierung, anders in einer kleinen Gruppe als in einer Großgruppe, immer aber geht es um den Ereignischarakter des Lernens und der Lernerfahrungen, der sich mit einer plötzlichen Einsicht, einem tiefergehenden „Aha-Erlebnis“ verbindet, Verstehen beinhaltet und Sinn erschließt.

Der Aufbau eines Spannungsbogens in der Drama-Arbeit beginnt schon mit der Introduktion und Motivierung. Dies kann mit diskursiven oder bildhaft-szenischen Mitteln erfolgen, die auch kombiniert werden können. Wichtig ist, schon hier möglichst viele der Teilnehmenden mitzunehmen und in die Arbeit einzubeziehen. Mit einer „Anwärmung“ für die weitere Bearbeitung eines Themas erfolgt dann schon der Einstieg ins „eigentliche“ Spiel (oftmals geht es dabei um eine Hinführung durch Bewegung und einfache Übungen). Daran schließt sich eine Phase der individuellen und gemeinsamen Erarbeitung eines Problems (mit szenischen oder anderen Mitteln) an. Dabei kann jeder Problemlösungsversuch unbeabsichtigte Nebenwirkungen haben und zu neuen Problemen führen, auftretende Schwierigkeiten und Krisen müssen bewältigt werden. Manchmal sind kürzere oder auch längere Unterbrechungen der Gruppen- und Bühnenarbeit notwendig, damit Einzelne oder Gruppen „auftanken“ und Ideen für einen nächsten Schritt oder einen Neustart entwickeln können. Bei einem letzten Versuch (es ist immer der letzte), auf dem Höhepunkt von Verwirrung und Verwicklungen, entsteht dann oftmals die Lösung und das, worauf es ankommt, klärt sich. Erst dann setzt Entspannung ein, Zufriedenheit und manchmal auch Erschöpfung. Ein „Cooldown“ nach anstrengenden Inszenierungen kann wichtig sein. Eine Phase der Reflexion und des gegenseitigen Feedbacks schließt den Prozess ab.

Der hier skizzierte Spannungsbogen verläuft also entlang einer bestimmten methodischen Struktur. Er ist begleitet von einer sozialen Dynamik der Differenzierung und Integration von Themen und Beziehungen. Der Spannungsanstieg bis zu einer Klimax kann durch die Wahl der Methoden erzeugt und unterstützt werden. In einer Atmosphäre der Spannung, die den Einzelnen ergreift, wird der individuelle Fokus auf das Geschehen und seinen Fortgang gerichtet und eine lebhafte Beteiligung und Neugier erzeugt. Auch wenn dabei Verzögerungen eintreten oder ungeahnte Verwicklungen entstehen, muss das Interesse an einer Lösung nicht leiden, im Gegenteil wird es dadurch häufig noch stärker befördert. Merkwürdige Erscheinungen und unverständliche Verwicklungen, besondere Leiden oder besonders dumme Fehler können die Motivation, zu einer gelingenden Problemlösung beizutragen und das Interesse an dem guten Ausgang aus einer schwierigen Situation oder „bösen" Geschichte bestärken und die Ressourcen von Gruppen und Einzelnen zur Problemlösung weiter mobilisieren. Mit der Einsicht in die Probleme und der Erkenntnis des richtigen Weges zur Lösung und einem erfolgreichen Lösungsversuch kommt schließlich der (er-)lösende Spannungsabfall. In einer Schlussbetrachtung in größerer Ruhe und mit einer Neu-Balancierung von Nähe und Distanz (zum Thema, zur Lösung, zu den beteiligten Personen und zur Situation) kann dann der Prozess (vorläufig oder endgültig) abgeschlossen werden.

Das alles kann methodisch-didaktisch so gelenkt werden, dass möglichst viel von den Lernenden selbst kommt (vgl. Wildt 2006c). Man muss daran beteiligt gewesen sein, um den Unterschied zum „Stundenhalten" ganz zu verstehen.

4 Die zentralen Elemente der Drama-Arbeit konkretisiert am Psychodrama als Verfahren

Wichtig ist immer, dass die Drama-Arbeit auf ein funktionierendes Arbeitsbündnis zwischen allen Beteiligten gründet, das auf klaren und wechselseitig anerkannten Absprachen, Vertrauen und Toleranz beruht. Die zentralen Elemente, die für die Arbeit mit Dramaverfahren wichtig sind, sind Raum und Zeit, das Verhältnis von Spielen und Zuschauen bzw. von Spielern und Zuschauern, sind Spielleitung oder Regie, die Ebenen der Handlung, das Umgehen mit dem Körper, Bedeutung von Gegenständen, Objekten und Requisiten, sind Ziele und Absichten, die Bedeutung von Improvisation und Textarbeit, sind Wissen, Erleben und Verstehen. An dieser Stelle können nicht alle gängigen Verfahren und Ansätze der Theaterarbeit, die sich mit dem Drama-in-(Higher)-Education-Ansatz verknüpfen lassen, dargestellt und miteinander verglichen werden. Wichtige Verfahren beispielsweise sind das Playbacktheater (nach Fox), das Psychodrama und Soziodrama (nach Moreno), Jeux Dramatique (nach Chancerel), das Forum-Theater (nach Boal), das Szenische Interpretieren (nach Scheller), das Lehrstück-Theater (nach Brecht), Site Specific Performance, Maskentheater u.a. Darstellungen und eine vergleichende Übersicht dazu liegen für den Bereich der Hochschule (Wildt u.a. 2008; Wildt & Hentschel 2008; Wildt; Hentschel & Wildt 2008; Wildt & Wildt 2008) vor. Sie lassen sich durch weitere Verfahren ergänzen (etwa Bülow-Schramm; Krohn & Gipser 2009).

In den unten beschriebenen Beispielen von Drama in Higher Education werden theatrale Kleinformen wie Standbild und Skulptur, einfache Bewegungsspiele und Übungen für Atem und Stimme, Körper und Bewegung mit komplexeren Formen aus dem Psychodrama und dem Soziodrama, aus dem Playbacktheater und dem Forum-Theater sowie mit Elementen aus dem Bereich der Bildenden Kunst, Verfahren und Texten aus verschiedenen Fächern und disziplinären Kontexten verknüpft. Es soll hier gezeigt werden, wie verschiedene Elemente, Formen und

Abläufe unter didaktischen Gesichtspunkten verknüpft werden können. Auch zentrale Wirkungen werden dargestellt und reflektiert. Dazu werden zunächst Elemente aus dem Psychodrama (Wildt 2000a, 2000b; Wildt & Wildt 2008) herangezogen und skizziert, zum einen um deutlich zu machen, wie Aspekte von Raum und Zeit, Thema und Spiel, Handlung und Ziel, Gruppe und Leitung usf. in der Drama-Arbeit verknüpft werden können (vgl. Wildt & Hentschel 2008, 273ff). Zum anderen erscheint das Psychodrama besonders geeignet, weil es in ganz unterschiedlichen Kontexten des Lehrens und Lernens eingesetzt werden kann (vgl. dazu Wildt & Wildt 2014) und sich gut mit anderen Drama-Verfahren verbinden lässt.

Das Psychodrama nach Moreno (Wildt & Wildt 2008) enthält drei wesentliche Elemente: Drama, Gruppe und Soziometrie. Wenn von Psychodrama gesprochen wird, sind diese Elemente als Bestandteile gemeint. Psychodrama kann in verschiedenen Bereichen eingesetzt werden: im Unterricht, im Theater, in der Lehre und Weiterbildung, in der Beratung und auch in therapeutischen Gruppensettings. Dabei verändert sich jeweils der Zuschnitt der Psychodrama-Arbeit entsprechend den unterschiedlichen Zielsetzungen (Wildt & Wildt 2014). Psychodrama im Kontext von Unterricht, Lehre oder Weiterbildung kann seinerseits mit anderen Drama-/Theatermethoden sowie verschiedenen didaktischen Ansätzen und Anliegen verknüpft werden (siehe oben). Die Elemente von Psychodrama können hier nur kurz beschrieben werden (dazu genauer Wildt & Wildt 2008). Zunächst einmal zum Psychodrama als Gruppenverfahren: Die Gruppe besteht in der Regel aus Laien, die Leitung dagegen muss professionell sein. Das sind – entsprechend den Bereichen, in denen Psychodrama eingesetzt wird – Pädagogen oder Theaterpädagogen, Theatermacher, Berater oder Therapeuten mit einer Psychodrama-Ausbildung. Die Soziometrie als Bestandteil des Psychodramas zielt auf die Erhebung sozialer Beziehungen in der Gruppe und außerhalb der Gruppe (Studierenden-Gruppe, Beratungsgruppe, Weiterbildungsgruppe usf.), deren Bedeutung für die Einzelnen in der Psychodrama-Arbeit auf verschiedene Weise – etwa in szenischen Erkundungen – berücksichtigt wird. Im Zusammenhang damit generieren die Teilnehmenden individuelle Themen und Fragen an das übergeordnete Thema des Workshops oder das Gruppenthema.

Themen der Psychodrama-Arbeit im Kontext des Educational-Drama-Ansatzes sind in der Regel fachlich oder überfachlich verortet und berücksichtigen zudem die subjektiven Zugänge der Beteiligten, ihre Gedanken, Ideen, Emotionen, Gefühle, Motive, Interessen und Einstellungen. Das heißt, die „inneren" Befindlichkeiten, Gedanken und Vorstellungen der Akteure finden im Psychodrama ihren „Ausdruck" und werden dazu mit bestimmten Aktionen, Handlungen, Bewegungen, Gesten, Haltungen, Mimik, parasprachlichen Äußerungen in Verbindung gebracht. Umgekehrt finden die Akteure auch über äußere Handlungen Zugang zu inneren Befindlichkeiten. Das gilt auch für die Zuschauenden. Die Verbindung des Begriffs „Psychodrama“ mit besonders problematischen sozialen Beziehungen, mit extremen Gefühlsausdrücken, Leidenschaften, zerstörerischen Konflikten und „Verbrechen“ in bestimmten Genres von Literatur oder Film führt allerdings in die Irre. Hier ist lediglich gemeint, dass das dramatisierende Spiel nicht zuerst von äußeren Handlungen lebt, sondern in Haltung, Gestik, Mimik, Bewegungen und dem gesprochenen Wort Gedanken, die Motive, Emotionen und Gefühle zum Ausdruck und im spontanen Rollenhandeln mehr oder weniger authentisch zum Vorschein kommen. Wenn Gefühle blockiert, Spontaneität unterdrückt, Gedanken tabuisiert und kreative Potentiale verschüttet sind, kann die psychodramatische Arbeit über die Beachtung von Empfindungen und Wahrnehmungen, von Emotionen und Affekten, von Gefühlen und Gedanken dazu beitragen, das eigene Potential zu erkennen, besser zu nutzen und auszuschöpfen. Die Drama-Arbeit erfolgt entlang der Themen, die von der Gruppe ausgewählt und dann auf die Bühne gebracht werden. Als Bühne gilt ein ausgewählter Bereich, in dem ein Handeln im „Als-Ob“ ermöglicht wird. Dabei geht es um Handeln, das der Lebenswirklichkeit nachgebildet ist oder sich auf diese bezieht, einschließlich auf das, was als Fiktion oder Traum, als Phantasie oder Einbildung bezeichnet werden kann. Die Arbeit selbst beinhaltet verschiedene szenische und theatrale Elemente (Rollenspiele, Vignetten, Standbilder, Körperübungen), die Einzelne aus der Gesamtgruppe oder auch die gesamte Gruppe (etwa in Gruppenspielen) einbezieht. Die verschiedenen Elemente werden in einer bestimmten regelhaften Weise improvisierend eingesetzt und auch in einer bestimmten Abfolge miteinander verknüpft. Wechselseitiges Feedback zwischen den Teilnehmenden, Einzelnen, Gruppe und Leitung, das zwischen den verschiedenen Arbeitsschritten üblich ist, dient der Fortsetzung oder auch der Beendigung einer bestimmten Spielsequenz. Der szenischen Arbeit gehen oftmals nur (Interaktions-)Spiele und „Anwärmübungen“ voraus. Erzählungen, Gespräche und Diskussionen in verschiedenen Settings (in kleinen und großen Gruppen) vor oder zwischen den verschiedenen Spielphasen und der Bühnenarbeit sind ebenfalls selbstverständlich. Ebenso wichtig sind Momente individueller Selbstvergewisserung, der Ruhe und Entspannung. Das heißt, das Konzept des Drama in (Higher) Education bezieht sich nicht nur auf die Bühnenarbeit im engeren Sinne, sondern auch auf die Arbeit davor, dahinter und dazwischen im Raum der Gruppe.

Betrachtet man die Bühnenarbeit selbst, ist die Unterscheidung wichtig zwischen Spielern mit unterschiedlichen Aufgaben in der Bühnenarbeit (Protagonist, Antagonist, Alter-Ego und andere Mitspieler) und den Teilnehmenden in der Rolle der Zuschauer, die einzeln oder gemeinsam auf die Bühne gehen oder geholt werden können, um dort bestimmte Aufgaben und Rollen als Mitspieler zu übernehmen. Auch die Spielleiter können nach Bedarf eine Rolle übernehmen oder aus einer bestimmten Rolle heraus (als Teacher in Role, zum Beispiel als Interviewer) agieren, um das Spiel ohne Unterbrechung voranzubringen. Zur Erkundung von

Themen in ihrer Bedeutung für die Beteiligten (die Einzelnen und die Gruppe) in der Gegenwart sind manchmal auch Blicke in die Vergangenheit und in die Zukunft wichtig. In der Regel wird diese Ausweitung durch die Spielleitung vorgeschlagen, um Erinnerungen und Zukunftsvorstellungen, Hoffnungen und Wünsche in einem Spiel näher zu beleuchten. Diese werden ebenfalls mit theatralen und szenischen Mitteln dargestellt. Zur Unterstützung der szenischen Arbeit können Bühnenkleinteile (Podeste, Matten, Stühle) genutzt, Requisiten verwendet und kleine Musikinstrumente eingesetzt werden. Verschiedene Objekte bzw. Werkstücke (Bilder, Masken, Modelle, Skulpturen), die von den Teilnehmenden selbst gemacht sind (siehe hier den Werkstattcharakter), können ebenfalls in die (Psycho-)Drama-Arbeit einbezogen werden.

5 Der Ort als Spielraum und Raum für Lernen um sich, einander und die Welt zu verstehen

Die Arbeit mit Psychodrama konzeptualisiert Lernen grundsätzlich als situiert (Renkl 2002). Die Situierung verlangt die Bereitstellung geeigneter Lernumgebungen, die ein erfahrungsbasiertes, fallbezogenes, authentisches und reflektierendes Umgehen mit gegebenen Problemstellungen ermöglicht. Dazu braucht es nicht nur oben skizzierte soziale und methodische Arrangements, sondern auch geeignete Räume, in denen ein entsprechendes Arbeiten möglich ist (Roesner; Wartemann & Wortmann 2005; de Certeau 1988). Dabei geht es nicht um einen Theaterraum nach Art der (Guckkasten-)Bühne mit einem mehr oder weniger flexibel bestuhlten Zuschauerraum – wie mancher aus Gewohnheit denken mag – und davon getrennt etwa einen mehr oder weniger großen Proben- oder Gruppenraum. Vielmehr wird für die Drama-Arbeit ein ausreichend großer Raum gebraucht, der multifunktional nutzbar ist und dazu auch eine entsprechende Ausstattung aufweist. Dieser Raum muss für mehr oder weniger raumgreifende theatrale Aktionen, aber auch für Bewegungsspiele und -übungen verschiedener Art geeignet sein. Aber er muss auch Platz bieten für Diskussionen und Gespräche in großen und in kleinen Kreisen, für Präsentationen, Visualisierungen und kreative Gestaltungen verschiedener Art oder meditative Arrangements und Ruhephasen. Auf jeden Fall geht es um einen Raum, der von außen nicht einsehbar ist, der ein ungestörtes Arbeiten erlaubt und die Herstellung einer „intimen" Arbeitsatmosphäre ermöglicht.

Der Bühnenbereich, wie auch andere Bereiche, kann nach Bedarf durch geeignete und veränderbare Markierungen abgegrenzt werden. Wichtig ist, dass die Bühne im Raum festgelegt wird – auch fallweise – um das Handeln im Als-Ob vom übrigen Handeln eindeutig zu unterscheiden. Dieser Bühnenbereich muss leer sein. Das heißt, es dürfen keine Gegenstände im Bühnenbereich vorhanden sein, auch keine Bilder an Wänden, auf die man schaut. Ein Ort für Requisiten und Gegenstände wie Bälle, Stäbe und Bühnenkleinteile (Matten, kleine Podeste,

Decken) ist nützlich und sollte während der Arbeit unmittelbar zugänglich sein, aber nicht stören. Es braucht zur Arbeit mit den genannten Verfahren und Ansätzen keinen Kostümfundus, stattdessen vielleicht einen Kleiderständer oder eine große Kiste für Kostümteile (Hüte u.a.), eine Vielzahl verschiedenfarbiger Tücher unterschiedlicher Größe, die vielfältig verwendet werden können sowie zahlreiche (kleine) Musikinstrumente, die während des Spiels und auch in verschiedenen Aktionen im Raum der Gruppe Verwendung finden können. In der Regel gibt es in vielen Hochschulen nur wenige Räume, die diese Kriterien erfüllen. Tatsächlich könnten aber zahlreiche Räume mit den genannten Mitteln flexibel ausgestattet und bei Bedarf auch wieder verändert werden. Erstrebenswert ist, Räume so auszustatten, dass sie den Ansprüchen einer vielgestaltigen hochschuldidaktischen Arbeit – mit und ohne Drama – gerecht werden können. Davon sind viele Hochschulen noch weit entfernt.

Im Kontext der Drama-Arbeit geht es – in Abhängigkeit von einer bestimmten Thematik und dem Entwicklungs- und Anspruchsniveau einer Gruppe – um die spielerische Erkundung von Handlungsmöglichkeiten, das szenische Experiment und die Verknüpfung des Bühnenhandelns mit vielfältigen anderen methodischen Arrangements zum Zwecke des Lernens. Wichtig ist, dass in diesem Zusammenhang die individuellen Vorstellungen, das Wissen und die Erfahrungen der Beteiligten genutzt werden, um Probleme zu definieren, Untersuchungsabsichten thematisch-hypothetisch einzubringen, Problemsituationen simulierend und quasi-experimentell (vor allem im Rollentausch/-wechsel) zu erkunden, Zusammenhänge zu analysieren und über mögliche Problemlösungen einen erfahrungsgesättigten und theoretisch vertiefenden Diskurs zu führen. Dabei kann Vergangenes als (Auto-)Biographisches und auch allgemein Historisches (etwa im Sinne einer gemeinsamen Erinnerungskultur), Gegenwärtiges (auch im Sinne einer Gegenwartsanalyse) sowie Zukünftiges (als Sinnperspektive und Zukunftsprojektion, als Zukunftshoffnung, als „prognostische" Aussage, als phantastische oder auch utopische Erzählung) präsentiert und in Szene gesetzt werden. Grundsätzlich werden dabei Fähigkeiten zum interpersonellen Verstehen befördert und Möglichkeiten des moralischen Handelns aufgezeigt (vgl. Wildt 2006a, 148ff). In dieser problemorientierten und wertbezogenen, ästhetisch-kreativen und reflexiven Arbeit wird die ganze Person, der/die Lernende mit ihren Wünschen, Hoffnungen und Ideen, mit Kognitionen, Gefühlen und Wertvorstellungen angesprochen und entsprechend umfassende Lernprozesse initiiert.

6 Die Vielfalt der Drama-Arbeit mit und ohne Text

Die Drama-Arbeit im engeren Sinne ist vielfältig und es ist möglich – wie oben bereits erwähnt – dabei auf verschiedene Verfahren und Methoden wie das Psychodrama, das Playbacktheater, das Forum-Theater, Theatersport u.a. zurückzugreifen. Dabei sind nicht nur Absichten, sondern auch Erfahrungen, Vorlieben und das individuelle Können der Lehrenden ausschlaggebend. Hervorzuheben ist, dass im nicht-literarischen Theater (also im engen Sinne Improvisationstheater, wie es im Drama in (Higher)Education-Ansatz üblich ist) nicht gänzlich ohne Text gearbeitet wird. Es handelt sich vor allem um Gebrauchstexte, die auf ganz unterschiedliche Weise genutzt und in die Drama-Arbeit eingebaut werden können, beispielsweise wissenschaftliche Texte oder Zitate, gewöhnliche Zeitungsartikel, Gebrauchsanweisungen, Auszüge aus Telefonbüchern, Reklametexte, Wahlplakate, Flugblätter, Kochrezepte, Tagebuchnotizen, Arbeitspläne, aber auch literarische Kleinformen sowie Bildmaterial oder Filmausschnitte (also im weitesten Sinne Text). Das heißt, schrift- und bildsymbolische „Texte" können im Kontext von Drama in (Higher) Education Grundlage und Element bestimmter Inszenierungen sein. Texte können aber auch herangezogen werden, um den fachlichen und thematischen Rahmen der Theaterarbeit festzulegen und die Ergebnisse der reflexiven Bearbeitung von Erfahrungen weiter zu vertiefen. Mit anderen Worten, Texte und Bilder auf unterschiedlichen medialen Trägern können als handlungsstützende und dramatisierende Elemente ins Spiel eingefügt werden (durchaus ein beliebter Kunstgriff auch im großen Literaturtheater) oder sie dienen der Vor- und Nachbereitung. Textmaterial kann vorgegeben oder auch selbstständig recherchiert, in Vorträgen, Referaten und Berichten mediengestützt präsentiert und in der Gruppe zur Diskussion gestellt werden.

Mit der Erweiterung des pädagogisch-didaktischen Repertoires der Fächer in Schule und Hochschule findet Drama-Arbeit in fachübergreifenden Projekten immer mehr Ansatzpunkte für aktivierende und kreativitätsförderliche Möglichkeiten auch in der Textarbeit, beispielsweise als kreatives Schreiben, als Arbeit mit Mindmaps, als Clustering, als Arbeit mit Metaplan-Techniken, als Visualisierung durch Poster und unter Nutzung verschiedener medialer Träger von Tafel bis zum Whiteboard, vom Flipchart oder Pickboard, vom Overheadprojektor, Ton- und Videorecorder bis zum PC, Beamer und iPad. Diese verschiedenen Medien und Möglichkeiten der Textarbeit (im engen wie im weiten Sinne) können in der Vorbereitung, Durchführung und Auswertung von Drama in (Higher) Education vielfältig eingesetzt werden, nicht nur zur Unterstützung und Vertiefung der Drama-Arbeit, sondern auch um verschiedene mediale Alltagsinszenierungen in der Drama-Arbeit aufs Korn zu nehmen und eine kritische Auseinandersetzung mit deren positiven wie negativen Wirkungen zu ermöglichen. Das heißt, der Mediengebrauch kann auch Inhalt der Drama-Arbeit sein.

In einer wissenschaftlich geprägten Kultur, in der die „Welt als Text" und der „Text als Welt" auch in der Lehre dominant sind, treffen mit und in dem theatralen und szenischen Spiel verschiedene Wirklichkeitskonstruktionen (des Spiels, der „Realität", des Traums) – (hochschul-)didaktisch reflektiert – aufeinander und werden systematisch in Beziehung gesetzt. Grundsätzlich kann in allen Fächern (selbst im Fach Mathematik) mit Drama-Methoden gearbeitet werden und entsprechend werden auch fachliche Inhalte und Texte, aber auch technische Artefakte oder bestimmte Methoden und Objekte des „Forschens" für die Entwicklung einer Aufführung genutzt oder auch als Objekte in einer theatralen Inszenierung dargestellt. Das heißt, es kann ein naturwissenschaftliches Experiment in seinen theatralen Aspekten gezeigt oder auch als dominante Forschungsmethode in einer theatralen Inszenierung „vorgeführt" und in der Realität des Spiels können – wie im Falle des Mediengebrauchs – problematische wie positive Aspekte des naturwissenschaftlichen Forschens herausgearbeitet werden. Auch das rationale (wissenschaftlich begründete) Argument wird nicht nur im Diskurs des „wirklichen" Lebens geführt, sondern es kann auch als (didaktische) Inszenierung im Drama vorgeführt werden. Dabei können beispielsweise verdeckte Machtansprüche, Genderprobleme u.a. aufzeigt und die Auseinandersetzung damit angeregt und vertieft werden. Das heißt, die Darstellung von Wirklichkeiten im Spiel erzeugt (hochschul-)didaktisch gewollte Irritationen von für wahr gehaltenen Vorstellungen von Wirklichkeit, von Glaubenssätzen mit dem Anspruch objektiver Wahrheit oder von individuellen Vor-Urteilen, die im Diskurs allein nur schwer zu fassen sind. In der Authentizität der (Rollen-)Darstellung kommen also Wünsche und Ansprüche, Möglichkeiten und Widersprüche, paradoxale Zumutungen und Selbstbehauptungen von Individuen und Gruppen zum Ausdruck, die ohne die szenische Bearbeitung nicht ohne weiteres sichtbar und als diskussionswürdig angesehen würden. Aber auch Möglichkeiten der innovativen und kreativen Gestaltung von Alltag und Beruf werden in anschaulicher und anregender, in amüsanter und nachdenklicher Form vorgetragen, Vergangenheit und Zukunft in der Gegenwart des Bühnengeschehens lebendig. Möglichkeiten der wechselseitigen Unterstützung und der Bewältigung von Problemen, Konflikten und Krisen werden erkennbar und neue Wege anschaulich.

Diese Art der Arbeit braucht alternative Prüfungsformen. Bewährt hat sich ein Lern- und Prüfungsportfolio (auch ePortfolio), da dieses erlaubt, verschiedene (relevante) Texte (im engen wie im weiteren Sinne) als „Graphien" (vgl. Sabisch 2008) im Prozess zu sammeln, zu systematisieren und zu überarbeiten und die eigene individuelle und gruppen(ergebnis)relevante Leistung in ästhetisch angemessener Weise darzustellen und zur Beurteilung (untereinander und gegenüber den Lehrenden als Prüfern) zu präsentieren (Brunner; Häcker &Winter 2006; Wildt 2006b; Wildt & Wildt 2013).

7 Drama in Higher Education – an Beispielen

Im Folgenden soll vor allem verdeutlicht werden, wie mit theatralen und szenischen Methoden im Rahmen der Hochschullehre gelehrt und gelernt werden kann.

Dabei können die Beispiele aus verschiedenen Bereichen der Lehrerausbildung und im Bezug zum schulischen Unterricht für verschiedene Schulstufen, bzw. von der Grundschule bis zur gymnasialen Oberstufe nur skizziert werden (siehe unten weitere Literaturangaben).

7.1 Beispiel „Gesundheit (lehren und) lernen“

Im ersten Beispiel geht es um ein Projektseminar zu Praxisstudien (in Kooperation zwischen Schule und Universität) mit Studierenden des Grundschullehramtes an der Universität Bielefeld, durchgeführt im Bereich Gesellschaftslehre/Sozialwissenschaft.

Die „Gesundheitsförderung in Schule und Unterricht“ war Thema der zweisemestrigen Projektveranstaltung mit mehrtägigen Seminarblöcken pro Semester (zu den verschiedenen Praktikumsarten vgl. Topsch 2002, 5ff.). Elemente von DiE waren sowohl Bestandteil der schulischen Unterrichtsprojekte zum Oberthema „Gesundheit“ in verschiedenen Fächern/Lernbereichen als auch Inhalt und Gegenstand der Einübung und Erprobung der Methoden in der hochschulischen Veranstaltung selbst. Außerdem wurde in der Auswertung der Veranstaltung insgesamt auch mit verschiedenen Rollenspielmethoden sowie mit Dramamethoden gearbeitet und insbesondere die praktische Situation in Unterricht und Schule im einer begleitenden „Kollegialen Beratung“ (Wildt 2000b, 2004, 2006a) erkundet und reflektiert.

Der erste Block, organisiert als „Zukunftswerkstatt“, diente der Entwicklung von Konzepten einer gesundheitsförderlichen Schule (im Sinne der Definition der Weltgesundheitsorganisation, WHO). Das Lernen der Schüler (und der Studierenden) wurde zudem unter aisthetischen und ästhetischen Gesichtspunkten betrachtet und Möglichkeiten des Lernens mit allen Sinnen entwickelt (Wildt 1997, 2000a, 2010). Vielfältige Elemente der improvisierenden Erkundung und theatralen Darstellung von Handlungsmöglichkeiten, der Visualisierung und szenischen Präsentation, der aisthetischen Wahrnehmung und ästhetischen Betrachtung, Möglichkeiten von szenischem und verbalem Feedback wurden verwendet und reflektiert. Parallel zur Zukunftswerkstatt mit den Studierenden bzw. unmittelbar danach wurde eine anderthalbtägige Zukunftswerkstatt mit dem Lehrerkollegium durchgeführt. Dabei konnten wichtige Anliegen der Lehrer, der Schulleitung und der Elternschaft (aus Sicht von LehrerInnen und Schulleitung) zur Sprache gebracht und erkundet, Ideen und Anregungen für eine Zusammenarbeit zwischen Schule und Hochschule gesammelt und konkretisiert werden. Die Ergebnisse beider Zukunftswerkstätten wurden danach in Vergleich gesetzt und die Studierenden veranlasst, die eigenen Ideen und Vorstellungen im Sinne einer Realitätsprüfung mit den Vorstellungen von Lehrern, Eltern und Schulleitung abzugleichen und entsprechend anzupassen. Anschließend konnten die Studierenden, die Kleingruppen gebildet hatten, sich mit ihren jeweiligen Praktikumslehrern austauschen und konkrete Absprachen für die Unterrichtsprojekte treffen. Absprachen wurden wiederum ins Seminar zurückgemeldet und dort besprochen.

Diese Kontraktphase zwischen Schule und Universität, Lehrenden und Studierenden, in der Wünsche und Vorstellungen miteinander besprochen und konkrete Abstimmungen zwischen den Beteiligten vorgenommen werden konnten, war entscheidend für das Gelingen des Gesamtprojektes. Tatsächlich konnten die Bedingungen und Wünsche der Schule mit den Vorstellungen von Studierenden und Lehrenden nicht in jedem Punkt vollständig zur Deckung gebracht werden, vice versa. Dass dennoch alle Projekte erfolgreich waren, lag auch an dem bekundeten Interesse der Beteiligten zur Zusammenarbeit und dem gemeinsamen Beschluss, ein Schulprojekt mit größerer Wirkung (nicht nur für die Studierenden, sondern für die Schule selbst) zu starten und gemeinsam zum Gelingen der Projekte beizutragen. Wie das funktionierte, kann hier nur angedeutet werden.
Mit verschiedenen Klassen auf den Jahrgangsstufen zwei bis vier und in unterschiedlichen Fächern bzw. Lernbereichen (Sachkunde Biologie und Gesellschaft, Deutsch, Sport und Kunstunterricht) wurden ganz unterschiedliche Unterrichtsprojekte durchgeführt, die mit dem Gedanken der Gesundheitserziehung und Gesundheitsförderung in der Schule (Wildt 1997) verknüpft waren. Dabei spielten Gesichtspunkte des Lernens mit allen Sinnen, Vorstellungen von Gesundheit und Gesundheitsförderung in der Schule, Gesundheitserziehung im Unterricht, die Bedeutung eines ganzheitlichen Lernansatzes, die Wichtigkeit von Bewegung, Ruhe und Entspannung, die Bedeutung von Ernährung für das individuelle Wohlbefinden und für optimales Lernen, die Wichtigkeit der Berücksichtigung sozialer Bedürfnisse (Gemeinschaft und Anerkennung) sowie die Förderung kreativer Fähigkeiten und ästhetischer Bedürfnisse eine große Rolle.
An dieser Stelle soll von den insgesamt sieben Einzelprojekten nur eines skizziert werden, das seinen Schwerpunkt im Deutschunterricht (der vierten Klasse) hatte, aber lernbereichsübergreifend angelegt und entsprechend komplex war. Im Deutschunterricht dieser Klasse ging es zunächst um ein Leseprojekt. Das Buch (im Fachjargon: Ganzschrift) „Die Reise zur Wunderinsel" von Klaus Kordon handelt von einem schwer erkrankten, kleinen Mädchen. Seine Eltern entschließen sich eine „Weltreise" zu unternehmen und mit einem Segelschiff bis in die Südsee zu segeln. Bei diesem großen Segeltörn erleben die Reisenden nicht nur Neues, sondern auch, Altes neu zu sehen. Das Mädchen wie auch seine Eltern erleben wechselseitige Liebe und Zuneigung neu, erleben Sorge und Fürsorge zu schätzen und vor allem lernt das Mädchen auf dieser Reise verantwortlich und selbstverantwortlich zu handeln. Angekommen bei einer weitentfernten Insel fast am anderen Ende der Welt stellt das Kind fest, dass es gesund geworden ist. Auch für seine Eltern ist das ein Wunder, mit dem ihre größten Wünsche und Hoffnungen in Erfüllung gehen. Sie beschließen, gemeinsam in einem fernen Land ein neues Leben zu beginnen.
Die Kinder können in der Auseinandersetzung mit dem Buch die Reise individuell und gemeinsam mit- und nachvollziehen: die Ausgangssituation, die verschie-

denen Stationen der Reise, die Erlebnisse, die alle Sinne ansprechen, die inspirierenden Begegnungen mit dem Fremden, Eigenartigen und Andersartigen, die Erfahrung von Wind und Wetter, die Eindrücke von merkwürdigen Orten, das Kennenlernen anderer Menschen, das Überwinden von Angst und Misstrauen und das Finden von Freunden. Gespräche darüber helfen nicht nur den Personen in der Geschichte, sondern auch den Kindern, die dieses Buch gelesen haben, wie sich an Gesprächen, Geschichten und auch Darstellungen in eigenen Bildern zeigt. Das Sprechen und Zeigen, Malen und Spielen hilft den Kindern, Angst vor Krankheit zu mildern, Krankheit als Bestandteil des Lebens zu sehen, die Angst vor dem Unbekannten und Fremden zu überwinden, den eigenen Kräften in schwierigen Situationen zu vertrauen und ein Stück weit selbst Verantwortung für Gesundheit und Krankheit zu übernehmen, aber auch auf die Zuneigung der Erwachsenen und ihre Fürsorge zu hoffen – ganz parallel zur Geschichte selbst.
Die Studierenden haben mit den Kindern das Buch Kapitel für Kapitel gelesen, beide – Studierende wie Schüler – haben zu lesen geübt, um gut vorzulesen, eine Art Lesetheater zu entwickeln. Aber auch in freier Erzählung, unterstützt durch Globus und Bilder konnten die Schüler die Reise nachvollziehen, dabei manches von- und miteinander über den Weg und die einzelnen Stationen auf dem Weg lernen. Dazu haben die Kinder selbständig Informationen – Texte und Bildmaterial – zusammengetragen, zu Kollagen verarbeitet, verschiedene Szenen dazu und auch in die Kollagen hinein gemalt, Rollenspiele entwickelt und schließlich sogar mit Unterstützung der Studierenden (und einiger Eltern) ein Festmahl vorbereitet mit exotischen Früchten und Speisen, die zu kleinen Geschmacksexperimenten anregten. In einer gesonderten Lernphase ging es darum, die Bedeutung der Sinne zu erkunden: sehend, tastend, fühlend, riechend und schmeckend sich zu orientieren, sich bekannten und neuen Geschmacksrichtungen zuzuwenden. Dabei wurden auch alltägliche Essgewohnheiten hinterfragt, Ideen für ein gemeinsames (leckeres und gesundes) Frühstück (pro Woche) entwickelt und tatsächlich auf Dauer eingeführt. Wichtig war es auch, dass die Schülerinnen und Schüler selbst eine eigene Reise zur Wunderinsel erfinden (schreiben) und erzählen konnten, einander zuhörend, als Insel des Abenteuers und auch der Selbstbewährung, des gemeinsamen Erlebens (mit den eigenen Eltern und Anderen), als Erzählung, als phantastische Geschichte, als irgendwie wundersamen und heilsamen Traum.
In der Auswertung der Projekte (im Gespräch, in den Fallbesprechungen und szenischen Erkundungen, den Berichten und Lerntagebüchern) wurde deutlich, dass es für die Studierenden in den verschiedenen Projekten die größte Herausforderung war, sich den Erfahrungen mit den Schülerinnen und Schülern selbst mit allen Sinnen auszusetzen, in geweiteter und doch konzentrierter Aufmerksamkeit, die unterrichtlichen Ereignisse in ihren verschiedenen theatralen, sozialen, didaktischen und ästhetischen Dimensionen wahrzunehmen, diese wie ein Ethnologe zu beobachten, eine forschende Grundhaltung zu entwickeln und beizubehalten,

sich neugierig und improvisierend einzulassen, die Künste der Kinder „naiv“ zu bestaunen, selbst offen und spielerisch im Prozess (des Lehrens und Lernen) zu bleiben und sich nicht in eine Haltung des Besserwissens oder der (Selbst-)Rechtfertigung zu begeben (wenn die Produkte der Schüler nicht fehlerfrei und perfekt genug schienen) sowie am Ende das Feedback von Schülern, Eltern und Lehrern respektvoll anzunehmen, die eigene Leistung zu akzeptieren und die der anderen nicht nur anzuerkennen, sondern auch ein angemessenes Feedback zu geben.

7.2 Beispiel „Schule in Bildern – eine historische und ästhetische Betrachtung“

Im zweiten Beispiel geht es um ein einsemestriges Werkstatt-Projekt: „Schule in Bildern – eine historische und ästhetische Betrachtung“ mit Studierenden des Lehramtes in den Fächern Bildende Kunst, Pädagogik und Geschichte (für die Sekundarstufe I und II), durchgeführt an der Universität Oldenburg.

Das Thema „Schule in Bildern“ fokussierte auf Darstellungen und Zeugnissen von Schule und Erziehung, die sich uber die letzten 2000 Jahre abendlandischer Kultur in Bildern (Vasenmalerei, Buchmalerei, Zeichnungen, Gemälden, Stichen, Fotos) dokumentieren lassen. In der Veranstaltung wurden Bilder, die signifikante Veränderungen des pädagogischen Verhältnisses in der Geschichte zeigen, ausgewählt und zur Grundlage verschiedener Inszenierungen gemacht. Dabei ging es vor allem um die Einflussnahme als lehrende Unterweisung und Erziehung durch Ältere, Erfahrene, Wissende, Verantwortung Tragende gegenüber Schülern unterschiedlichen Alters, die sich in einer bestimmten Art der Darstellung des Lehrer-Schüler-Verhältnisses in den Bildern aus verschiedenen Epochen und Zeiten zeigt. Dazu gehörten Bilder aus dem alten Griechenland, dem frühen und späten Mittelalter, der Schule der Aufklärung und des Humanismus, Schulen im Faschismus (in Deutschland), der Nachkriegszeit, der Siebzigerjahre bis hin zur Gegenwart. In diesen Bildern werden Erziehungsverhältnisse und Beziehungsformen, Lehrhaltungen und Lernhandeln, Weltverständnisse und Gottesvorstellungen, Vorstellungen von Natur und Gesellschaft deutlich, die in der Zeit bestimmten Veränderungen unterliegen. Die Bilder zeigen die Schule als Schule verschiedener Stände: der Fürsten, der Bürger, der Arbeiter und Bauern. Sie zeigen die Lateinschule und die Dorfschule, die Volksschule und die Gemeinschaftsschule, die Schule als Jungenschule, als Mädchenschule und als Schule der Ko-Edukation, sie zeigen die sich wandelnden Vorstellungen von Schule und Unterricht, von Beziehungen zwischen Lehrern und Schülern, sie zeigen bestimmte Praktiken der lehrenden und erziehenden Einflussnahme, der Disziplin und der Disziplinierung seitens der Lehrenden und des mehr oder weniger bereitwilligen Handelns, des aufmerksamen und konzentrierten Tuns der Schüler sowie verschiedene Formen von Subversion oder deviantem Verhalten.

In der Lernwerkstatt wurden die verschiedenen Bilder und Abbildungen zunächst einer gemeinsamen Bildbetrachtung unterzogen, dann bestimmte Themen (hier als individuelle Perspektiven der Teilnehmenden auf das Bild) soziometrisch ermittelt, die Bilder als Szenen in der Art des Tableaux Vivants aufgestellt, diese in Bewegung gebracht und bestimmte Rollenaktionen szenisch ergänzt. Dabei wurden die in den Bildern wahrgenommenen Beziehungen verdeutlicht, eigene Erfahrungen zudem als Sub-Texte in die Darstellung eingebracht. Dabei konnten die Erfahrungen, Wertvorstellungen, Normen und Absichten, Wissen und auch Vorurteile der Spielenden und Zuschauenden genauer erkundet und einer gemeinsamen, reflektierenden Betrachtung unterzogen werden. Vor allem wurden Unterschiede und Gemeinsamkeiten zwischen den Spielenden und Zuschauenden zu den Bildern bzw. zu den hier dargestellten Beziehungen und Rollenmustern herausgearbeitet. Schwierig, aber wichtig – wie insbesondere in der Schlussbetrachtung der Veranstaltung deutlich wurde – war die Wahrnehmung und Besprechung der heute wirkenden Tabus, die besonders in der szenischen Vertiefung wirksam wurden. Tabus im Als-Ob des Bühnenhandelns sind auch deshalb so wirksam, weil die Rollenspieler in der Aktion – wie schon ausgeführt – immer auch sie selbst sind. Gerade das festzustellen und damit auch die Tabus anzusprechen, die eigenen Überzeugungen auszudrücken und Grenzen festzustellen, sich freiwillig dennoch auf das Andere einzulassen, war für die Teilnehmenden besonders lehrreich, nicht nur mit Blick auf die Wirksamkeit von Tabus, auch bezogen auf die Möglichkeiten und Wirkungen der Auseinandersetzungen damit. Dabei ging es hier einmal um das Tabu der Knabenliebe (Epheben) im alten Griechenland, die pädagogische Idealisierung der Ephebenliebe, das Übersehen einer problematischen Realität in der Gesellschaft und in der Pädagogik heute (wie an verschiedenen, öffentlich diskutierten Beispielen der letzten Jahre deutlich wurde).
Ein weiteres Tabu handelte von Gehorsamsübungen und der Verführung von Kindern und Jugendlichen in der Schule des Faschismus, sowie von dem (beschämten und beschämenden) Schweigen der Eltern (die damals Kinder waren) und der Großeltern dazu. Ausgangspunkt zum Thema Schule und Schulleben im Faschismus war ein Propagandaheft mit Bildern zum Fahnenappell. Die Annäherungen an dieses Bild in einer szenischen Verlebendigung und Erkundung gestaltete sich für einzelne Studierende als besonders schwierig. Dabei ging es nicht nur um bestimmte Rollenaktionen, deren szenische Darstellung Stress erzeugt hat, weil Angst und Abneigung, Wut und Hilflosigkeit, gespielte Zustimmung und Unterwerfung, Gehorsam und Auflehnung spürbar wurden und sich miteinander mischten. Auch Vorstellungen über die Situation der eigenen Eltern (damals Kinder) oder Großeltern spielten eine wichtige Rolle. Dennoch oder gerade deshalb erschien allen Beteiligten eine tiefere Auseinandersetzung mit diesen vielfach tabuisierten Erfahrungen wichtig und mit Blick auf pädagogische Gegenwarts- und Zukunftsaufgaben unerlässlich. Als wichtige Voraussetzung für die Offenlegung

und Auseinandersetzung mit diesen Tabus erschienen den Beteiligten die achtsame Leitung, die Garantie von freiwilliger Beteiligung an der Inszenierung, die Wahrung persönlicher Grenzen und das Vertrauen in der Gruppe.
Es wurde deutlich und mag auch hier deutlich geworden sein, dass mit der szenisch erkundenden und (selbst-)reflexiven Bearbeitung von Bildmaterial Geschichtliches nicht äußerlich und als Wissensstoff blutleer bleibt, sondern unmittelbar Bezüge zu zentralen persönlichen Anliegen erlaubt. Dabei tauchen Fragen nach der eigenen Geschichte auf oder werden als Fragen an die Geschichte (hier der eigenen Familie) formuliert, (vermutete oder bekannte) traumatisierende Erfahrungen eingeschlossen. Mit den Tabus wurden vor allem pädagogische Widersprüche und Dilemmata, die auch in den Inszenierungen manchmal bedrängend lebendig wurden und mit Blick auf die eigene (zukünftige) Lehrerolle individuelle Stellungnahmen verlangten, thematisiert und diskutierbar.

7.3 Beispiel: „Bild und Biographie"

Im dritten Projekt ging es um ein Drama-Projekt: „Bild und Biographie" (mit schul- und museumspädagogischen Anteilen), durchgeführt von der Autorin im Bereich Allgemeine Didaktik und Ästhetik (ebenfalls an der Universität Oldenburg) für Studierende mit den Fächern Kunst und Geschichte, Sozialwissenschaften, Theaterpädagogik/Deutsch, Pädagogik, Textiles Gestalten (für Gymnasium/ Sekundarstufe II).
Es ging in dem Projekt zunächst um das Bildnis der „Helene von Racowitza" (1874), gemalt von Hans Makart (Wiener Historismus), dessen Bildwerke und theatrale Inszenierungen von Kunst (im Sinne auch eines „Theaters als Fest") zu seiner Zeit berühmt und begehrt, pompös, opulent und teuer waren. Das Bild und seine kunstgeschichtliche Einordnung waren Gegenstand des Seminars, der Unterrichtsstudien in der Schule und der Inszenierungsarbeit im Museum. Das Gemälde selbst erschien zum Zeitpunkt des Projektes – als Dauerleihgabe aus Privatbesitz – zum ersten Mal in einer öffentlichen Ausstellung, und zwar in der neu eröffneten Gemäldegalerie im ehemaligen Prinzenpalais der Großherzöge von Oldenburg (Old). Das Bildnis und seine kunstgeschichtliche Einordnung wurde in Beziehung gesetzt zur Autobiographie der Gräfin von Rakowitza, geb. von Dönniges (Erstveröffentlichung 1907), in der die Gräfin ihre Beziehung zu Makart und die Entstehung des Bildes, den Besuch von Liszt im Atelier des Malers und seine Begeisterung für Bild und Modell beschreibt. Die biographische Erzählung bietet ein gesellschaftliches Panorama der Zeit am Ende des 19. und Anfang des 20. Jahrhunderts: des europäischen Hochadels, des reichen und einflussreichen Bürgertums, der Bohemien und Künstler in den Salons ihrer MäzenInnen in einer gesellschaftlichen Enklave, die sich üppigen Kunstgenuss und ästhetische Selbstdarstellungen leisten konnte und von der sich eine liberale und freigeistige Elite, zumindest einige ihrer Vertreter, angezogen und abgestoßen zugleich

fühlte. Manchmal ohne, meistens mit ironischer Distanz schildert Rakowitza in ihrer Biographie Beziehungen zum Bayernkönig Ludwig II, zum Fürsten von Bismarck, zu Makart oder ausführlich zum deutschen Sozialistenführer Ferdinand Lassalle, der im Duell mit dem Grafen von Rakowitz (den sie später heiratete) ums Leben kam.

Die Autobiographie als individuelle Emanzipationsgeschichte bietet und bot viel Stoff für die Entwicklung verschiedener (chronologisch geordneter) Episoden, von Szenen und Bildern, die gemeinsam in der Theater-Werkstatt entwickelt und dann in Schule und Unterricht sowie im Kontext der Museumspädagogik eingesetzt bzw. vorgestellt wurden. Da die Teilnehmenden bis dahin keine Drama- und Theatererfahrungen hatten, wurden vor allem die eigenen Anteile in den verschiedenen Rollen tragend, konnten Emotionen und Gefühle wie Neugier und Mut, Wut und Ärger, Verzweiflung und Bewunderung, Trauer und Stolz, Freude und Begeisterung in diesen Rollen authentisch gezeigt und ausgedrückt werden. Vor allem mit der Übernahme der verschiedenen (männlichen und weiblichen) Rollen und Gegenrollen konnten gewünschte und abgelehnte eigene Emotionen und Anteile erkannt, verstanden und dann auch eigene Emanzipationshoffnungen thematisiert werden.

In zahlreichen Übungen (Stimme, Haltung, Geste, Bewegung) wurden Hemmungen und Barrieren abgebaut, um Gefühle und Befindlichkeiten deutlich auszudrücken und die eigene Spontaneität und Improvisationsfähigkeit zu entwickeln. Auch mit verschiedenen szenischen und theatralen Methoden und Techniken zu arbeiten und damit verschiedene Szenen zu gestalten, war im Sinne der Ausbildung für DiE wichtig, ebenso wie das wechselseitige, achtsame Feedback, das ebenso Vertrauen und Spielfreude gestärkt hat. Dabei fanden die Studierenden (fast selbstverständlich) den Mut, das Neue auch mit den Schülerinnen und Schülern im Kunstunterricht (Leistungskurs, 12. Jg.) unter Anleitung von Lehrerin und Dozentin zu versuchen. Der Weg des Spiels blieb das Ziel, eine Aufführung am Ende war nicht erwogen worden, erschien den Schülern wie den Studierenden nicht wirklich sinnvoll. Für die Studierenden allerdings war eine Begegnung mit dem Bild zum Schluss nach der intensiven Auseinandersetzung mit der (auto-)biographischen Erzählung und der Darstellung der Beziehung von Maler und Modell noch einmal wichtig. Dabei ging es nicht nur um diese Beziehung und den Blick des Modells auf den Maler (in der Autobiographie) und den Blick des Malers auf sein Modell, der sich im Bild selbst manifestiert, sondern auch um die Perspektiven der Studierenden aus verschiedenen Rollen auf Maler und Modell. Dabei wurden Blicke aus verschiedenen Perspektiven eingenommen, die Perspektive des Malers, des Modells, des Zuschauers (Liszt, der im Atelier erschien) und des Flaneurs (Museumsbesucher) im Bild und auf das Bild noch einmal erkundet und die jeweils eigene, individuelle Position und Haltung mit der der anderen Studierenden verglichen. Dabei konnten die Studierenden das Bildnis als Wirklichkeitskonstruktion aus verschiedenen Perspektiven dekonstruieren, ihre eigene Perspektive bestimmen und durch Haltung, Geste und Satz konkretisieren: ein Austausch und ein Blickwechsel, der eine allzu schnelle Übernahme vorgegebener kunsthistorischer und pädagogischer Interpretamente zum Bild verhindert hat.

8 Ausblick

Als Konzept des Lernens und des Lernenmachens in der LehrerInnenausbildung verknüpft sich Drama in Higher Education mit dem hochschuldidaktischen Anspruch, forschendes und reflexives Lernen als Konzept in verschiedenen Fächern der Lehrerinnenausbildung zu verankern und weiterzuentwickeln. Auch die Drama-Arbeit im engeren Sinne ist vielfältig und es ist möglich, in diesem Rahmen auf verschiedene Verfahren und Methoden der Drama-Arbeit und des aktivierenden, kooperativen und reflexiven Lernens in unterschiedlichen Settings zurückzugreifen. In Verbindung mit Konzepten des Ästhetischen und eines Kreativdispositivs in der Gesellschaft geht dieser Ansatz zudem theoretisch wie praktisch produktive und weiterreichende fachliche Verbindungen ein. Bisher kamen die Interessierten an diesem Ansatz insbesondere aus den Bereichen der Theaterpädagogik, der Erziehungswissenschaft und der Hochschuldidaktik, dem Theater und der Theaterwissenschaft, der Ethnologie, der Psychologie und der Medizin, aber auch aus verschiedenen Didaktiken der (Schul-)Fächer, insbesondere der Bildenden Kunst und der Musik, den Sprach- und Literaturwissenschaften, der Sozialwissenschaft, der Geschichte und der Theologie. Das Interesse an theatralen und szenischen Verfahren in der (wissenschaftlichen) Lehre, das sich in verschiedenen Tagungsprojekten, Workshops und Publikationen niedergeschlagen hat, hat als „Theater in der Lehre" und unter der programmatischen Formel des „Shift(s) from Teaching to Learning" im deutschen Sprachraum einen gemeinsamen Ausdruck gefunden (Wildt 2005; Welbers & Gaus 2005). Diesem Interesse und programmatischen Anliegen, das sich in einem regen nationalen und internationalen Austausch entwickelt hat und weiterentwickelt, bleibt der hier dargestellte Ansatz von Drama in Higher Education verpflichtet.

9 Literatur

Bayer, Manfred; Bohnsack, Fritz; Koch-Priewe, Barbara & Wildt, Johannes (2000) (Hrsg.): Lehrerin und Lehrer werden ohne Kompetenz? Klinkhardt: Bad Heilbrunn.

Belgrad, Jürgen (1997) (Hrsg.): TheaterSpiel. Ästhetik des Schul- und Amateurtheaters. Schneider: Hohengehren.

Bolton, Garvin (1984): Drama in Education. An Argument for Placing the Drama at the Centre of the Curriculum. Longman: London.

Brunner, Ilse; Häcker, Thomas & Winter, Felix (2006) (Hrsg.): Das Handbuch Portfolioarbeit. Konzepte, Anregungen, Erfahrungen aus Schule und Lehrerbildung. Kallmeyer: Seelze-Velber.

Bülow-Schramm, Margret; Gipser, Dietlinde & Krohn, Doris (2009) (Hrsg.): Bühne frei für Forschungstheater. Theatrale Inszenierungen als wissenschaftlicher Erkenntnisprozess. Paulo Freier Verlag: Oldenburg.

Certeau, de Michel (1988): Die Kunst des Handelns. Merve: Berlin.

Edelstein, Wolfgang & Nummer-Winkler, Gertrud (1996) (Hrsg.): Zur Bestimmung der Moral. Philosophische und sozialwissenschaftliche Beiträge zur Moralforschung. Suhrkamp: Frankfurt a.M.

Fichten, Wolfgang (2003): Perspektivität der Erkenntnis und forschendes Lernen. In: Obolenski & Meyer (2003) (Hrsg.), 85-98.

Gergen, Kenneth J. (2002): Konstruierte Wirklichkeiten. Eine Hinführung zum sozialen Konstruktionismus. Kohlhammer: Stuttgart.

Giddens, Anthony (1997): Die Konstitution der Gesellschaft. Campus: Frankfurt, New York.

Göhmann, Lars (2003): Drama in Education. In: Koch & Streisand (2003) (Hrsg.), 80-82.

Graumann, Olga; Pevzner, Mikhail; Rudolph, Margitta & Diel, Irena (2010) (Hrsg.): Hochschule und Schule in der internationalen Diskussion. Schneider: Hohengehren.

Grunder, Hans-Ulrich & Janikova, Vera (2007) (Hrsg.): Die Qualität von Lehre und Unterricht vor neuen Herausforderungen. Kompetenzen – Standards – Module. International Academy for the Humanization of Education (IAHE), Kongressband 2006. Schneider: Hohengehren.

Hausmann, Gottfried (1959): Didaktik als Dramaturgie des Unterrichts. Quelle & Mayer: Heidelberg.

Heathcote, Dorothy (1984): Collected Writings on Education and Drama. O'Neill: Cheltenham.

Hentschel, Ingrid (2008): Schauspielmethoden im Vergleich – Probleme in Forschung und Lehre. In: Wildt; Hentschel & Wildt (2008) (Hrsg.), 19-28.

Herzog, Walter (2002): Zeitgemäße Erziehung. Die Konstruktion psychologischer Wirklichkeit. Velbrück: Weilerswist.

Kaufmann, Hans-Bernhard u.a. (1987) (Hrsg.): Kontinuität und Traditionsbrüche in der Pädagogik. Ein Gespräch zwischen den Generationen. Loccumer Symposium: Gottfried Hausmann im Gespräch mit Hans Scheuerl. Beltz: Weinheim, Basel.

Kern, Albert (1995): Authentizität als Prozeß und Produkt. In: Belgrad (1995) (Hrsg.), 174-191.

Klebl, Michael (1997): Kein Theater ohne Theater. Wie Theater nicht in den Lehrplan kommt. In: Belgrad (1997) (Hrsg.), 115-131.

Koch, Gerd (2003): Theatralisierung von Lehr- und Lernprozessen. In: Koch & Streisand (Hrsg.): Wörterbuch Theaterpädagogik. Schibri-Verlag: Berlin, Milow. 329-330.

Koch, Gerd (1997): Theater-Spiel als szenische Sozialforschung. In: Belgrad (1997) (Hrsg.), 81-95.

Koch, Gerd & Streisand, Marianne (2003) (Hrsg.): Wörterbuch Theaterpädagogik. Schibri-Verlag: Berlin, Milow, 330-332.

Koch-Priewe, Barbara; Kolbe, Fritz-Ulrich & Wildt, Johannes (2004) (Hrsg.): Grundlagenforschung und mikrodidaktische Reformansätze in der Lehrerbildung, Klinkhardt: Bad Heilbrunn.

Matzke, Mieke (2005): Strategien des zeitgenössischen „Site Specific Theater". In: Roesner, Wartemann & Wortmann (2005) (Hrsg.), 75-88.

Mollenhauer, Klaus & Wulf, Christoph (1996): Aisthesis/Ästhetik. Zwischen Wahrnehmung und Bewusstsein. Beltz: Weinheim.

Obolenski, Alexandra & Meyer, Hilbert (2003) (Hrsg.): Forschendes Lernen. Theorie und Praxis einer professionellen Lehrerbildung. Klinkhardt: Heilbrunn.

Oelkers, Jürgen (2009): John Dewey und die Pädagogik. Beltz: Weinheim/Basel.

Oelkers, Jürgen (2010): Lernlabore: Aussichten der Schule auf die Wissensgesellschaft. Vortrag im Hamburger Bildungssalon, gehalten am 14.12.2010.

Peterßen, Wilhelm H. (1998): Handbuch Unterrichtsplanung. Grundfragen, Modelle, Stufen, Dimensionen. 8. überarbeitete und erw. Auflage. Oldenbourg: München.

Pfeiffer, Silke (2006) (Hrsg.): Neue Wege im Sachunterricht. Oldenburger Vordrucke: Oldenburg.

Reckwitz, Andreas (2012): Die Erfindung der Kreativität. Zum Prozess gesellschaftlicher Ästhetisierung. 2. Auflage. Suhrkamp: Berlin.

Reich, Kersten (1998): Die Ordnung der Blicke. Perspektiven des interaktionistischen Konstruktivismus. Luchterhand: Neuwied, Kriftel, Berlin.

Renk, Hertha-Elisabeth (1999a): Drama-in-Education und Lernimprovisationen – eine Chance für den offenen Lernprozess. In: Dies. (1999b) (Hrsg.), 156-192.

Renk, Hertha-Elisabeth (1999b): Lernen und Leben aus der Welt im Kopf. Konstruktivismus in der Schule. Luchterhand: Neuwied & Kriftel.

Renk, Herta-Elisabeth (1997): Authentizität als Kunst – zur Ästhetik des Amateurtheaters. In: Belgrad (1997) (Hrsg.), 38-56.

Renkl, Alexander (2002): Lehren und Lernen. In: Tippelt (2002) (Hrsg.), 190-202.

Roesner, David & Wartemann, Geesche & Wortmann, Volker (2005) (Hrsg.): Szenische Orte – Mediale Räume. Olms-Verlag: Hildesheim, Zürich, New York.

Roloff, Gisbert & Zoeke Barbara (2006) (Hrsg.): 10 x Gerechtigkeit. Unterwegs mit Sisyphos. Pabst: Berlin usw.

Sabisch, Andrea (2008): Aufzeichungen und Performativitä – Ein Beispiel aus dem Bereich der Bildenden Kunst. In: Wildt, Hentschel & Wildt (2008) (Hrsg.): 261-272.

Schneider, Ralf & Wildt, Johannes (2004): Forschendes Lernen im Berufspraktischen Halbjahr. In: Koch-Priewe; Kolbe & Wildt (2004) (Hrsg.), 151-175.

Schubert, Elke (2004): Hochschul-Lernwerkstätten: Theoriefeindliche Praxis-Insel oder zukunftsweisende Lernorte der Theorie-Praxis-Vernetzung?. In: Koch-Priewe; Kolbe & Wildt (2004) (Hrsg.), 176-196.

Selman, Robert L. (1984): Die Entwicklung des sozialen Verstehens. Entwicklungspsychologische und klinische Unterscheidungen. Suhrkamp: Frankfurt a.M.

Spolin, Viola (2005): Improvisationstechniken für Pädagogik, Therapie und Theater. Jungfermann: Paderborn.

Tippelt, Rudolf (2002) (Hrsg.): Handbuch Bildungsforschung. Leske & Buldrich: Opladen.

Topsch, Wilhelm (2002): Grundwissen: Schulpraktikum und Unterricht. Luchterhand: Neuwied/ Kriftel.

Vaßen, Florian (2003): Theatralität. In: Koch & Streisand (2003) (Hrsg.), 330-332.

Vaßen, Florian (1997): Verkehrte Welt. Der Stellenwert von Ästhetik in Theaterwissenschaft und Theaterpädagogik. In: Belgrad (1997) (Hrsg.), 57-65.

Von Ameln (2014) (Hrsg.): Psychodrama Praxis. Springer: Heidelberg.

Wagner, Betty J. (1990): Dorothy Heathcote. Drama as a Learning Medium. Cheltenham.

Welbers, Ulrich & Gaus, Olaf (2005) (Hrsg.): The Shift from Teaching to Learning. Konstruktionsbedingungen eines Ideals. W. Bertelsmann: Bielefeld.

Wildt, Beatrix (2011): Schule der Beschämung und der Scham. Zur Bedeutung psychodramatischer Erfahrung von Lehrenden für eine Veränderung von Schul-Kultur. In: Zeitschrift für Psychodrama und Soziometrie, 10. Jg., Heft 1, 57-68.

Wildt, Beatrix (2010): Umgehen mit Heterogenität und innerer Differenzierung in Unterricht und Erziehung. Das Hochschulseminar als ‚Lern-Labor'. In: Graumann et al. (2010) (Hrsg.), 233-248.

Wildt, Beatrix (2008): Educational Drama in der LehrerInnenausbildung? Variationen mit szenischen und theatralen Mitteln. In: Wildt, Hentschel & Wildt (2008) (Hrsg.), 95-112.

Wildt, Beatrix (2007): Theatermethoden in der Lehre als Ausdruck einer veränderten Lernkultur. Erfahrungen mit ‚Educational Drama'. In: Grunder & Janikova (2007) (Hrsg.), 128-137.

Wildt, Beatrix (2006a): Gerechtigkeit und professionelle Beziehungsarbeit – Zur Balancierung von einander widersprechenden institutionellen Anforderungen. In: Roloff & Zoeke (2006) (Hrsg.), 140-157.

Wildt, Beatrix (2006b): Beratung in der Lehrerinnenausbildung. In: Wildt; Szczyrba & Wildt (2006) (Hrsg.): 174-188.

Wildt, Beatrix (2006c): Szenische Verfahren und emotionales Lernen in der Grundschule. Drama-in-Education als Modell für didaktisches Handeln. In: Pfeiffer (2006) (Hrsg.), 103-126.

Wildt, Beatrix (2005): Theater in der Lehre– im Shift from Teaching to Learning. In: Welbers & Gaus (2005) (Hrsg.), 374-380.

Wildt, Beatrix (2004): Was heißt Selbst-Thematisierung in der Lehre? Über die Arbeit am Fall mit Verfahren der Inszenierung. In: Koch-Priewe; Kolbe & Wildt (2004) (Hrsg.), 269-290.

Wildt, Beatrix (2000a): Wie psychodramatisch verfahren an der Universität? Mit Praxisbeispielen aus der LehrerInnenausbildung. In: Wittinger (2000) (Hrsg.), 64-86.

Wildt, Beatrix (2000b): Beratung in Begleitung schulpraktischer Studien. Ein Beitrag zur Professionalitätsentwicklung. In: Bayer u.a. (2000) (Hrsg.), 226-238.

Wildt, Beatrix (1997) (Hrsg.): Gesundheitsförderung in der Schule. Luchterhand: Neuwied, Kriftel & Berlin.

Wildt, Beatrix & Hentschel, Ingrid (2008): Szenische und theatrale Verfahren in der Übersicht: Eine Synopse. In: Wildt; Hentschel & Wildt (2008) (Hrsg.), 273-296.

Wildt, Beatrix; Hentschel, Ingrid & Wildt, Johannes (2008) (Hrsg.): Theater in der Lehre. Verfahren, Konzepte, Vorschläge. Lit: Wien/Zürich.

Wildt, Beatrix & Wildt, Johannes (2014): Psychodrama in der Hochschuldidaktik. In: Falko von Ameln & Josef Kramer (2014) (Hrsg.): Psychodrama: Praxis. Springer: Berlin/Heidelberg.

Wildt, Beatrix & Wildt, Johannes (2008): Psychodrama-Theater als Verfahren in Formaten der Hochschullehre. In: Wildt; Hentschel & Wildt (2008) (Hrsg.), 201-220.

Wildt, Johannes (2004): The Shift from Teaching to Learning. Thesen zum Wandel der Lernkultur in modularisierten Studienstrukturen. In: Ehlert & Welbers (2004) (Hrsg.), 168-178.

Wildt, Johannes (2003): Reflexives Lernen in der Lehrerbildung – ein Mehrebenenmodell in hochschuldidaktischer Perspektive. In: Obolenski & Meyer (2003) (Hrsg.), 71-84.

Wildt, Johannes, Szczyrba, Birgit & Wildt, Beatrix (2006) (Hrsg.): Consulting, Coaching, Supervision. Eine Einführung in Formate und Verfahren hochschuldidaktischer Beratung. W. Bertelsmann: Bielefeld.

Wittinger, Thomas (2006) (Hrsg.): Psychodrama in der Bildungsarbeit. Grünwald: Mainz.

AutorInnnenbeschreibungen

Dr. Sabine Campana
ist Dozentin für Unterrichtsentwicklung in der Vorschul- und Primarstufe an der Pädagogischen Hochschule Fachhochschule Nordwestschweiz (FHNW). Ihre Schwerpunkte sind: Didaktik 4 bis 8, das Spiel als Lernmodus, Umgang mit Heterogenität im Unterricht, Lernprozesse in altersgemischten Klassen.

Dr. Eva-Kristina Franz
ist Mitarbeiterin an der Pädagogischen Hochschule Heidelberg. Ihre Arbeits- und Forschungsschwerpunkte sind: Lernwerkstätten und Lernwerkstattarbeit an Hochschulen, Didaktik des gemeinsamen Unterrichts (Inklusion), Professionalisierung und Lehrerbildung.

Annika Gruhn
ist wissenschaftliche Mitarbeiterin in der OASE Lernwerkstatt sowie Academic Advisor am Zentrum für Lehrerbildung und Bildungsforschung der Universität Siegen. Dort berät sie mit den Schwerpunkten Grundschul- und Förderpädagogik Studierende zu ihren Praxisphasen im Lehramt.

Dr. Herbert Hagstedt
baute massgeblich die Grundschulwerkstatt – Pädagogisches Labor an der Universität Kassel auf und leitete diese Einrichtung über Jahrzehnte. Seine Schwerpunkte sind Arbeiten in Lernwerkstätten, Freinet-Pädagogik und Lernen durch Lehren.

Prof. Werner Hangartner
ist Dozent für Fachdidaktik Mathematik an der Pädagogischen Hochschule St. Gallen und Lernberater in der Lernwerkstatt am Regionalen Didaktischen Zentrum in Rorschach. Seine Schwerpunkte sind: Arbeit in Lernwerkstätten, Freinet-Pädagogik, Öffnung von Unterricht, Entdeckendes Lernen.

Prof. Dr. Elke Hildebrandt
ist Professorin für Unterrichtsentwicklung in der Vorschul- und Primarstufe an der Pädagogischen Hochschule FHNW. Ihre Schwerpunkte sind: altersgemischte Schulsettings, Teamteaching, Spiel als Bildungsprozess (Lernwerkstatt SPIEL), Schulleitungshandeln in seiner Bedeutung für Professionalisierungsprozesse von Lehrpersonen.

Johannes Jaumann
ist Betreuer der Lernwerkstatt der Ludwig-Maximilians-Universität München an der Fakultät für Psychologie und Pädagogik, Lehrstuhl für Grundschulpädagogik und -didaktik.

Sandra Kamm Jehli
ist Lernberaterin am Regionalen Didaktischen Zentrum in Rorschach an der Pädagogischen Hochschule St. Gallen.

Prof. Dr. Christine Künzli David
ist Professorin für Bildungstheorien und interdisziplinären Unterricht in der Vorschul- und Primarstufe an der Pädagogischen Hochschule FHNW. Ihre Schwerpunkte sind u.a.: Bildung im Kontext nachhaltiger Entwicklung, Bildungstheorien, fächerübergreifendes/interdisziplinäres Lehren und Lernen, perspektivenintegrierender Sachunterricht, Philosophieren mit Kindern.

Dr. Barbara Müller-Naendrup
ist Dozentin im Departement Erziehungswissenschaften – Psychologie (Fakultät II) mit dem Schwerpunkt Grundschulpädagogik und -didaktik an der Universität Siegen und leitet die OASE-Lernwerkstatt.

Dr. Martina Nieswandt
ist Pädagogische Mitarbeiterin der Professur für Grundschulpädagogik an der Universität Kassel. Ihre Schwerpunkte sind: Migration und Bildung sowie Mehrsprachigkeit und schulischer Wandel.

Prof. Dr. Markus Peschel
ist Professor an der Universität des Saarlands, Leiter der Arbeitsgruppe Didaktik der Primarstufe mit dem Schwerpunkt Sachunterricht. Er leitet das Grundschullabor für Offenes Experimentieren – GOFEX, das sich besonders mit der Vermittlung von Naturwissenschaften in der Grundschule und in der Grundschullehrerbildung befasst.

Dr. Thomas Royar
ist Dozent für Mathematikdidaktik an der Pädagogischen Hochschule FHNW. Er hat gemeinsam mit Christine Streit das Konzept MATHElino zum frühen Lernen und Lehren von Mathematik entwickelt. Des Weiteren beschäftigt er sich mit der Frage, wie Kinder adäquate Vorstellungen von Rechenoperationen entwickeln.

Prof. Dr. Corinna Schmude
ist Professorin für inklusive Pädagogik mit dem Schwerpunkt Kindheitspädagogik und Familienbildung im Studiengang Erziehung und Bildung im Kindesalter an der Alice Salomon Hochschule Berlin.

Dr. Ralf Schneider
ist wissenschaftlicher Mitarbeiter des Instituts für Erziehungswissenschaft und Leiter der Grundschulwerkstatt/des pädagogischen Labors der Universität Kassel. Seine Arbeitsschwerpunkte sind „Forschendes Lernen“, Hochschuldidaktik und

Innovation in der Lehrer/innenbildung, regionale Schulentwicklung und Service Learning.

Monika Radtke
arbeitet am Zentrum für HochschulBildung der Technischen Universität Dortmund. Sie ist die organisatorische Leiterin der MINT-Forschungswerkstatt sowie Wissenschaftliche Mitarbeiterin im Projekt „KoM@ing".

Prof. Dr. Christine Streit
ist Professorin für Entwicklung des mathematischen Denkens im Kindesalter und Mathematikdidaktik an der Pädagogischen Hochschule FHNW. Ihre Arbeitsschwerpunkte sind u.a. frühes Lernen von Mathematik zwischen Konstruktion und Instruktion, kompetenzorientierte Diagnose und Förderung sowie diagnostische Kompetenzen von angehenden Lehrpersonen.

Prof. Dr. Hartmut Wedekind
ist Professor im Studiengang Erziehung und Bildung im Kindesalter mit den Schwerpunkten Naturwissenschaften, Mathematik und Technik an der Alice Salomon Hochschule Berlin und wissenschaftlicher Leiter des Kinderforscherzentrums HELLEUM. Ein Forschungsschwerpunkt u.a. ist die Nachhaltigkeit von Lernprozessen in Lernwerkstätten.

Mark Weißhaupt
ist Wissenschaftlicher Mitarbeiter der Professur für Unterrichtsentwicklung in der Vorschul- und Primarstufe der Pädagogischen Hochschule FHNW und Verantwortlicher der Lernwerkstatt SPIEL. Seine Schwerpunkte sind Bildungsprozesse im Spiel, die Soziologie des Spiels sowie Interaktion und Identitätswandel in Bildungs- und Lernprozessen.

Beatrix Wildt
ist an verschiedenen Schulen und Universitäten im Bereich Erziehungswissenschaft/ Lehrerausbildung tätig. Sie ist Supervisorin, Coach und Psychodrama-Leiterin, koordiniert das Projekt „Theater in der Lehre" und unterstützt Lehrende und Lernende durch Weiterbildungen und Supervision im Bereich theatraler Verfahren.

Prof. (a.D.) Dr. Dr. h.c. Johannes Wildt
war Hochschullehrer am Hochschuldidaktischen Zentrum für allgemeine Hochschuldidaktik der TU Dortmund mit Schwerpunkt auf fachübergreifende Fragen der Lehrerbildung. Seine Arbeitsschwerpunkte sind „Forschendes Lernen", innovative Lehr- und Lernkonzepte, Curriculumentwicklung sowie hochschuldidaktische Weiterbildung und Beratung.